증오를 품은 이를 위한 변명

知의회랑
arcade of knowledge
034

증오를 품은
이를 위한 변명

엄한진 지음

증오의 사회학, 그 첫 번째

성균관대학교
출판부

들어가는 말

코로나19 팬데믹이 부과하는 사회적 제약은 우리에게 사색의 시간을 제공해주고 여러 영역에서 근본적인 측면을 다시 생각하게 하는 계기가 되었다. 그간 활발히 전개되던 다문화현상, 그리고 이에 관한 논의 역시 한국을 찾는 이주민의 발길이 뜸해진 만큼이나 활기를 잃었다. 이러한 소강상태에 이주 분야의 지난 경험들을 점검해보는 것도 의의가 있을 것이다. 팬데믹 직전 한국사회를 장악했던 혐오현상도 이 성찰의 시간에 다루어야 할 주제다. 국제이주민을 겨냥한 증오범죄가 두드러지지 않는 한국사회에서 증오현상은 여성혐오현상을 계기로 주목받게 되었다. 최근 한국사회가 겪고 있는 남성과 여성 간의 갈등은 "어쩌다 서로에게 괴물이 되었을까"[1]라는 표현처럼 그 상황이 심각하다고 평가된다. 젠더문제를 중심으로 전개되어온 한국사회의 '혐오 팬데믹'은 이전과는 달라진 사회상에 대한 설명을 요구하고 있다.

증오에 관한 저술을 구상하게 된 또 다른 배경은 필자의 전공 분야인 이주 및 이슬람 분야의 현실 때문이라고 할 수 있다. 그동안 필자는 한국의 이주민 관련 논의에 대해, 새로운 존재와 어떤 관계를 맺을 것인가를 중심으로 접근해왔다. 새로운 존재의 등장으로 생겨나는 문제, 새로운 존재에 대해 느끼는 감정이 가족, 마을, 학교 등의 공간에서 대두되고 있는 이주민 관련 핵심 사안이거니와, 이러한 시각에서 증오현상에 대한 해명이 필요했던 것이다. 이슬람국가(Islamic State)와 같은 극단주의 세력이나 그에 못지않게 극단적인 양상을 보이는 아랍세계 여성억압현상의 배경에 있는 강한 증오 역시 유사한 해명을 요구하고 있다. 극단적인 이슬람 진영의 행태를 꼭 빼닮은 유럽사회의 이슬람혐오 및 이주민혐오 역시 감정적이거나 일회적인 차원을 넘어 이들 사회의 본질적 부분이 되었다.

첨단기술이 열어줄 미래를 고대하는 시대에 증오범죄나 혐오 현상을 얘기하는 것은 원시 무기와 공상과학이 함께 등장하는 초현실적 영화의 한 장면처럼 느껴지기도 한다. 요즘 대학에서는 인공지능과 같은 최신 기술을 많이 얘기한다. 사정이 그러하니 필자 역시 흐름에 뒤떨어지지 않아야겠다는 생각으로, 어렵지만 최신 기법을 연구나 수업에 활용해야 하나 조바심을 낸다. 하지만 그 순간 우크라이나에서 전해지는 암울한 소식이 이 세계는 첨단기술의 영역과 또 다른 측면도 가지고 있다는 것을 환기시켜준다.

우크라이나에서 전쟁이 일어난 배경에 대해 생각해보자. 지정학적으로 보면 근대의 주도권을 쥔 서유럽 국가들과 그 외부에 위치한 동유럽 및 중동을 가르는 긴 경계선상에 위치한 지역들에서 분쟁이 발생할 소지가 크다. 폴란드, 우크라이나, 유고

슬라비아, 아르메니아와 아제르바이잔, 이란, 시리아, 레바논 등이 이 동서의 경계에 있는 지역들이며, 실제 사라예보의 오스트리아-헝가리제국 황태자 암살사건이 발단이 된 제1차 세계대전부터 이 지역은 세계의 화약고였다. 체첸, 조지아 등 러시아 남부 캅카스산맥 인근 지역에서의 분쟁, 이란, 이라크, 아제르바이잔 등 구소련 남쪽에 위치한 국가들에서의 분쟁, 폴란드, 우크라이나 등 독일과 러시아 사이에 위치한 지역의 분쟁 등이 이 오명이 여전히 유효함을 확인시켜주고 있다. 지진대처럼 이 남북을 잇는 축의 한 부분인 우크라이나는 러시아의 서쪽 지역이자 나토라는 기구를 통해 군사동맹 관계에 있는 서유럽 국가들의 바로 동쪽에 위치한 지역이기도 하다. 지리적 조건만 보아도 국제정치적으로나 군사적으로 갈등의 소지가 큰 지역이라는 것을 짐작할 수 있다.

이번 우크라이나전쟁은 러시아와의 특별한 관계로 설명될 수도 있다. 즉 소러시아(우크라이나), 백러시아(벨로루시)로 불리는 지역은 대러시아, 즉 현재의 러시아가 제국이었던 시대부터 러시아화 현상을 경험했으며, 사회주의 소련 시절에는 한 나라이기도 했다. 1991년 소련의 해체로 우크라이나와 벨로루시가 러시아로부터 분리된 이후에도 러시아는 우크라이나에 거주하는 러시아계 주민들을 보호한다거나 러시아를 위협하는 서유럽의 공세를 막아낸다는 등의 명분으로 내정에 간섭해왔다. 크름반도(크림반도)의 일부 지역은 직접 지배하기도 했다. 이런 역사적·지정학적인 이유들로 우크라이나는 지속적으로 안전과 주권을 위협받고 있는 것이다. 러시아가 무력을 통해 우크라이나를 완전히 제압하기가 어렵듯이, 무력을 통해 러시아를 제압하는 것 역시 환상일 뿐이다. 한쪽이 다른 쪽을 깔끔하게 굴복시킬 수 있다는 것처럼 위험한 생각도 없다. 현재 진행 중인 우크라이나전쟁은, 사회적으로 중요한 증오현상은 구조적이며 매우 오래되었고 좀처럼 끝나지 않는다는 점을 잘 보여주고 있다. 그리고 이는 민족이나 국가 간의 해묵은 증오에 국한된 것이 아니다. 이주민, 여성, 성소수자, 다른 이념을 가진 이들에 대한 증오 역시 구조적 산물이며, 그래서 구조만큼 견고하게 유지된다.

코로나19 팬데믹 시기에 부각된 아시아인 혐오(Asian Hate) 현상은 많은 한국인들에게 인종주의가 이제 더 이상 남의 일만은 아니라는 생각을 가지게 했을 것이다. 여태껏 필자는 인종주의를 어느 정도 다른 지역의 문제 또는 나 자신과는 무관한 일이라고 생각해왔다. 미국이나 유럽에서 흑인이나 아랍인들이 겪는 차별과 혐오, 한국사회에서 이주노동자나 결혼이민자와 그 자녀들이 겪는 문제가 한국에 거주하는 대부분의 토박이들에게는 남의 일이었을 것이다. 아시아인을 대상으로 한 혐오발언 소식이 주기적으로 들려왔지만, 역시 본인이 직접 겪은 일이 아니라 오래 담아 두지는 않았을 것이다. 외국에 나갔을 때 인종주의를 직접 경험하기도 하지만, 외국에서 겪을 수 있는 일이라고 가벼이 여긴다. 그러나 이번 코로나19 팬데믹을 배경으로 나타난 아시아인에 대한 혐오는 이제 우리도 인종주의에서 자유로울 수 없다는 경고음으로 들렸다.

필자는 비(非)백인으로서의 열등감, 차별경험 등을 숙명적이리고 생각했다. 아주 먼 훗날에나 극복될 수도 있을 숙명이었다. 소용없는 사안이라 잊고 지내는 것이 현명하다는 생각도 했다. 그나마 할 수 있는 것은 우월한 '인종'과의 접촉을 가능한 한 피하는 일, 예를 들어 인종주의를 잊을 수 있는 모국에 사는 것 정도였다. 또는 다른 근거를 들어 인종주의를 상내화하는 방법도 써보았다. 즉 우월한 인종에게서 배울 것이 있다거나 인종보다는 계급이 더 중요한 요인이라거나 하는 식의 변명을 장착했다. 그러나 이것은 한시적인 미봉책일 뿐이었다. 우선 피하는 것이 점점 더 어려워졌다. 세계는 가까워졌고 '우월'하거나 '열등'한 인종과의 접촉은 우리 가까운 곳으로 스며들어왔다. 거리나 일터, 심지어 이웃에까지 침투해왔다. 연령이 낮은 사람일수록 인종주의를 피하기는 더더욱 어려워졌다. 이런 이유로 인종주의, 아시아인으로서의 불쾌한 경험을 더 이상 모른 체할 수 없게 되었다. 마찬가지로 이 어두운 경험이 낳은, '열등한' 인종의 배타적이고 공격적인 감정에 대해서도 정면으로 맞닥뜨릴 필요성을 느끼게 되었다.

이 책은 또한 증오를 표출하는 당사자들에 대한 비난에 초점을 두고 증오현상을 대하는 피상적인 사회 분위기를 우려하며 구상되었다. 이러한 사회풍조는 '어떤 기능을 하는가?', '누구에게 이로운가?'하는 걱정스런 의문을 가지게 되었다. 그리고 증오를 가진 이들에 대한 비난이 보여주는 경솔함과 오만함 그리고 냉혹함에 대응해야 한다는 생각이 들었다.

최근 한국사회에서는 악마라는 표현이 쉽게 사용된다. 흉악 범죄를 저지른 사람을 정상적인 인간이 아닌 존재로 여기는 경향이 있다. 상상 초월의 악행을 저지르는 성향이 본성에 내재되어 있음을 암시하는 '사이코패스'라는 단어도 '또라이'나 '싸이코'처럼 다소 가볍게 느껴지는 예전 단어들과 함께 빈번하게 사용되곤 한다. 언론에 보도되는 극단적 사례에 국한되지 않는다. 꼭 범죄를 저지르지 않았더라도 사회성이 극도로 떨어지거나 이해되지 않는 행동을 한 사람에게 이 단어를 사용하곤 한다. 반면에 미국인을 향한 아랍인들의 증오나 이를 표출하는 격한 분위기의 민중의 대열을 떠올리며 악마를 연상하지는 않는다. 우리는 악덕 기업주를 성토하는 노동자의 이글거리는 눈길을 경멸하지는 않는다. "그 사람들에겐 내가 유일한 희망이에요." 영화 <조커>의 배경으로 설정된 미국 고담시의 부자 시장후보가 '부자를 죽여라'라고 외치는 시위대에게 한 오만한 어조의 말이다. 상당수 관객들은 저 기득권 세력에 대한 저항의 상징인 영화 속 조커에게 박수를 보내고 감정이입했을 것이다. 증오를 쉽게 단죄하지 못하는 상황은 비단 이렇게 상당히 정당한 것으로 평가되는 사례에만 국한되지 않는다. 좀 더 미묘하고 복잡한 증오의 양상에 대해서도 좀 더 신중한 태도가 필요하다.

이상과 같은 배경과 문제의식 속에 쓰여진 이 책 자체에 대한 얘기를 덧붙이는 것으로 이야기를 마무리해야겠다. 이 책은 충분한 근거를 제시하는 논저이기보다 새로운 시각을 제시하는 학술적 에세이에 가깝다. 아쉽지만 이 책이 제기하는 질문에 명확한 답변을 제시하지 않은 채로 마무리된다. 변명하자면, 주류적 사고를 비판하고 이야기되지 않는 측면이나 숨겨진 구조를 드러내는 것이 사회학과 같은 비판적 성격의 과학에 주어진 소명이라고 생각해왔다. 필자의 과문함과 게으름 탓도 있지만, 구체적 대안을 제시하라는 권력이나 대중의 요구에 저항하라는 프랑스 사회학자 피에르 부르디외의 금언을 의식한 측면도 있다.

총 9장으로 구성된 본문은 증오현상을 종합적으로 다룬다. 먼저 이 글의 주제와 문제의식을 소개한 후 증오현상을 개관한다. 증오현상이 지역을 막론하고 비중 있는 사회현상이 된 최근의 현실을 보여주고, 일종의 '증오의 ABC'라고 할 수 있는 설명이 이어진다. 증오현상의 의미와 유형, 배경, 주체, 대상 등을 두루 다룬다. 이와 함께 '증오하는 인간은 없다', '증오와 사랑의 변증법', '만들어진 증오', '위계와 증오', '편견 때문이라는 이데올로기', '증오와의 공존' 등과 같은 장이나 절 제목들의 표현이 보여주듯이, 필자의 시각이 반영된 논의가 뒤따른다. 증오현상에 대한 소개와 몇 가지 주제에 관한 논의는 주로 유럽과 미국의 인종주의와 외국인혐오증, 중동과 유럽의 이슬람주의, 한국의 혐오현상 등 필자에게 익숙한 소재를 중심으로 전개한다.

오래전부터 생각해두었던 이 책의 제목을 지인들에게 몇 번 꺼내본 적이 있다. 그때마다 들었던 단어가 '백래시'였다. 사회적으로 민감한 주제를 다룬다는 정도는 생각했지만, 내심 기대했던 참신하다는 평가 대신에 요즘 빈번히 언급되는 반동적 경향을 환기시키는 충고에, 방향을 잘못 잡았나 싶은 고민에 빠졌다.

그리고 글을 쓰는 내내 내 글에 백래시의 측면은 없는가 하는 우려가 따라다녔다. 혐오에 맞서는 투쟁이나 소수자 분야에서 어렵사리 길을 열고 있는 이들의 노력에 재를 뿌리는 것은 아닌지, 나아가 증오현상에 대한 옹호는 아닌지 점검해야 했다. 이 책은 단호한 입장을 제시하고 결의를 다지는 것과는 거리가 멀다. 그 대신 여러 가능한 접근방법과 견해 중 하나를 제시함으로써 증오와 혐오에 대응하는 실천과 담론이 성스러운 도그마에 빠지지 않도록 경계하는 역할을 하고자 한다.

2023년 새봄을 기다리며,
엄한진

목차

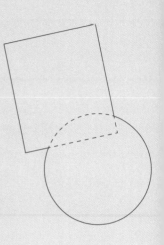
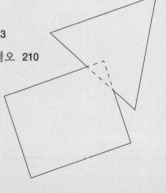

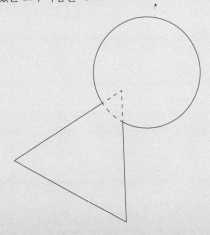

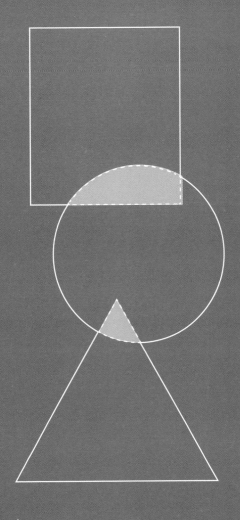

제1장

또 하나의 시각

*

"지난 6월 27일 미국 오하이오주 에크런에서 교통 단속을 피하려던 흑인 남성이 경찰관들이 쏜 총에 맞아 숨지는 사건이 발생했다. 그의 몸에서는 최소 60개의 총상이 발견됐다. 피해자의 변호인은 '모든 것이 6초 사이에 벌어졌다. 믿을 수 없을 만큼 많은 양의 총격이었다'며 '워커가 바닥에 쓰러지고서도 총성은 계속 들렸다. 경찰은 응급처치를 하기 전에 수갑부터 채웠다'고 비판했다."[1]

앞서 2020년 5월 25일에는 미국 미네소타주 미니애폴리스에서 무장하지 않은 흑인 조지 플로이드가 백인 경찰의 무릎에 목이 눌려 질식사하면서 인종차별적인 공권력 오남용 논란이 불거진 바 있다. 이 사건은 세계 각지에서 '흑인 생명도 소중하다(Black Lives Matter)' 시위가 벌어지는 계기가 됐다. 동영상 속에서 플로이드는 16번이나 "숨을 쉴 수 없어요"라고 간청했지만, 백인 경찰은 무릎으로 플로이드의 목을 8분 46초 동안 짓누르는 행동으로 대응했다. 미국에서 발생하는 인종주의적인 총기사건은 최

Black Lives Matter

근 세계의 증오범죄 중 가장 자주 접하는 사례일 것이다. 관례화된 이런 종류의 범죄는 역시 관례화된 반응을 동반한다. 총기 소지의 유해성, 범인 개인이 안고 있었던 문제가 빠지지 않고 단호한 대응의 의지를 다지는 것으로 마무리된다.

종교가 배경으로 작용한 사건도 있었다. 그것도 국가 원수가 살해된 사건이었다. 2022년 7월 8일 아베 신조 전 일본 총리가 총격을 받고 사망했다. 범인은 41세 남성으로 모친이 통일교에 막대한 돈을 기부한 것에 분노해 이 교단에 우호적이었던 것으로 생각한 아베 전 총리를 살해한 것이다. 일본에서는 90년 만에 일어난 수상 암살사건이었다. 1932년 이누카이 쓰요시 총리가 미국과의 전쟁을 반대하는 청년 장교들에게 암살당한 이후 처음 일어난 일이다. 당시에는 '전쟁 반대'라는 정치군사적인 입장이 동인이었다면, 이번에는 특정 종교에 대한 반감이 테러행위를 초래했다.

위의 사례들은 증오현상을 보여주는 가장 전형적이고 극단적인 양상들이다. 사건은 감추어진 현실을 드러내주는 기능을 한다는 점에서 의미가 있지만 동시에 사건이 발생하기 이전과는 다른 단계로 진입하는 계기로서도 중요하다. 잘 알려진 증오범죄의 사례인 '강남역 살인사건'은 이미 존재해온 여성혐오살해(페미사이드) 현상을 환기시키는 계기이자 이후 전개된 긴 젠더 갈등의 시발점이었다. 이런 점에서 사건은 상징적이고 실천적인 중요성을 가지지만 드물게 발생하는 극단적인 사례라는 점에서 신중한 태도를 가지는 것도 필요하다. 매일 뉴스를 장식하는 교통 사고 소식이 다음날 출근을 꺼리게 하지 않고 밉상스런 정치인의 행태가 정치에 거는 희망을 포기하게 하지는 않듯이, 증오범죄에 대한 소식이 해당 집단 간에 존재하는 공존을 위한 노력에 눈을 감게 해서는 안 될 것이다.

1. 증오현상

증오는 무엇일까? 사회적으로 관심을 끄는 증오현상의 특징은 그것이 특정 개인의 어떠어떠한 점에서 기인하는 것이 아니라 집단 전체에 대한 반감이라는 데 있다. 어릴 적 나에게 못된 짓을 한 사람을 평생 미워한다거나 함께 생활해본 어떤 외국인에 대한 좋지 않은 기억으로 그 나라 출신 사람들을 혐오한다거나 하는 것과는 다른 것이다. 자신의 직접적인 경험이나 특정 개인의 부정적인 면모에서 비롯된 것이 아니라 특정 집단에 대해 누구나 가지게 된 어떤 이미지 때문에 만들어지는 것이다. 부정적인 이미지를 가진 집단에 속해 있다는 이유만으로 특정 개인들을 공격하는 것이다. 따라서 이 책에서는 개인적인 차원에 그치는 미움, 증오, 경멸, 혐오는 논외로 한다. 물론 본인이 실제 겪은 부정적인 경험이 어떤 집단에 대해 증오를 가지게 되는 계기가 될 수는 있지만, 이 경우에도 증오의 감정은 온전히 개인 차원에서 형성되는 것이 아니라 학습의 결과이거나 구조에 의해 만들어지는 측면이 있기 때문에 사회적 현상이라 할 수 있다.

증오는 어떤 방식으로 표현되는가? 먼저 증오의 대상들에게

차별적 태도를 보일 수 있다. 외국인들에게 우리 토박이들한테
는 해주는 것을 안 해준다거나 역으로 그들에게만 어떤 것을 요
구하든지 하는 식이다. 권리가 제한되는 것이다. 한국인은 마스
크를 두 개 주는데 외국인 노동자들에게는 하나만 주는 유치한
행태가 차별의 가벼운 사례이다. 사회적 배제, 즉 과거 미국이나
남아공의 흑백분리 제도와 같이 공간적으로 분리시킨다거나 참
정권을 부여하지 않음으로써 시민으로서의 사회참여를 제한하
기도 한다. 차별이나 배제가 제도적으로 또는 일상적으로 행해
지는 것이라면, 증오범죄는 법적으로도 문제가 되고 신체적으로
피해를 동반하기도 하는 것이다. 요즈음 SNS를 통해 확대일로에
있는 혐오발언과 같은 언어폭력에서부터 제노사이드처럼 특정
집단의 존속에 위협을 가하는 범죄에 이르기까지 다양한 양상을
띤다.

이 책은 이론적 논의와 함께 증오와 관련된 의미 있는 경향과
사례들을 살펴본다. 기독교 서구사회에 대한 증오를 자양분으로
삼고 있는 급진적 이슬람주의 세력, 세계화와 이주민에 반발하
는 유럽의 극우주의, 한국의 여성혐오, 동성애혐오 및 이주민혐
오, 주로 백인이면서 기독교인들로 구성된 수백 개의 증오단체
를 보유한 증오의 나라 미국의 사례 등을 토대로, 증오의 특성을
살펴보고 그 공존의 실마리를 찾고자 한다.

한국사회의 경우는 외국인혐오증과 여성혐오가 증오현상의
대표적 사례일 것이다. 최근에는 여성혐오가 한국사회의 주된 사
회갈등 사례로 부상했고, 유독 대중적 관심이 큰 사회문제가 되

었다. 장애인혐오는 2022년 대선 과정에서 한 정당의 유력 인사가 한 발언을 계기로 이목을 끌었다. 그는 당시 이동권 시위를 하고 있던 장애인들을 겨냥해 "특정 집단의 요구사항은 100퍼센트 꼭 관철되는 것이 어렵다. (…) 그렇다고 해서 선량한 시민 최대 다수의 불편을 야기해서 뜻을 관철하겠다는 방식은 문명사회에서는 받아들이기 어려운 방식"이라고 말했다.[2] 이동에 제약이 있는 장애인들이 그렇지 않은 '선량한' 비장애인들을 불편하게 하는 '선량하지 않은' 존재로 간주된 것이다. 이는 비단 한 개인의 시각에 그치는 것이 아니라, 우리 사회에서 장애인은 비정상, 비주류, 결핍, 아노말리(anomaly)를 표상하는 존재로 여겨지고 있음을 보여준다. 동성애혐오 역시 장애인혐오 못지않은 갈등의 소재다. 빈민혐오는 조금 낯설 수 있다. 가난한 사람들한테 동정심을 가져야지 무슨 혐오냐 하는 생각을 할 수 있지만, 현실에서는 장애인, 노숙자 등과 마찬가지로 혐오의 대상이 된다. 특별히 혐오감을 줄 이유가 없어 보이는 단지 가난한 사람들을 향해서도 우리는 거부감을 넘어 강한 적대감을 가지기도 한다.

여기까지는 사회적 약자를 대상으로 하는 감정이다. 이와 함께 부자들에 대한 분노, 사회 엘리트들에 대한 증오도 존재한다. 이에 따르면, 이들은 존재 자체도 못마땅할뿐더러, 어떤 잘못을 할 경우 용납받기 어렵다. 좌파에 대한 증오, 진보에 대한 증오, 북한에 대한 증오 등도 한 시대를 풍미했던 대표적인 증오의 유형들이다. 나아가 특정 국가에 대한 반감이나 증오, 혐오 또는 적대감이라고 표현할 수 있는 사례도 있다. 일본, 중국이 대표적인 그 대상 국가들이다. 마찬가지로 중국인도 한국인에 대해 동일한 감정을 가질 수 있으며, 한국과 일본 간의 관계는 최근 몇 년간 상당히 좋지 않았다.

미국에서는 최근 코로나19 팬데믹으로 인해 '아시안 헤이트'라는 아시아인들에 대한 혐오증이 비등하고, 심지어 폭력이나 살인도 벌어지고 있다. 기독교혐오, 이슬람혐오는 비교적 잘 알려진 것이지만, 다른 종교에 대한 인도 힌두교도들의 증오는 최근 들어 부쩍 그 소식을 자주 접하게 되는, 심각한 종교 및 지역 갈등의 사례다. 반유대주의의 경우는 일반적인 혐오 차원을 넘어 유대인이 자신들의 시야에서 사라져버렸으면 좋겠다는 강한 거부감을 동반하기도 한다. 대상은 달랐지만 1990년대 구 유고슬라비아 지역에서 벌어진 내전에서 유행했던 '인종청소(ethnic cleansing)'라는 용어는 이러한 심리상태를 원색적으로 드러내는 것이었다. 서유럽인들은 말할 것도 없고 동유럽, 심지어는 아시아, 중동 등지에서도 유대인들에 대한 감정은 좋지 않은 경우가 많다. 여기에 인종주의의 대표적인 표적인 흑인에 대한 혐오는 절대 빼놓을 수 없다.

이밖에도 서구에 대한 증오나 미국과 같은 제국주의 성향을 띠는 나라들에 대한 증오도 있다. 중동 관련 뉴스에서 성조기를 불태우는 모습을 간간히 볼 수 있는데, 여기서 미국에 대한 강한 증오를 느낄 수 있다. 미움을 사는 건 미국뿐만이 아니다. 예컨대 튀니지나 알제리의 프랑스 신부들이 테러를 당한다거나 유럽 전역이 이슬람주의자들의 테러 위협에 휩싸이는 것을 통해서

흑인용 음수대(1930년대 미국)

도 유럽인들에 대한 증오가 과연 어느 정도인지 짐작할 수 있다. 이 책은 이 가운데서 이민과 인종 영역을 중심으로 논의를 전개해나간다. 성(性)이나 종교와 관련된 증오현상도 필요한 부분에서 추가적으로 다룬다. 이러한 논의 범위의 설정은 당연히 연구자의 전문성 범위라는 제약에 따른 것이다.

2. 증오와 연관된 용어들

관련 용어들의 의미를 살펴보자. 한국사회에서 널리 사용되는 '다문화'는 국제이주현상, 그리고 일정 기간 이상 체류하는 외국인을 의미하는 이주민과 연관된 용어다. 이들이 존재하면서 생겨난 다원적인 상황을 가리키며, 동시에 다양한 문화나 민족 간의 공존을 추구하는 의지를 포함한다. '소수자'는 열등한 지위에 있는 집단을 가리키며, 경제적·정치적 요인보다는 문화적 특성이나 신체적 특성처럼 선천적이거나 쉽게 바뀌지 않는 요인들이 이들을 다수자와 구분 짓는 기준으로 작용한다. 경제적 약자나 정치권력에서 소외된 이들과 중첩될 수는 있지만, 차이가 있는 개념이다. '증오'는 혐오와 병행해서 사용되는데, 혐오발언(hate speech), 증오범죄(hate crime), 여성혐오(misogyny), 외국인혐오증(xenophobia) 등의 표현이 대표적인 증오 관련 용어들이다.

'인종주의'는 자민족중심주의와 출발은 같지만 그것을 능가한다. 모든 민족이 자신을 가장 우월한 존재로 여기는 자민족중심주의와 달리, 인종주의에서는 백인이라는 소수의 사람들만이 우월한 것으로 간주된다. 또한 본래 그러했던 자연적 태도로 간주되는 자민족중심주의와 달리, 인종주의는 특정 시기에 위로부터 만들어진 세계관이자 이데올로기다. 또한 몇몇 인간 부류의 열등성을 주장하는 데 그치지 않고, 문제로 삼는 열등성에다 생물학적 차원의 '객관적' 기원을 부여한다는 점에서 외국인혐오증마저 능가해버린다. 최근 한국사회에서 인종주의 못지않게 많이 쓰이는 '외국인혐오증'은 특별한 것, 낯선 것에 대한 두려움이나 다른 민족에 대한 비이성적인 증오 또는 두려움을 의미한다.[3] 진화심리학의 연구에 따르면, 낯선 존재에 대한 두려움과 경계심은 진화의 산물이다. 집단 차원에서 이루어지는 '자연선택'의 압력 하에서는 집단 내부의 결속이 큰 중요성을 가질 수밖에 없으며, 그 과정에서 집단에 속한 개체들은 단일한 종족적·문화적 정체성을 형성하고 동질감과 소속감을 갖게 된다. 동시에 낯선 이방인이 집단 안으로 들어왔을 때, 그에 대해 불신과 경계심을 갖게 된다.[4]

증오와 연관된 용어들 간의 차이점에 대해서도 살펴보자. '불쾌', '혐오', '경멸' 등을 생각해볼 수 있는데 언급한 순서대로 단순한 감정에서 복잡한 감정으로, 생리적인 감정에서 관념적·사회적 감정으로 심화된다. 차별은 주로 불쾌감에서 비롯되는데, 불쾌감이 혐오나 경멸로 사회적 의미를 갖게 될수록 차별은 견고해진다. 단순한 생리적 불쾌감을 넘어서는 순간 언어나 관념은 힘을 얻고, 그 힘을 통해 고도로 잔혹하고 부조리해진 차별이 때로는 광기에 가까울 정도로 심해진다. 증오는 대부분 '두려움'의 감정을 포함한다. 근대 이후 자연에 대한 통제력이 커지고 국가가 폭력을 독점함에 따라, 인간은 자연환경이나 다른 인간들과의 관계에서 두려움을 느낄 일이 줄어들었다. 그러하여 두려움의 감정은 국가를 비롯해 사회에 의해 만들어지는 경우가 많아졌다. 그중 하나가 바로 다른 집단에 대해 느끼는 불쾌, 혐오, 경멸처럼 부정적 감정이 낳는 두려움이다.[5]

미움이나 경멸과 함께 분노 역시 증오가 지닌 또 다른 모습이다. 증오에는 화난 감정이 고조되어 있는 경우가 많다. 제2차 세계대전 당시 레지스탕스로 활동했던 스테판 에셀의 저서 『분노하라』[6]의 주문처럼, 증오와 분노는 구분되기도 한다. 번지수를 잘못 찾은 옳지 않은 증오는 그만 멈추고, 양극화, 이주민에 대한 차별, 민주주의를 위협하는 자본과 같은 진정한 적에 분노하라는 그의 메시지에서 분노는 증오와 극단적으로 대비되는 의미로 쓰인다. 애꿎은 여성이나 소수자들 그리고 외국인들에게 미움을 갖지 말고, 사회의 구조적 문제나 강한 권력을 가진 집단에 분노하라는 것이다. 그리고 실제 혁명의 나라, 프랑스의 전통을 되살린 '노란조끼운동'[7]이 이러한 충고에 화답했다. 분노는 정당하고 긍정적인 것이고, 증오는 조금 부정적이며 병적인 것이라 구분하는 것이다.

이 책에서 '혐오'가 아니라 '증오'라는 표현을 선호하는 이유에 대한 설명이 필요할 것이다. 여성혐오, 이슬람혐오, 외국인혐오증, 혐오발언 등 최근 특정 집단에 대한 부정적인 감정은 주로 혐오라는 용어를 통해 표현하고 있다. 이러한 흐름과 달리 증오를 선택한 까닭은 무엇보다도 혐오가 본 저술에서 다루는 다양한 소재들을 포괄하기 어렵다는 점 때문이다. 혐오는 주로 여성 등 소수자와 관련해 사용되며, 주로 심리적인 측면을 반영하는 경향이 있다. 영어에서도 증오(hate, hatred)와 달리 대상 집단에 따라 여성혐오, 외국인혐오증처럼 다수의 표현으로 사용된다. 또한 혐오가 주로 자신보다 열등한 위치에 있는 집단에 한정된다는 점, 그 근거로 불결하다거나 불완전한 특성 등이 동원된다는 점, 그래서 '경멸'이라는 용어와 가깝다는 점에서 용례가 한정적인 측면이 있다. 따라서 예컨대 부자에 대한 감정은 혐오보다 증오가 더 적절한 것이다. 또한 포괄성과 함께 강도의 차이도 고려되었다. 예컨대 '혐오범죄'라는 표현보다는 '증오범죄'가 더 적절해보이고, '증오발언'의 경우에는 '혐오발언'이라는 번역어도 무방해 보이는 것은 언어적 표현이 물리적인 표현보다 일반적으로 경미한, 즉 강도가 약하다는 점으로 설명될 수 있다.

증오와 혐오의 차이점에 대한 일반적 인식은 다음과 같을 것이다. 사회에 위계질서가 있다고 할 때, 증오는 아래에서 위로, 혐오는 위에서 아래로 향한다. 증오는 정당한 것, 혐오는 부당한 것이다. 이러한 구분이 대체로 현실에 부합하지만, 주로 우위에 있는 집단이 약자를 대상으로 행하는 사례가 많은 증오범죄의 경우에는 적용되기 어렵다. 또한 백인이나 부자에 대한 증오 등에 대한 가치평가가 사회적 맥락에 따라 달라질 수 있는 등 문제점이 없지 않다. 이 책에서 필자의 연구 분야를 반영해 국제적 차원의 증오현상이 포함되는 점도 증오라는 용어를 선택한 배경이 되었다. 예를 들어 중동 사람들이 성조기를 불태우면서 미국의 도널드 트럼프를 생각하는 감정은 혐오라기보다는 증오에 가까울 것이다. 혐오라고 하면 한국말로 아무래도 멸시하는 의미가 있는데, 중동 사람들이 미국을 멸시하기는 어려워 보인다.

이제는 익숙해진 '혐오'라는 표현이 사회 차원의 논의에서 사용되기 시작한 것이 최근의 일이라는 점도 상기할 필요가 있다. 혐오보다는 증오가 학문적으로, 대중적으로 더 많이 사용되어 온 전통적인 개념이다. 혐오가 더 익숙하게 느껴지는 것은 '여성혐오'라는 표현이 확산된, 극히 최근 한국사회의 경험 때문일 것이다. 이주 분야에서도 최근까지, 그리고 지금도 여전히 어느 정도는 외국인혐오증이라는 용어보다 인종주의, 인종차별, 증오범죄와 같은 용어가 더 많이 사용된다. 영어 'misogyny'의 번역어로 '여성혐오'라는 표현이 대중화되기 시작한 것은 『여성 혐오를 혐오한다』[8]가 번역 출간된 2012년경일 것이다. 『Gegen den Hass』를 『혐오사회』[9]로, 『Hate Speech』를 『혐오표현』[10]으로 옮기는 사례와 같이 이제는 증오보다는 혐오가 선호되고 있다. 『Globalizing Hatred』를 『증오의 세계화』[11]로 옮긴다거나 『증오하는 인간의 탄생』[12]과 같은 국문 저술의 제목처럼 증오라는 용어를 선택한 경우는 반유대주의나 인종주의와 같이 다루는 소재의 특성을 반영한 것으로 추정할 수 있다. 이 책에서는 재난과 혐오, 증오하는 인간, 한국인의 증오, 위계와 증오, 한국사회의 증오범죄 등 세부 주제에 따라 용어를 유연하게 사용한다. 용어 통일에 따르는 장점이 있지만, 이 책에서는 각각의 맥락에서 가장 잘 어울리는 용어 사용을 선택한 셈이다.

3. 사회학적 설명

"그렇지만 우리가 '마르크스주의자라고 한다면 민족주의자가 아니다'라든가, '민족주의는 근대발전의 역사의 병리현상이다'라는 식의 픽션을 내던지고, 대신 진정한 그리고 상상된 과거의 경험을 배우기 위해 천천히 최선을 다하지 않는 한, 그러한 전쟁을 제한하거나 막기 위해 유용하게 할 수 있는 일은 없으리라."[13]

위 인용문은 영국의 민족주의 전문가 베네딕트 앤더슨이 1978-1979년 베트남이 같은 사회주의 국가인 캄보디아를 침공하고, 역시 사회주의 국가인 중국이 베트남을 공격한 인도차이나반도전쟁에 관해 한 말이다. 당시 좌파 학자들이 민족주의, 특히 비서구사회의 민족주의 현상을 폄하하는 입장이나 근거가 박약한 설명을 제시하는 경향을 비판하며, 보다 진지한 설명을 찾으라고 주문한 것이다. 유사한 문제의식에서 이 책은 증오현상에 대한 사회학적 접근을 시도한다. 민족주의가 단지 병리적 현상만은 아니듯이, 민족주의적 열정을 한 사례로 갖는 증오현상 역시 정상적인 현상, 충분히 이해 가능한 현상으로 간주하고자 한다. 증오현상에 대해, 용납할 수 없지만 이해할 수는 있는 일로 간주하는 것이다. 사회학계의 한 흐름을 형성하고 있는 갈등론에서 갈등이 사회의 정상적 현상으로 간주되듯이, 갈등의 한 양상인 증오 역시 정상적이며 항구적인 현상이다. 이런 시각에서 보면 증오현상이 사라지지 않는 게 이상할 것도 없다.

증오는 감정의 작용이지만 경험의 산물이기도 하다. 우리의 관심을 끄는 증오는 사회적 함의가 큰 현상이며, 이 증오는 사회적 경험의 산물이다. 따라서 사회학자 에밀 뒤르켐[14]이 제시한 '사회적 사실', 즉 개인의 외부에 존재하며 개인의 사고와 행위에 영향을 미치는 요인의 결과이다. 그렇다면 증오를 낳은 사회적 사실, 즉 증오를 품은 이에게 영향을 미치는 외적인 힘은 어떤 것인가? 한국 보수진영 중 거리 활동이 가장 활발한 소위 '태극기부대'의 사례를 보자. 이들이 북한이나 진보 진영에게 보이는 강한 증오는 본인이나 가족이 한국전쟁이나 베트남전쟁과 같은 전쟁에서 접한 폭력의 경험, 극도의 공포, 아는 이들이 겪은 고통, 이들과의 이별 등에서 온 것일 수 있다. 전쟁의 경험은 모든 다른 것을 아무것도 아니게 만드는, 모든 것 위에 존재하는 최상의 것이라는 점을 극우주의나 근본주의의 사례가 잘 보여주었다. 파시즘의 주력이었던 이탈리아와 독일의 제1차 세계대전 참전세대, 프랑스 극우의 핵심 세력 중 하나인 참전용사들, 미국 개신교 근본주의의 지지기반이었던 제1차 세계대전 참전용사들의 열정적인 애국심과 박탈감이 다른 민족이나 이념에 대한 증오의 동력이었다. 아랍세계와 유럽 이주민사회에서 성장한 이슬람주의도 '아프간(Afghans)'이라 불렸던 1970년대 말 아프가니스탄전쟁 참전자 등 이슬람사회가 연루된 분쟁 참전자들의 경험이 주된 동력 중 하나였다.[15]

이러한 사례는 증오현상이 숙명적이고 자연적인 현상이 아니라 사회가 만들어낸 역사적 산물임을 말해준다. 증오현상은 언젠가 어떤 맥락에서 생겨난 것이다. 즉 자연현상처럼 항상 같은 모습으로 존재하는 인간의 본성이 아니다. 우리가 증오나 혐오에 대해 관심을 갖고 얘기하는 대부분의 주제는 새로운 현상이며 극히 최근의 일이다. 또한 증오를 낳는 요인은 쉽게 변하지 않는 구조적인 성격을 가진다. 그래서 증오 역시 한번 만들어지면 쉽게 사라지지 않는다. 세계 어느 지역을 막론하고 인식개선 사업과 규제를 강화하는데도 불구하고 증오범죄나 소수자에 대한 혐오, 다른 민족이나 종교에 대한 적대감이 눈에 띄게 약해지는 기미를 보이지 않는 것은 증오를 낳는 구조나 증오의 당사자들 간의 관계가 쉽게 변하지 않기 때문일 것이다.

10여 년 전부터 국제사회의 이목을 끌고 있는 난민현상의 예를 보자. 난민현상과 이들에 대한 혐오현상이 사라지지 않는 것은 이 문제와 연관된 국가나 집단의 사회적 조건이나 이들 간의 관계가 쉽지 변하지 않기 때문이다. 난민문제의 근본적 해결방안은 난민이 발생하는 지역의 전쟁을 종식시키고 경제적 어려움을 해결하는 것이다.

그러나 안타깝게도 역사는 한번 발생한 지역분쟁이나 정치적

보트피플

불안정은 쉽게 사라지거나 해결되지 않는다는 사실을 잘 보여준다. 폭력의 정도가 갈수록 심해지는 팔레스타인분쟁은 말할 것도 없고, 1978년에 시작된 아프가니스탄전쟁도 북부동맹, 탈레반, 알카에다, 파키스탄, 미국 등 전쟁을 불사하는 세력들에 의해 최근까지 이어져왔다. 2011년에 시작된 시리아내전 역시 유사한 경로를 밟아왔다. 1975년 내전으로 시작된 레바논분쟁 역시 10여 년의 동족상잔, 시리아와 이스라엘의 정치군사적 개입, 그리고 다시 2006년 이스라엘이 야기한 제2차 레바논전쟁으로 이어졌다. 탈냉전 시대 초강대국 미국의 헤게모니를 과시했던 1991년 걸프전 이후 경제봉쇄조치로 질식되고, 이후 2003년 미국의 침공과 점령을 계기로 20년 가까이 내전 상태에 있는 이라크 역시 전쟁은 또 다른 전쟁이나 정치적 불안정을 낳는다는 점을 비극적으로 보여주고 있다.[16]

더 근본적으로는 현재의 국민국가체제가 난민문제의 원인인데 이 체제가 향후 수십 년 내에 사라질 가능성은 거의 없다. 지브롤터해협, 지중해, 아드리아해, 미국과 멕시코의 국경 등 유럽과 아프리카, 중남미와 북미에 위치한 중심부와 주변부의 경계선에서는 일상적으로 난민 또는 난민이 아닌 일반적인 이주민들의 불법 이주가 시도되고 있다. 일부는 진입에 성공하고 일부는 목숨을 잃는다. 이곳에서 벌어지는 비극은 현 세계의 과도한 불평등구조와 함께 국민국가체제가 지닌 불합리성을 매일 증언해주고 있다. 난민문제의 사례는 민족 간의 증오, 서로 다른 성적 지향 간의 혐오, 계급 간의 적대 등에도 적용될 수 있을 것이다.

난민문제와 마찬가지로 민족갈등 역시 국민국가체제에서 불가피한 현상이며 가부장제와 자본주의체제에서 성과 계급 차원의 적대는 필연적인 것이다.

보수언론이나 기득권 세력이 유포하는 증오의 말들과 왜곡된 시각을 비판하는 것은 흔하게 볼 수 있다. 이와는 조금 다르게 이 책은 진보적이라고 간주되는 시각을 포함해, 소수자, 다문화, 혐오 등에 관한 기존 인식이 지닌 문제점을 들춰내고자 한다. 요즘 많이 사용하는 표현을 빌리자면, 정치적으로 올바른 사고들을 비판적으로 검토하는 것이다. 정치적 올바름(Political Correctness)은 미국 중심으로 나타난 경향이며, 이 책에서 다루는 이주민 등 소수자와 연관되어 제시된 용어이다. 즉 캐나다에서 시작된 다문화주의의 일환으로 그리고 미국사회 자체의 소수자 운동을 배경으로 소수자를 차별하고 혐오하는 행위에 대응하는 지침인 것이다. 한국사회에서도 어느 정도 정착된 흐름이지만, 이것으로 충분하지 않다는 문제의식에서 점검해보고자 한다.

그리고 이러한 시각은 20세기 전반부 독일 등 유럽사회에 대해 아돌프 히틀러, 한스 콘, 빌헬름 라이히 등이 다양한 정치적 입장으로부터 제시한 견해에서 발견할 수 있는 민주주의제도에 대한 비판과도 일맥상통한다. 즉 당시 유럽의 부르주아 민주주의제도와 행태에 대해 이들은 소시민적, 무책임한, 소심한, 소극적인, 무난한, 절차에 치중하는 등의 평가를 내렸었다. 비판의 주된 논거는 당시의 민주주의가 위계질서와 구조적인 모순에 타격을 가하지 않는다는 것이었다. 좌파와 우파 양 진영 모두에서 나타났던 급진적 변화의 시도는 바로 이러한 점잖은, 기득권을 놓지 않으려는 온건한 우파와 좌파에 대한 반감이었다. 윤리적 감수성도 필요하다. 소수자 논의가 빠질 수 있는 관음증과 무책임성에 유의해야 한다. 약자, 소수자와 함께하는 건 매우 어려운 일이다. 너무 쉽게 우리는 소수자의 편을 자처하는 경향이 있다. 자신과 다른 집단에 대해 얘기할 때는 상당한 성찰이 요구되는 것이다.

우리는 증오를 품거나 표출하는 이들의 잘못에 관한 얘기에 익숙해 있다. 그리고 이어지는 얘기는 필연적으로 이 잘못된 개인들을 향한다. 대안은 간단하고 코로나19 백신을 맞으라는 권유처럼 무한히 반복된다. 너무도 명백하다. 없는 것은 사회와 구조이다. 초점이 우리가 처해 있는 시스템에 두어지지 않는다. 차이 및 다양성담론을 어디에서나 접하게 되고, 독재정권의 프로파간다를 떠올리게 하는 반복적인 구호가 범람하는 현실은 다양한 견해들이 경합하는 사회의 다른 영역과 괴리된 시대착오적인 모습으로 비치기도 한다. 반면 글로벌해진 스포츠 선수들이 경기장에서 내거는 '인종주의 반대(No Racism)!'와 같이 언제 들어도 절박하게 느껴지는 구호도 있다. 양자의 차이는 어디에서 오는 걸까? 위로부터 주어진 것과 당사자들이 주도하는 것의 차이에서 비롯된 것이 아닐까 하는 생각을 하게 된다.

증오범죄 사건에 대해 개인에게서 원인을 찾는 설명은 언제나 가능하다. 누가 증오범죄를 저지르건 그 사람 고유의 특성으로 설명할 수 있는 것이다. 범죄 당사자에게서 범죄를 저지를 만한 사람이었다는 평가를 끌어내는 것은 그 누구에게라도 가능한 일이다. 이는 범죄사건에 대한 언론보도의 특징이기도 하거니와, 개인적 요인에 의한 설명은 항상 가능하며 동시에 별 의미가 없음을 의미한다. '총체적 기관'이라는 개념을 통해 수도원, 군대, 정신병원, 교도소와 같은 시설을 묘사했던 미국 사회학자 어빙 고프만의 논의에서, 개인적 특성과 선택 과정으로부터 재소자가 안고 있는 문제에 대한 설명을 구하는 방법론적 개인주의에 대한 비판을 찾아볼 수 있다. 그에 따르면 인간 본성에 관한 총체적 기관의 이론은 개인주의적 관점을 가지고 있다. 즉 바람직하지 않은 품행은 개인의 의지에서 발현되는 것이며, 개인 스스로 해결할 수 있는 것으로 간주된다. 그런데 고프만은 총체적 기관에 대한 비판 역시 개인주의적인 관점을 가지는 경향이 있다고 지적한다. 그는 재소자의 문제를 해결한다고 표방하는 총체적 기관이 보여주는 모습을 기관 구성원 개개인의 문제가 아니라 기관이 실질적으로 수행하는 기능의 측면을 통해 이해하게 되면, "감독관들, 명령자들, 교도관들, 수도원장들을 칭찬하거나 욕하는 데 덜 집중할 것이다"라고 말했다.[17] 이를 증오현상에 적용해보면 다음과 같이 얘기할 수 있을 것이다. 증오에서 비롯된 악행은 개인 차원에서 발생하거나 해결될 수 있지 않으며, 악행에 대한 대응은 이러한 개인주의적인 접근의 한계를 넘어서는 것이어야 한다.

'폭력적 근대성(violent modernity)'이라는 표현처럼 근대사회의 속성과 근대의 역사는 폭력을 내재적인 요소로 포함하고 있다.

뉘른베르크 나치전범재판

착취, 억압, 통제, 배제, 제노사이드, 전쟁과 같은 기제는 역설적으로 문명국을 자임한 유럽 국가가 주도하고 세계에 확산시킨 근대성의 핵심 요소였다.[18] 증오는 이 근대성으로부터의 일탈이 아니라 그 본질에 포함되어 있는 요소이다. 이런 의미에서 우리는 증오의 문화, 증오의 모더니티에 주목해야 한다. 특정 민족이나 개인 차원의 문제이기보다 근대 이후 세계의 필연적인 현상으로 바라보아야 하는 것이다. 현재 전 세계를 공포의 도가니에 몰아넣고 있는 우크라이나전쟁에 대해 미국의 지성 노엄 촘스키는 현재의 일반적 조류와는 사뭇 다른 입장을 보였다. 러시아의 악마화와 러시아에 대해 조금의 양보도 있을 수 없다는 국제사회의 결연한 의지가 지구를 위험에 빠트릴 수도 있다는 의견을 표명한 것이다.[19] 선명한 길보다 현실적인 타협의 길을 제안한 것이다. 이 글에서도 그가 우려를 표명한, 대다수의 즉자적인 반응이 가지는 위험성을 증오를 대하는 태도에 적용해보고자 한다.

　이 책은 또한 인종, 성, 계급을 종합적으로 다루고자 한다. 하나만 떼어서 보는 것이 현실을 제대로 반영하지 못한다는 점을 고려한 것이다. 과거 이슬람법에 의해 통치되던 이슬람제국의 부활을 추구한다는 의미를 담아 '이슬람국가(IS)'라는 명칭을 사용한 조직이 있었다. 이 조직이 한창 악명을 떨치던 시절, 이라크에서 소수민족인 야지디족 여성과 어린이 300여 명을 노예로 부렸다는 보도가 있었다.[20] 이 이슬람 무장 세력이 유럽 국가들이나 수니파, 쿠르드족과 같은 다른 종교와 민족에 대해 품고 있는 증오는 어느 정도 이해가 된다. 그런데 왜 여성과 아이들까지였을까? 그래도 이 조직이 신앙을 바탕으로 하는 세력이라는 점에서 생겨났던 그 의아함은 여성과 아동 역시 종교나 민족 못지않게 증오의 대상일 수 있다는 사실을 상기시키며, 조금씩 이해될 수 있었다. IS에게 다른 민족이나 종교와 여성, 어린이 등 사회적 약자는 크게 다르지 않은 존재인 것이다. 이 지점에서 다양한 증오의 대상들 간의 공통점이나 연관성을 생각하게 된다. IS의 경우 증오는 종교와 민족의 측면에서 취약한 상황에 있는 사회집단으로 흘러 다니는 것이었으며, 다른 어떤 집단에게 증오는 또 다른 집단을 겨냥하는 것일 수 있다.

제국주의 시대나 지금이나 증오현상은 세계의 주변적 현상이 아니라 중심에 위치하고 있다. 이런 점에서 증오 연구는 사회의 현 상태를 설명하는 효과적인 수단이자 방법이다. 성소수자가 성과 가족문제를, 이주민이 민족문제의 현실을 보여주는 효과적인 창구이자 리트머스 시험지이듯이, 이들에 대한 증오현상 역시 해당 영역뿐만 아니라 사회 전체를 잘 드러내 보여주는 입체경 역할을 한다. 이 책은 인종주의적인 나, 경멸과 선망에서 벗어나지 못하는 필자를 포함한 우리 모두의 모습이 반영된 것이다. 대자적 계급이 되지 못하고 엉뚱한 이들에게 분노를 표출하는 민중, SNS에 미움과 질투를 분출하는 찌질이들, 댓글러들과 상당한 공통점을 가지고 있는 우리 모두의 상황과 고민을 담은 글이다.

이 책은 죄는 미워하되 사람은 미워하지 말라는 경구와 유사한 입장을 담고 있다. 증오는 사회에서 비롯된 질병이다. 이 질병의 치유 과정은 사회 변화를 필요로 하는 험난한 노정 한가운데에 있다. 사이비 처방이나 개인에게 문제의 원인을 돌리는 진단으로는 해결될 일이 아니다. 보다 학술적인 용어로 말하자면, 증오를 표출하는 당사자들의 개인적 책임보다 구조나 공동체 전체의 책임에 주목해야 한다는 것이다. 미국 정치학자 아이리스 M. 영은 2000년대 초반 미국사회에서 빈곤의 원인이 개인적인 것이라는 인식이 확산되는 경향을 비판하면서 문제를 일으키는 것으로 보이는 특정 개인들에 대한 비난에 초점을 맞추는 '비난 게임'은 문제를 일으키는 조건에 기울여야 할 관심을 분산시키게 된다고 말했다.[21] 증오현상의 경우에도 미국의 빈곤문제에 대한 대중적 인식과 유사하게 해당 개인의 책임을 절대시하는 풍조가 있다. 적어도 한국의 경우에 이러한 경향은 명백하다고 할 수 있다.

이 책은 또한 구조와 행위의 관계에 천착하고, 사회집단 간 위계와 갈등을 분석하며, 너무나 익숙해져 있는 사회의 주류적 사고를 비판하는 것을 생명으로 삼는 사회학의 접근방법을 따르는 것이기도 하다. 증오는 빈곤, 실업, 불황, 종속과 같이 개인이나 집단의 행위로는 어쩌지 못하는 구조의 무게에서 기인하는 현상이다. 또는 자연재해와 같이 불가항력적인 사건에 직면한 개인의 무기력한 상황으로부터 생겨난 것이다. 소위 당연한 것들이 문제일 경우가 많다. 당연시되는 전제들 중에는 증오하는 이들이 존재한다는 사고도 있다. 그러나 특정 유형의 증오하는 인간을 말하는 것은 섣부르고 해악적이며 반윤리적일 수 있다. 인간형이나 유전 등의 선천적 요인은 물론, 계급이나 민족 등의 후천적 요인으로 결정되는 증오하는 인간도 없다. 설사 증오의 주체를 유형화할 수 있더라도 문제가 되는 태도는 증오하는 이의 의식에서 비롯되는 것이 아니다. 이 책은 누군가의 혐의를 묻기보다 그 역시 자신의 이웃과 동등한 가치를 지닌 인간임을 변호하고자 한다.

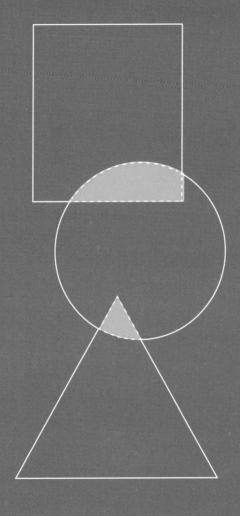

제2장

증오의 주류화

*

'성 주류화(gender mainstreaming)'라는 표현이 있다. 성과 관련된 현실과 인식에 대한 비판적 시각을 여성이나 가족 같은 일부 영역에 국한된 것으로 보지 않고, 사회 전 영역에 적용하려는 시도를 의미한다. 사회의 진보라고 평가되는 이러한 경향의 대척점에 서 있는 증오현상 또한 세계 여러 지역의 핵심적 사회현상이 되고 있다는 점에서 이 장의 제목을 '증오의 주류화'로 정해보았다. 증오는 성, 인종, 민족, 종교 등 다양한 영역에서 나타나지만, 타자나 소수자를 겨냥한 것이라거나 지배자와 피지배자 간의 관계라는 점에서 젠더 영역에 존재하는 차별이나 폭력과 같은 현상과 공통점이 있기도 하다. 증오는 그 대상을 성에서 인종으로, 인종에서 종교로 이전시키는 등 일종의 광범위한 '증오의 세계'를 형성해나가고 있다.

1. 일상이 된 증오범죄

2022년 10월 4일, 충남 서산시 어느 거리에서 한 남성이 미리 준비한 흉기로 자신의 아내를 찔러 숨지게 한 사건이 발생했다. 그 한 달 전에는 서울의 한 전철역에서 스토킹 혐의로 기소되어 선고를 앞둔 남성이 해당 스토킹 사건의 피해자인 여성 역무원을 살해하는 사건도 있었다. 거리에서 여성이 폭행을 당하고 사망에 이르는 사건은 몇 년 전까지만 해도 언론을 통해 접하기 어려운 사건이었다. 이주민이나 유색인종에 대한 일반인이나 경찰의 폭력이 일상화된 유럽이나 미국을 떠올리게 했다. 극히 예외적인 현상이기를 바라지만, 그렇지 않을 수도 있다는 걱정이 앞서기도 한다.

증오현상은 사건의 형상으로 나타난다. 우리에게 알려지는 증오사건이 의미를 가지는 것은 그 사건이 현실을 잘 대변해주거나 생각하지 못한 현실의 어떤 부분을 드러내주는 역할을 하기 때문이다. 특히 증오와 같은 감정은 사회적으로 용인되기 어려워 잘 드러나지 않기 때문에, 사건의 역할이 더욱 크다고 할 수 있다. 그래서인지 증오는 무엇보다도 나치의 유대인 학살이나

1990년대 중부 아프리카의 르완다에서 후투족과 투치족 간에 벌어진 대량 학살, 미국 경찰의 흑인 살해와 같은 극단적인 사건을 떠올리게 한다.

페스트가 중세 유럽에 미친 영향에 대해, 사회구조에는 큰 변화가 없었지만 파괴라는 이미지는 남았다는 평가가 있다. 14세기 당시 유럽 인구의 1/3 정도에 해당하는 사망자를 낸 사건조차 심각한 인구 감소 이상의 변화를 촉발시키지는 못했다. 중세 후기였지만 근대를 연 핵심 동력은 다른 곳에 있었다. 그렇지만 사회를 초토화시킨 페스트 대유행이 사람들에게 각인시킨 심판과 종말의 이미지는 중세 유럽사회에 강한 염세주의를 낳았으며, 이 모든 사태를 소수집단이었던 유대인 탓으로 돌리는 혐오현상도 나타났다.

2000년대 들어 탈레반에서 시작된 이슬람 정치세력의 도를 넘은 행태는 이후 보코하람, IS로 이어지면서 국제사회의 공분을 샀다. 그중에서도 IS는 그 엽기적인 행태에 있어서 타의 추종을 불허했다. 당시에는 현대인들의 공허함과 단조로움을 달래주는 역할을 하는 사건사고 소식처럼 며칠에 한 번씩 전해지는 IS와 관련된 자극적인 뉴스에 네티즌과 시청자들이 상당히 익숙해지기도 했다. 잊을 만하면 들려오는 미국의 총기난사사건이나 여성을 대상으로 한 인도에서의 극한의 폭력사건, 국제이주민이나 소수민족에게 가해지는 극단적인 억압과 폭력은 사회체제나 타자에 대한 적대감이 특정 국가에 국한된 것이 아님을 알게 해주었다. 이제 증오범죄 보도가 노동운동이나 민주화운동 또는 전쟁

아놀드 뵈클린, 「페스트」(1898년 작)

못지않게 비중 있게 다루어지는 국제뉴스의 한 유형이 되었다.

사회문화적인 측면과 함께 최근에는 계급적 측면에서 증오현상이 부상하고 있다. 영화 <조커>에서 '부자를 죽여라'고 외치던 시위대를 세계 여러 지역의 거리에서 목격하게 된 것이다. 한국사회 역시 '가진 자' 또는 체제에 대한 분노 게이지가 높다. 2011년 '아랍의 봄' 이후 지속되고 있는 아랍 민중들의 저항을 촉발한 분노에 비견할 수 있을 정도로 한국사회에서도 특정 집단이나 정권에 대한 불만이 쉽게 수만 명의 대중을 거리에 나오게 한다. 그런가 하면 역으로 사회적 약자, 소수자에 대한 거부감 역시 쉽게 극복되지 않고 있다. 동성애자에 대한 극도의 반감은 차지하고라도, 심지어 이제는 흔한 현상이 되었고 가족의 한 형태라는 데 큰 이견이 없는 한부모가족에 대해서도 학교나 지역사회에서의 거부현상이 여전하며, 세입자나 임대아파트 거주자와 같은 부동산 약자들을 배제하는 천박하고 병적인 행태도 이제는 사회에 만연한 보편적 현상이 되었다. 계급갈등과 계급투쟁이 사회운동과 같은 전통적 방식이 아니라 혐오, 증오, 폭력의 형태로 표출되면서 정체성뿐만 아니라 물질적 이해관계 역시 증오현상을 유발하는 요인이 된 것이다. 이주 분야의 경우에도 제도적 차원의 차별요소에 따른 인종주의가 크게 개선되지 않는 가운데, 이주민은 점점 더 우리 곁으로 다가오고 있고, 자연스럽게 '일상적 인종주의(everyday racism)'라고 부를 만한 양상들도 본격화되고 있다. 즉 제도적 차원의 인종적 차별과 함께 거주지, 거리, 학교, 직장 등 일상생활의 공간에서 개인들 간에 나타나는 인종적 멸시,

차별, 폭력 등이 발생할 가능성이 커지고 있는 것이다.

매우 다양한 양상이 포함되어 있고 지역에 따라 상이하며 양적인 측정도 쉽지 않은 탓에 증오현상이 더 심해지고 있다고 말하기는 어렵다. 다만 뚜렷하게 나아지고 있지 않다는 근거는 쉽게 찾아볼 수 있다. 예를 들어 미국의 경우, 여성을 대상으로 한 폭력범죄는 최근 수십 년 동안 계속 증가했다는 보고가 있다. 어떤 이들은 이러한 증가세가 나타난 것이 범죄신고가 증가했기 때문이라고 생각한다. 그러나 일반적으로 신고하기가 꺼려지는 강간현상에 대한 다이애나 E. H. 러셀의 연구는 지난 50년 동안 이 범죄가 극적으로 증가했음을 보여주었다. 그리고 사실상 모든 전문가들이 1960년대 초부터 여성혐오살해라고 부를 만한 살인사건의 수가 미국에서 상당히 증가해왔다는 데 동의한다.[1] 또한 범죄학자들은 특히 여성을 대상으로 한 연쇄살인 사건이 1950년대부터 지속적으로 늘어나 미국사회의 특징적 현상 가운데 하나가 되었다고 한다. 1960년대 초라는 시기가 기성체제 및 문화에 반기를 든 저항운동의 일환으로 여성운동이 부상한 때라는 점은 여성을 겨냥한 공격이 어떤 이유에서 비롯되었는지에 대한 단서를 제공한다. 근대 초기 유럽에서 당시 사회가 용인하지 않은 길을 걸었던 여성들이 마녀사냥에 희생되었던 전례는 여성에 대한 공격이 기존 굴레에서 벗어나려는 여성들의 시도를 억누르기 위한 것이었다는 추정을 가능하게 한다.

미국에서 2019년은 1991년 관련 통계가 작성되기 시작한 이래 2008년(7,783건) 다음으로 많은 증오범죄를 기록한 해였다. 미국 FBI는 연례보고에서 2019년에 7,314명이 증오범죄로 희생되어 3년 연속 증오범죄의 희생자 수가 7,000명을 넘었다고 했다. 2019년에 보고된 증오범죄 가운데에는 51건의 살인사건도 포함되어 있었다. 이는 1년 전에 비해 두 배나 늘어난 숫자였고, 1991년 FBI가 이 통계를 산출하기 시작한 이래 가장 많은 숫자였다. 미국에서 발생하는 증오범죄의 대상은 인종적인 측면에서는 흑인이 압도적으로 많았고, 히스패닉이 그 뒤를 이었다. 종교적인 증오범죄의 대상으로는 인종적인 면에서의 흑인과 유사한 정도로 유대인이 압도적으로 많고, 그 다음이 무슬림이다. 성소수자를 겨냥한 범죄 역시 최근 늘어나고 있다고 한다. 증오범죄를 저지른 이들은 압도적으로 백인이 많다. 또 한 가지 중요한 점은 보고되지 않는 증오범죄의 사례가 많다는 점이다. 주된 이유는 불신 때문이다. 즉 피해를 입는 집단들이 경찰 등 공권력을 충분히 신뢰하지 않는 것이다.[2]

다른 영역에서도 증오범죄가 줄어들고 있지 않음을 보여주는 사례들이 있다. 코로나19 팬데믹이 시작된 이후 1년간 미국에서는 아시아계를 대상으로 한 증오범죄가 150% 증가했다. 특히 도널드 트럼프 미국 대통령의 '중국 바이러스' 발언이 중국인을 포함한 아시아계 사람들을 잠재적인 바이러스 보균자로 낙인찍는 계기가 되었다. 2020년 3월부터 2021년 3월까지 아시아계 여성 및 노약자를 겨냥한 증오범죄에 관한 기사가 110개가 넘었다고 한다. 이러한 사태의 심각성에도 불구하고 아시아계에 대한 증오범죄가 별로 주목받지 못했었는데, 2021년 3월 애틀랜타 총기난

편향 동기(bias motivaton)		사례 수
단일 편향에 의한 사건	**인종/종족/선조**	**3,963**
	흑인/아프리카계 미국인	1,930
	백인	666
	히스패닉/라티노	527
	아시아인	158
	미국 인디언/알래스카 원주민	119
	아랍인	95
	하와이 원주민 등 태평양섬 주민	21
	기타	447
	종교	**1,521**
	유대교	953
	이슬람	176
	가톨릭	64
	시크교	49
	정교회	44
	개신교	24
	기타	211
	성 정체성	**1,393**
	게이	746
	LGBT 혼합 그룹	291
	트랜스젠더	151
	레즈비언	115
	젠더규범에 부합하지 않는 자	47
	양성애자	26
	이성애자	17
	젠더	**69**
	여성	52
	남성	17
	장애	**157**
	신체 장애인	108
	정신 장애인	49
복수의 편향에 의한 사건		211
전체		7,314

미국의 증오범죄(특정 집단에 대한 편향이 동기가 된 범죄) 현황(2019년)3

코로나19 아시아인 대상 혐오범죄 관련 기자회견(2021년 4월, 미국 국회의사당)

사사건으로 6명의 아시아계를 포함해 8명이 사망한 사건이 미국
사회에서 아시아인 혐오현상이 심각한 수준임을 알리는 계기가
되었다.[4] 물론 애틀랜타 경찰은 수사 초기부터 인종적 동기가 아
닌 성 중독문제로 범행을 저질렀다는 용의자의 진술에 힘을 실어
주었다. 이후에도 뉴욕 지하철과 길거리 등에서 나이든 아시아계
여성을 향한 무차별적 폭력이 연달아 발생했지만, 미 행정부는
이를 인종차별로 인한 증오범죄로 규정하는 것을 주저했다.[5]
　한국사회에서는 아직 범죄피해가 '인종차별적 동기'로 발생하
였는지 여부에 대해 조사하고 판단하고 구제하는 증오범죄 규정
이 마련되어 있지 않아서 인종주의범죄의 추이를 말하기는 어렵

다. 2016년 강남역 살인사건이 계기가 되어 '증오범죄통계법안'이라는 이름의 법안이 발의되는 등 제도 도입이 시도되기는 했지만, 차별금지법 제정과 유사하게 종교단체들의 반대와 사법기관의 무관심 속에 표류하고 있다. 우리보다 사정이 낫긴 해도 유럽연합 또는 유럽연합 회원국 차원에서도 인종적인 이유로 행해진 범죄에 대한 통계나 실태 파악이 체계적으로 이루어지고 있지는 않다. 실태 파악이 지지부진하다는 것은 언론을 통해 알려진 실태가 매우 과소평가된 것임을 의미한다. 이처럼 인종주의 범죄에 대한 실태 파악이 어려운 상황이지만, 민간단체들의 보고서에 따르면 해마다 인종주의범죄가 늘고 있다고 한다. 유럽의 반인종주의 단체들의 네트워크 조직인 유럽반인종주의네트워크(European Network Against Racism, ENAR)의 경우 2년마다 인종주의 실태를 조사하는데 지속적으로 인종주의범죄가 늘고 있다고 보고하고 있다.

이 단체가 2013-2014년에 26개 유럽연합 회원국과 아이슬란드를 대상으로 실시한 서베이 결과를 보면, 매우 제한된 정보에 입각한 것이기는 하지만 유럽연합 회원국들에서 인종주의 피해, 특히 신체적 폭력의 정도가 가장 심한 집단은 흑인과 아시아계 주민들이다.[6] 특히 이들이 경험한 신체적 폭력이 심한 나라들은 에스토니아, 그리스, 이탈리아, 폴란드, 스웨덴, 영국 등이다. 덴마크, 독일, 헝가리, 네덜란드, 스웨덴 등에서 반유대주의범죄가 증가하는 것도 확인되었다. 유대인 대상 범죄는 재산 침해, 폭행, 온라인에서의 혐오발언 등의 형태를 띤다. 이슬람혐오범죄는 특히 프랑스와 영국에서 증가 추세를 보였다. 특히 무슬림 여성이 무슬림 남성보다 더 공격을 많이 당하고 있으며, 다른 인종주의 범죄에 비해 폭력성이 더 심하고, 신체에 가해지는 폭력인 경우가 많았다. 또한 대부분의 나라에서 집시를 대상으로 한 범죄가 보고되고 있다. 특히 헝가리, 체코와 같이 집시 인구가 많은 국가들에서 이들에 대한 범죄 가능성이 높은 것으로 나타났다. 집시의 경우에는 다른 집단에 비해 '국가폭력'의 대상이 되는 경우가 많다. 한 예로 2013년 10월 프랑스에서는 온건한 이민정책을 표방한 좌파 사회당 정부가 경기가 침체되고 정부의 지지율이 하락하는 국면에서 이를 타개할 정치적 해법으로 동유럽 출신 집시추방정책을 실시하였다. 프랑스 북부 릴 시에서 집시 캠프 2곳이 철거당하면서 어린이 60여 명을 포함한 200여 명의 사람들이 주거지를 잃었다. 파리 19구에서는 160여 명이 거주하는 집시 캠프가 철거당했고, 리용에서도 240여 명의 집시가 비행기에 태워져 루마니아로 강제 송환되었다.[7] 이밖에도 인종주의 경향이 있는 정당이나 단체와 연관성이 있는 개인이 저지르는 인종주의범죄나 경찰에 의한 범죄도 적지 않게 나타나고 있다.[8]

2. 증오의 세계

1] 증오의 유형

증오현상에는 어떤 것들이 있는지부터 살펴보자. 여성, 동성애자, 이주민 등 소수자로 간주되는 집단에 대한 증오가 대표적인 사례일 것이다. 현대사회를 구성하는 세 가지 핵심 범주인 계급, 성, 인종의 측면에서 적대적인 관계에 놓인 집단에 대한 증오는 구조적인 요인에서 비롯된다는 점이 두드러진다. 자본주의, 가부장제, 인종질서가 낳는 다소 불가피한 현상이라고 할 수 있다. 한편 증오현상의 상당 부분은 진정한 증오의 대상 또는 문제의 원인과 직접적인 연관이 없는 것으로 이전된 증오이다. 증오범죄가 희생양이라는 개념을 떠올리게 하는 것은 이러한 성격의 증오가 결코 예외적인 사례만은 아님을 말해준다. 다른 견해에 대한 증오 역시 사회적 비중이나 강도가 만만치 않다. 빨갱이로 상징되는 반사회주의 정서는 비단 한국사회에서뿐만 아니라 소련과 냉전을 벌이던 1950년대 매카시즘 광풍을 겪은 미국에서도 인종주의와 함께 주된 증오의 유형이었다.

반공주의 선전만화 『이것이 내일인가(Is this tomorrow)』의 표지(1947년 작)

다른 민족이나 국가에 대한 증오를 빼놓을 수 없다. 반일감정, 반중정서와 같은 표현이 쉽게 떠오른다. 영화에서도 타 민족에 대한 증오는 주요 소재 중 하나이다. 그리스인과 터키인, 프랑스인과 독일인, 중국인과 일본인, 아일랜드인과 영국인과 같이 식민지배나 전쟁을 배경으로 형성된 앙숙관계나, 아랍인, 러시아인과 같이 만인의 미움을 받는 단골 빌런(악당)들을 흔히 볼 수 있다. 팔레스타인에서 벌어지는 끝나지 않는 대결도 다른 민족에 대한 극단적 증오의 산물이다. 팔레스타인 가자 지구를 통치하고 있는 하마스의 침투를 막는다는 명분으로 이스라엘이 가자 지구에 설치한 길이 65km의 해상장벽은 시대착오적인 현상이면서 동시에 나치의 유대인 격리조치를 연상케 하는, 증오의 귀결점을 보여주는 사례이다.

한 사회의 특정 지역에 대한 적대감이나 혐오, 특정 종교에 대한 반감도 사회에 따라서는 성, 인종, 민족 차원의 증오 못지않게 강할 수 있다. 지역감정은 주로 자본주의 발전이 지역에 따라 불균등하게 이뤄진 결과다. 이탈리아의 경우 제조업 발전이 북부 중심으로 이뤄지면서 남부와 북부는 서로 다른 민족 간의 관계처럼 적대적인 양상을 보이고 있다. 한때 북부에 기반을 둔 북부동맹이라는 세력의 주도 하에 분리독립운동이 전개될 정도였다. 2011년 '아랍의 봄' 시기에 발생한 후 여전히 끝날 기미를 보이지 않는 리비아내전 역시 낙후된 내륙 및 동부 지역의 저항운동이 계기가 되었다.

증오의 대상이 되는 집단이 그에 대한 반작용으로 표출하는 증오현상도 있다. 역증오, 강요된 증오, 부추겨진 증오 등으로 표현할 수 있겠다. 한 예로 2000년대 이후, 특히 9.11테러 이후 유럽을 뒤덮은 이슬람혐오증은 그에 대한 대응으로 이슬람 테러리즘을 낳았다. 역으로 이슬람 테러리즘이 이슬람혐오증을 낳은 측면도 있다. "68세대는 혁명을 꿈꾸었지만 프랑스 무슬림은 이제 정화를 꿈꾼다." 이슬람 테러리즘을 다룬 프랑스 영화 속에서 이슬람주의 전사로 변신한 여성이 한 대사다. 한국사회에서도 체제에 대한 저항운동의 모범사례로 자주 언급되는 68혁명과 이슬람주의 테러리즘이 비교 가능한 현상으로 여겨지는 것이 낯설 것이다. 자신들의 정체성을 부정하는 현실에 직면해 약자는 역설적으로 주류사회가 부정하는 자신들의 언어로 대응할 수밖에 없었던 것이다. 영화 속 전사의 계획이 실제 현실에서 실행되기도 했다. 2020년 7월 프랑스 파리 근교에서 중학교 교사가 길거리에서 참수되는 끔찍한 사건이 벌어졌다. 피해자는 역사와 지리를 가르치는 교사로 수업시간에 표현의 자유를 가르치기 위해 이슬람을 창시한 무함마드를 풍자한 만평을 소재로 토론을 진행했다. 범인은 범행 직후 트위터에 "무함마드를 경시하는 악마를 처형했다"는 글을 올렸다. 사건이 있고서 얼마 뒤 파리 소르본 대학에서는 희생자 추모의식이 거행되었다. 이 자리에서 고인의 누이는 고인이 만평을 소재로 수업을 진행할 때 일반적 교육지침에 부합하도록 최대한 주의를 기울였다는 점을 강조했다.[9]

증오현상은 권력의 측면에서 위에서 아래로 또는 아래에서 위로, 즉 수직적으로 움직인다. 낯선 민족이나 문화에 반감을 가지는 수평적인 증오도 어느 정도는 권력의 차이에서 비롯된 수직적인 증오의 측면을 가지고 있다. 따라서 증오현상은 대체로 수직적으로 작용하는 현상이라고 말할 수 있다. 위에서 아래로 향하는, 즉 사회적으로 낮은 지위에 있는 집단을 겨냥하는 것이 일반적이지만, 아래에서 위로 향하는 증오, 즉 보다 큰 권력이나 높은 지위를 가진 집단을 향한 증오현상도 존재한다. 남성, 부자, 엘리트, 정치권 등에 대한 증오가 존재함을 부정할 수는 없을 것이다. 수사적으로 표현해보면, '가진 자'의 증오가 있다면 '억눌린 자'의 증오가 있고, '길을 잃은 자'의 증오도 있는 것이다.

많이 언급되고 사회적 반향이 큰 증오의 대표적인 사례들을 살펴보자. 먼저 근본주의자들이 지닌 증오가 있다. 근본주의는 19세기 말 급속한 근대화에 직면해 유럽 출신 이주민사회의 전통을 고수하고자 했던 미국 기독교 내부의 한 흐름으로 시작되었다. 이후 20세기말 중동, 남아시아 등지에서 기성체제에 대한 대안으로 부상한 이슬람 근본주의에서 전 지구적인 차원의 관심을 끄는 현상이 된다.[10] 근본주의는 백인우월주의와 함께 미국사회를 증오의 전시장으로 만들게 된다. 수백 개의 증오단체, 주로 백인이자 기독교인으로 구성된 단체가 증오의 문화를 부추기고 있는 것이다.

미국이나 중동만이 아니라 중남미, 아프리카, 한국, 인도 등 세계 여러 지역과 다양한 종교에서 근본주의와 유사한 경향이 나타났다. 한국에서는 근본주의적 성향의 개신교가 북한, 좌파, 동성애, 이슬람 등 증오현상의 주된 표적이 되는 대상에 대한 공격을 주도하고 있다. 근본주의는 급격한 사회변동에 위기감을 느낀 사람들의 대응이다. 전통사회에서 현대사회로의 변화, 종교적인 사회에서 세속적인 사회로의 변화, 다른 문화나 그 문화를 가진 이주민의 유입 같은 현상이 이들을 공격적이고 극단적으로 만들어버린다. 때문에 근본주의가 적으로 상정하는 대상은 다른 종교나 민족, 자기 종교 내부의 개혁적 흐름, 대중문화, 사회주의 같은 급진적 사상 등이다.

근본주의보다 대중적으로 더 잘 알려진 극우주의자들의 증오가 있다. 이들의 증오는 무엇보다도 유대인, 이주민 등 소수자들로 향해 있으며, 나치정권이 행한 일들이 극우주의의 정점을 이루는 사례로 여겨진다. 그러나 이 사례는 매우 극단적이기는 하지만 예외적인 것은 아니다. 그 이전부터 시작되었고 지금까지 이어져오고 있는 극우주의와 인종주의라는 장대한 흐름의 일부인 것이다. 근본주의와 유사하게 극우주의 역시 사회의 근대화와 개방화에 대한 저항의 산물이었다. 그래서 양자는 중첩되기도 한다. 근본주의 성향의 가톨릭이나 개신교 세력이 유럽과 남미의 극우주의를 주도했으며, 한국의 경우에도 근본주의 개신교는 극단적 우파의 핵심 세력이다. 극우주의는 민족 정체성을 강조하면서 다른 문화나 민족에 거부감을 보이고, 이민이나 세계화에 부정적인 모습을 보인다. 이주민이나 소수민족 그리고 이들에 우호적인 세력, 다른 국가나 유럽연합 등 초국적인 단위, 다양한 유형의 소수자들이 이들이 적대감을 표출하는 대상들이다.

여성혐오, 장애인혐오, 반일감정 등 다른 국가에 대한 적대감,

빈민에 대한 혐오나 부자에 대한 증오 등은 근본주의나 극우주의에 비해 수적으로 많은 이들이 지닌 대중적인 현상이다. 특정 종교집단이나 정당, 단체 등에 가입된 사람만이 아니라 심지어 한 나라의 구성원 대부분이 지닐 수 있는 정서인 것이다.

증오현상은 몇 가지 용어를 중심으로 다뤄지는 경향이 있으며, 극적 사건들이 증오현상의 존재를 환기시킨다. 근본주의, 극우주의, 인종주의, 민족주의, 페미니즘, 사회주의와 같은 몇 가지 이념, 증오범죄, 혐오발언과 같은 몇 가지 용어, 그리고 유대인 학살, 흑인 살해, 여성 살해 등 몇 가지 유형의 사건을 중심으로 인지되고 논의된다.

2) 교차하는 증오의 세계

성, 인종, 계급, 민족 등의 영역이 현실에서 상당히 중첩된다는 사실은 통합적 접근을 정당화시켜주는 설득력 있는 근거가 된다. 세계체계론을 주창한 이매뉴얼 월러스틴은 프랑스 마르크스주의자 에티엔 발리바르와의 대담에서 인종, 국민, 계급은 세 쌍의 안경과도 같다고 했다. 따라서 하나만 사용하면 전체의 일부를 가리게 된다. 그는 이 세 가지가 80% 정도 겹친다고 했다. 예를 들어 프롤레타리아에 속한 개인은 상당수가 지배계급에 속한 백인이 아니라 흑인 혹은 억압받는 유색인들이라는 것이다.[11]

성, 인종, 계급상황이 중첩되어 존재하는 측면과 함께 혼합적

시위대를 이끄는 흑인 여성들

인 제3의 양상에도 주목해야 한다. 미국의 경우 다문화주의의 전성기는 1970년대 초반과 1990년대 후반 사이였다. 이 다원주의적인 나라에서 다문화주의는 일반적으로 공공기관들이 역사적으로 억압받아온 특정 집단들의 고유한 정체성을 더 잘 인식하게 하려는 지적인 운동으로 이해되었다. 그리고 이러한 흐름 속에서 인종, 젠더, 계급, 섹슈얼리티, 장애를 근거로 한 억압의 형태는 억압받는 사람들의 삶에서 겹치고 융합된다는 생각이 전면에 등장했다.

다양한 영역에 존재하는 위계나 차별이 만들어내는 양상에 대한 관심은 페미니즘의 최근 흐름인 제3의 물결에 속하는 '유색인종 페미니즘'이 제시한 '교차성(intersectionality)'이라는 개념을 통해 조명된 바 있다. 유색인종 여성들(women-of-color)이 복합적인 억압들이 살아 움직이는 장이라는 사고가 바로 미국 유색인종 페미니즘의 핵심 요소였다. 이들은 기존 제도가 유색인종 여성들이 경험하는 복합적 상황을 고려하지 못했다는 점을 강조하기 위해 1989년에 '교차성'이라는 용어를 만들었다. 유색인종 여성들에게는 여성 억압이 사회적으로 열등하다고 여겨지는 인종에 대한 억압과 맞물려 백인 여성이나 유색인종 남성들이 겪는 억압과도 다른 제3의 조건에 놓이게 된다는 것이다. 많은 사람이 흑인이자 여성이고 동성애이자 라틴계 이민자인 현실은 성, 인종, 계급 등 각각의 영역에서 독자적으로 발전되어온 이념으로는 충분히 설명되기 어렵다.[12]

사회의 여러 영역 또는 정체성의 여러 측면을 함께 바라보는 통합적 접근은 관련 역사를 통해서도 그 정당성이 입증된다. 노예제도의 사례가 이 점을 잘 보여준다. 비록 흑인 노예가 많았지만 노예제도를 탄생시킨 것은 인종논리가 아니라 경제논리였다. 노예제도는 노동자의 피부색이 아니라 값싼 노동력과 연관된 것이었다.[13] 주로 흑인이나 인종주의와 결부되어 이해되는 이 제도가 실상은 아메리카 원주민에서 유럽 출신 계약노동자로, 그리고 아프리카인들로 이어지는 자본주의의 노동력 활용방식이었던 것이다. 이후 쿨리(coolie)라는 아시아 출신 계약노동자가 흑인노예를 대체했고, 한반도에서 하와이로 건너간 재미동포 1세들도 형식적인 수준이었지만 계약의 형태를 띤 변형된 노예의 일원이었다.

영국령 서인도제도 사탕수수 농장의 노예들

한국에서 성, 인종, 민족 등 소위 정체성 영역의 차별에 대한 각각의 관심은 크지 않은 시간차를 두고 나타났다. 서구의 변화를 짧은 시간에 압축적으로 경험한 한국사회의 특성이 반영된 것이기도 하다. 외국인이나 인종에 대한 관심이 제기된 것은 실제 한국에 일정 기간 이상 체류하는 외국인의 수가 늘어나면서부터였다. 1990년대부터 시작된 노동이주가 이러한 변화를 가져왔다. 그러다가 한국인과 종족적으로 그리고 외모에서 상당한 차이가 나는 주민들에 대해 한국사회가 본격적으로 관심을 가지게 된 것은 2000년대 초반부터였다. 당시 '다문화'라는 용어로 표현된 이주민의 존재는 인종주의, 차별, 정체성, 통합, 차이, 인정 등의 개념을 통해 논의되고 이해되었다. 그런데 흥미롭게도 이러한 인종에 대한 관심의 시대는 젠더에 대한 관심이 본격화된 시기와 어느 정도 일치한다. 중국으로부터 노동력이 유입되던 1990년대는 여성운동이 활발하게 전개되었고, 그 산물로 젠더와 연관된 다양한 법제화가 진행되던 시기였다. 여성발전기본법, 성폭력특별법, 가정폭력특례법 등 여성 및 가족 관련 법들의 제정이 본격화되었고, 그 흐름은 이후에도 이어졌다.

다문화 논의의 핵심이 이질적인 존재로서의 이주민과 이러저러한 식의 관계를 만들고, 반감, 차별, 폭력과 같은 증오현상을 해결하는 것이라는 점에서 다문화는 증오와 긴밀한 연관성을 가진다. 그런데 증오는 이주민에 국한된 현상이 아니다. 최근 증오와 이주민과의 연관성이 커진 것은 근대적 자본주의의 확산 이후 국제이주현상이 크게 활성화됨에 따라 나타난 현상이다. 이동이 활발하지 않았던 보다 정적인 시대에는 빈민, 천민, 여성, 노예, 소수민족 등이 증오의 대상이었다.

어떤 한 집단이 배제되는 사회체계는 또 다른 집단을 대상으로 한 배제의 체계로 쉽게 전환되는 경향이 있다. 일례로 "영국의 하층계급 여성들은 특히나 흑인을 좋아하기 때문에 그대로 두면 두어 세대 지나지 않아 영국인의 피가 오염될 것이고, 나중에는 온 나라 사람들의 피부색은 포르투갈인이나 〔레콩키스타 이후 가톨릭으로 개종한 이베리아반도의 무슬림을 가리키는〕 모리스코(morisco)인을 닮아가고 마음은 비루해질 것"이라고 걱정했다.[14] 이 문장에는 18세기 영국 상류층 남성들이 가지고 있던 계급, 성, 인종에 대한 생각이 잘 드러나 있다. 이처럼 서로 다른 계급이나 성이 '인종적으로도' 다르다는 생각은 성, 계급, 인종이 복합적으로 작용한 당시의 위계적인 사회구조를 정당화하는 역할을 했다.

흑인종과 황인종이 열등하다는 점을 입증하려 했던 사람들은 프랑스혁명으로 분출한 평등주의사상에 반감을 가졌고, 여성도 열등한 인종이라는 것을 과학적으로 입증하려고 애썼다. 당시 인기를 끈 두개골과 뇌 크기 측정법을 사용한 과학자들은 여성의 뇌가 무게도 남성의 뇌보다 덜 나가며, 하등한 인종의 뇌와 비슷하다고 주장했다. 이를 통해 여성의 지적 능력이 남성보다 떨어진다는 것을 '과학적인' 방식으로 설명하려 했다. 나아가 여성과 하등의 인종들은 충동적이고 감정적이어서 추론능력이 백인 남성보다 떨어진다고 여겼다. 이런 종류의 사고를 받아들이게 되면, 성적으로 일탈적이라고 간주된 사람들이나 범죄자 등 여러 범주의 '열등한' 사람들을 당시 주요 쟁점이던 시민권에서 배제하고, 선거권 부여 등의 사안에서 차별하는 것이 가능했다.[15] 이런 생각이 여전히 황당하다고 여겨지지 않는다면, 지금도 많은 사람들이 그렇게 생각하고 있기 때문일 것이다.

미국, 캐나다와 같은 유럽인들의 식민지에서도 인종은 계급, 젠더와 연계되어 다루어졌다. 노동계급이 성장하자 중·상층계급 사이에서는 그들을 '미숙한' '인종'으로 따로 떼어내려는 움직임이 일어났다. 동시에 노동계급이 살아야 했던 도시 슬럼가를 제국주의의 언어, 즉 '늪지대'나 '황무지'와 같이 미개한 신대륙의 땅을 가리키는 말들로 묘사하는 경향이 나타났으며, 노동자들의 세계는 성적인 일탈을 비롯한 모든 형태의 사회적인 기형이 범람하는 곳으로 여겨지기 시작했다. 노동자들의 무장단체, 아일랜드인, 유대인, 동성애자, 성매매 여성, 정신질환을 앓는 이들이 모두 인종적으로 열등한 사람들로 분류되었다. 직장에 나가 일하는 여성들도 빅토리아 시대에 도입된 공적 영역과 사적 영역의 구분, 즉 남성은 바깥일을 하고 여성은 가정에 머물러야 한다는 성별 분업의 원칙을 위반한 것이었으므로, 역시 인종적으로 열등한 존재로 취급되었다.

이런 식의 사고는 식민지 선주민들을 '여성화'하고 제국주의 지배 세력을 남성성의 상징으로 여기는 태도로 이어지기도 했다. 그리고 이 남성적인 제국주의체제 속에서 제국의 중간계급 여성들은 정숙하고 유약하며 보호받아야 할 존재이자 제국의 인종을 재생산하는 귀중한 존재로 규정되었다. 따라서 영국의 중산층 여성들은 포악한 성적 충동을 지닌 노동계급 남성들이나 식민지 선주민 남성들, 관능적이고 음탕한 선주민 여성들로부터 멀리 떨어져 있어야 했다. 식민지배가 진행되면서, 그리고 제국의 본국에서 노동자나 여성의 지위가 느리지만 조금씩 올라가기 시작하면서, 젠더, 인종, 민족, 계급이 밀접히 연관된 것으로 여겨지던 시대에서 인종 또는 민족이 보다 중요한 역할을 하는 국면으로 이행하게 된다.[16]

인종 또는 민족과 성의 융합은 일본 제국주의 세력의 관념에서도 중요한 위치를 차지하고 있었다. 재일교포 학자 강상중은 일제강점기 일본과 조선의 관계를 '보는 쪽-대표하는 쪽-보호하는 쪽'과 '보이는 쪽-대표되는 쪽-보호받는 쪽'이라는 이항대

빅토리아 시대 빨래하는 여성들

립 관계로 설명했다. 그러면서 이러한 국가나 민족 간 관계가 역시 비대칭적인 남성과 여성의 관계와 유사하다고 했다. 그러면서 식민지 조선이 성적인 기대, 싫증나지 않는 관능성, 질리지 않는 욕망을 자극하는 공간의 역할을 했다고 말한다. 식민지는 일본 본토에 이익을 제공하는 장소였을 뿐 아니라, 감당하기 어려운 '방탕아들', 곧 범죄자, 빈민, 그 밖의 바람직하지 않은 과잉인구를 보내는 장소로 유용하게 활용되었고, 일본 본토에서는 가질 수 없는 '성적인 체험'을 가능하게 해주는 장소이기도 했다. 역으로 일본과 청나라 사이에 끼인 조선은 '득의양양하게 맘껏 욕구를 채우고도 지칠 줄 모르는 차이나 남자'에게도 아양을 떠는 성적으로 방종한 '여자'에 비유되었다.[17] 이러한 성적 은유는 주로 중동 및 북아프리카 지역을 의미하는 오리엔트 지역에 대한 유럽인들이 표상과 크게 다르지 않다.[18] 물론 이제는 동남아시아를 섹스관광의 대상으로 여기기도 하는 한국인의 관념으로 계승되고 있기도 하다.

3. 증오의 형상들

아래에서는 주요 유형별로 증오의 최근 양상을 살펴본다. 오랫동안 이슬람권 국가들의 전유물인 것처럼 인식되었던 여성혐오현상이 유럽을 포함해 세계 전 지역에서 심각한 양상을 띠고 있음이 확인되었고, 외국인혐오증 역시 이주민을 많이 받아들이는 나라들을 중심으로 중요한 사회문제의 한 형태가 되었다. 다른 민족이나 국가 또는 이념에 대한 반감 역시 세계가 보다 가까워지고 사상의 자유가 신장되는 추세에도 불구하고 여전히 맹위를 떨치고 있다.

1) 여성혐오

2022년 6월 24일, 미국 연방대법원이 임신 15주 이후의 낙태를 전면 금지한 미시시피주 법에 대한 위헌심판에서 찬성 6, 반대 3으로 합헌결정을 내렸다. 보편적 낙태권을 보장한 '로 대 웨이드(Roe v. Wade)' 판례를 49년 만에 뒤집은 것이다. 이 판결은 미국사회를 둘로 갈라놓을 정도의 후폭풍을 가져왔다. 현재 미국에서는 최소 14개 주가 로 대 웨이드 판례 전복 이후 이른바 트리거 조항을 통해 낙태를 사실상 금지하고 있다. 이 조항은 대법원의 낙태 폐지 결정과 동시에 낙태를 금지·제한하도록 하는 법안이다. 미국의 다른 주에서도 유사한 움직임이 감지되고 있다.[19] 그에 앞서 프랑스는 2013년 5월 동성결혼법이 도입되면서 극한적인 대립 양상을 겪은 바 있다. 이 법의 도입에 찬성하는 '모두를 위한 결혼' 진영과 반대 입장을 가진 '모두를 위한 시위' 진영이 격돌해 유례없는 분열상을 경험했다. 2013년 5월 17일 '모두를 위한 결혼' 법 제정으로 프랑스는 유럽에서 아홉 번째, 세계에서 14번째로 동성결혼을 인정한 나라가 되었다. 그런데 이 법의 제정 과정은 극단적인 갈등을 동반하였다. "나는 이렇게 강한 증오의 물결을 예상하지 못했다"는 표현이 당시 분위기를 대변해준다.[20]

2022년 9월 16일, 이란에서는 한 여성이 히잡을 규정에 맞게 정확히 착용하지 않았다는 이유로 체포되었다가 조사 과정에서 의식불명 상태에 빠진 후 사망하는 사건이 발생했다. 이에 대한 반발로 여러 도시에서 대규모 시위가 이어지는 등 저항운동이 계속되었다. 이란혁명 이후 여성들은 항상 시민의 자유를 억압하고 퇴행적인 신학을 강요하는 체제에 대한 저항운동에 앞장서 왔다. 그리고 이 저항운동의 중심에는 '나쁜 히잡', 즉 히잡을 제대로 쓰지 않아 머리카락을 보이게 하는 전술이 존재한다.[21] 한국의 젠더갈등 양상도 지속성이나 강도에서 이란 사례에 못지않

앉다. 그리고 그 갈등양상은 지금도 크게 변하지 않고 있다. 이렇게 여성, 가족, 섹슈얼리티가 핵심적인 사회이슈가 되는 것은 전 지구적 경향이다.

그런데 한국의 여성혐오현상의 사례가 잘 보여주듯이 증오현상은 구조적인 측면을 가지면서도 동시에 특정 시기에 부상하는 가변적인 현상이기도 하다. 빅데이터 분석 전문업체 다음소프트의 자료를 인용한 KBS 보도에 따르면, 혐오표현의 대상이 여성인 사례가 2012년 12,756건, 2013년 12,565건에서 2014년 22,732건으로 증가해 자기혐오, 동성애, 정치 등 기존의 높은 순위에 있던 혐오의 대상들을 추월하게 된다. 이 수효는 2015년에 462,558건으로 급증한다. 특히 이 해에는 이전의 1~3위에 없던 남성에 대한 혐오표현이 70,582건에 달해 2위로 부상한다. 2016년이 되면 여성을 대상으로 한 혐오표현의 수가 70,890건으로 다시 큰 폭으로 감소한다.[22]

다음 표가 말해주듯이 한국사회에서 젠더갈등이 심각한 양상을 띠게 된 것은 2010년대 후반부터였지만, 전조는 이미 그 전부터 나타났다. 2006년 야후코리아가 꼽은 온라인 최고의 화제 유행어는 '된장녀'였다. '된장녀의 하루'라는 온라인 게시글로 촉발된 이 논란은 인터넷을 타고 남녀 성 대결에 가까운 논쟁으로 이어졌다. 당시 이 주제를 다룬 기사는 "작년부터 우리 사회에는 개똥녀, 시청녀, 엘프녀, 떨녀, 개풍녀, 치우녀 등 일명 'ㅇㅇ녀'로 지칭되는 신조어가 계속 양산되고 있다"며 우려를 표명하였다.[23] 이듬해에 유행한 '김여사'라는 표현도 당시 한국사회의 여성혐오

순위	2011년		2012년		2013년	
	연관어	언급량	연관어	언급량	연관어	언급량
1	자기혐오	5,897	정치	23,748	동성애	15,275
2	정치	5,235	여성	12,756	자기혐오	13,715
3	동성애	2,455	자기혐오	8,817	여성	12,565

순위	2014년		2015년		2016년	
	연관어	언급량	연관어	언급량	연관어	언급량
1	여성	22,732	여성	462,558	여성	70,890
2	자기혐오	22,220	남성	70,582	정치	34,030
3	동성애	13,827	자기혐오	61,264	자기혐오	25,915

혐오대상의 변화추이 23

분위기를 반영한 사례였다.

한국사회에 젠더갈등이 급부상하게 된 직접적인 계기는 '강남역 살인사건'이라는 '여성혐오살해(페미사이드, 여성살해)' 사건이었다. 2016년 서울 강남역 인근 남녀공용 화장실에서 조현병을 앓던 남성이 일면식도 없는 여성을 흉기로 찔러 살해했다. 사건 피의자는 살인동기를 언급하며 "여성에 무시당해" 살해했다고 밝혔다. 이 사건은 여성들의 불안감을 심화시켰고 젠더갈등이 촉발되는 기폭제 역할을 하게 된다. 이 사건 이후 남성과 여성 간의 소위 젠더갈등 양상은 한국사회의 대표적인 갈등 유형의 하나로 자리 잡게 된다. 2021년 6월, 영국 킹스칼리지가 여론조사 기관인 입소스에 의뢰해 28개국 2만3천여 명을 대상으로 조사한 결과를 보면, 한국인 응답자들은 전체 12개 갈등 항목 가운데 7개에서 '갈등이 심각하다'고 대답해 그 비율이 가장 높았다. 눈에 띄는 것은 성별, 나이, 교육수준(대학교육 유무) 항목의 갈등수준이었다. 전 세계 평균의 두 배 수준이었다.[25] 젠더갈등, 세대갈등, 학력차별이 한국사회를 특징짓는 현상임을 다른 나라들과의 비교를 통해 확인시켜준 것이었다.

2) 외국인혐오

최근 벌어진 두 사건은 외국인을 겨냥한 혐오의 실상을 잘 보여준다. 먼저 대구 이슬람사원 건립 반대운동의 사례를 보자. 2021년 초부터 대구의 한 대학교 인근 주택가에서 이슬람사원 건립을 두고 갈등이 벌어졌다. 이슬람 신자인 유학생들이 가입해 있는 한 단체가 관할구청의 허가를 받아 이슬람사원을 착공했으나 주민들은 소음·오염문제를 이유로 반대운동을 전개한 것이다. 유학생들은 "한국에 이미 모스크가 많이 있지만 무슬림들이 주민을 위협하거나 치안을 불안하게 하지 않는다"며 "기도를 위한 평화로운 장소를 갖게 해 달라"고 호소했다.[26]

하필이면 대구에서 일어난 일이라 주민들의 보수적 성향을 떠올릴 수도 있는데, 이는 결코 특정 지역에 국한된 문제는 아니다. 반이슬람 분위기는 지역의 특성이 반영된 것이라기보다 전사회적인 현상이다. 경제적으로 전망 있는 할랄식품 제조시설 도입에 대해 강원도 개신교 단체들이 극렬 반대한 사례나 한국이슬람교의 연천 캠핑장 건설 반대운동에 4만5천 명의 지역주민 가운데 2만 명이나 서명해 사업이 중단된 사례가 이슬람에 대한 부정적인 인식을 잘 보여준다. 강원도 사례에서는 경제논리만 앞세워 이슬람테러에 문을 열어주는 계획이라고 반대했으며, 연천의 경우, 주민들은 캠핑장 건설은 명분일 뿐, 한국이슬람교 측이 궁극적으로 추구하는 것은 이 시설을 이슬람교 확산의 구심점으로 삼는 것이라는 주장을 했다.[27] 이슬람교의 확산을 우려하는 한국사회의 경향을 잘 보여주는 사건이었다. 더구나 반대운동에 나선 주민들이 특정 종교나 이념을 공유하는 단체에 속한 것도 아니기 때문에, 이들의 반응을 예외적 사례라고 짚어 말하기도 어렵다.

"이슬람/동성애 없는 청정국가 이룩." 이는 필자가 우연히 목격한 모 종교단체 건물 앞에 걸린 현수막 문구였다. 동성애와 이슬람이 현재 한국인의 대표적인 증오 표적이라는 사실을 잘 보여주고 있다.[28] 유럽의 익숙한 이슬람혐오와는 역사적 맥락 등에서 많은 차이점이 있지만, 공통점도 없지 않다. 이슬람과 연관된 갈등이나 분쟁에 관한 수많은 언론보도 또는 무슬림이나 중동사람이 악역으로 등장하는 할리우드 영화의 영향으로 이제는 반이슬람이 글로벌한 현상이 되어버린 것이다. 무슬림 인구의 비율이 늘어날 수 있다는 인구학적 우려나 이질적인 이슬람문화에 대한 반감을 이제는 한국인들에게서도 어렵지 않게 찾아볼 수 있는 것이다.

위와 유사한 또 다른 사례는 이주민혐오에서 기인한 사건이면서도 이주민 여성들의 독자적인 사회운동의 가능성을 보여주었다는 특별한 의미가 있다. 2019년 6월 11일, 익산시장은 다문화가족을 위한 행복나눔운동회 축사에서 "생물학적, 과학적으로 얘기한다면 잡종강세라는 말도 있지 않느냐. 똑똑하고 예쁜 애들(다문화가정에서 태어난 자녀)을 사회에서 잘못 지도하면 프랑스 파리의 폭동처럼 문제가 될 수 있다"라고 말했다. 이러한 발언에 대해 사실 왜곡일 뿐 아니라 명백한 혐오표현이라는 비판이 쏟아졌다. 특히 시장은 이후 해명 요구에, "튀기들이 얼굴도 예쁘고 똑똑하지만 튀기라는 말을 쓸 수 없어 한 말이다. '당신들은 잡종이다'라고 말한 게 아니라 행사에 참석한 다문화가족들을 띄워주기 위해 한 말"이라고 했다. 이 발언은 이전의 발언이 잘못임을 인식조차 못했다는 점에서 더 큰 비난을 받았다. 사건 발생 2주 후인 6월 25일, 이주민들로 구성된 단체인 한국이주여성연합회와 비이주민이 주도하는 시민사회 단체들이 함께 익산시청 앞에서 시장의 발언에 항의하는 기자회견을 열었다. 예상을 훨씬 뛰어넘은 많은 수의 결혼이주여성들이 참여하였고, 기자회견은 분노와 항의를 표출하는 집회와 시위로 확대되었다. 한 이주여성 활동가의 표현대로 이주여성들이 한국사회에서 "집단적으로 뭔가 요구하

며 사회에 등장한 (…) 사상 최초"의 사건이었다.[29]

한국사회에서 인종주의범죄가 처음 언론에 보도된 것은 아마도 2009년 보노짓 후세인 사건일 것이다. 특정 외국인에게 혐오발언을 한 사건이었다. 한 여성과 인도 출신 외국인 교환교수가 함께 귀가하던 버스에서 한국인 남성으로부터 "냄새나는 자식", "조선×이 새까만 외국×이랑 사귀니 기분이 어떠냐", "더러운 놈 (…) 냄새가 난다", "너 어디서 왔느냐, 아랍 놈이냐" 등의 폭언을 듣고 경찰에 신고했다. 게다가 신고한 한국 여성이 경찰서에서 조사받는 과정에서 경찰로부터도 인종차별적 발언을 들었다며 국가인권위원회에 진정을 제기하기도 했다. 당시 관할 경찰서장은 관련자 주의조치 및 소속 직원들에 대한 인권교육 실시를 권고 받았다.[30] 이 사건은 가해자가 모욕죄라는 형사적 처벌을 받음으로써 인종차별과 관련된 첫 범죄 사례로 기록되었다.

그런데 이 사건이 발생한 시점은 외국인혐오현상이 외국인에 대한 사회적 관심을 배경으로 한 것임을 추정케 해준다.[31] 한국사회에서 외국인 또는 이주민에 반감을 표하는 외국인혐오증 또는 반이민주의가 표면화된 것은 이 사건이 발생하기 얼마 전이었다. 2007년 12월 13일, '불법체류자추방운동본부'라는 이름의 단체가 서울 목동 출입국사무소 앞에서 불법체류 외국인 노동자에 대한 철저한 단속을 촉구하는 대규모 집회를 개최했다. 집회에서 이들은 "국내에서 열린 최초의 제노포비아성 집회"를 자처했고 인권침해 논란을 낳고 있는 외국인 지문날인제도 도입을 주장했다.[32] 이때는 한국사회가 한창 이주민의 존재에 관심을 가지기 시작하고, 정부에서 각종 법과 제도를 도입하던 때였다. 국민들도 '다문화'라는 이름으로 이 환대의 분위기에 동참했다. 다문화 열풍과 반이민현상이 거의 동시에 나타난 것이다. 세계적으로 보면 2007년은 유럽 등지에서 중동발 난민에 대한 반감이 고조되기 시작한 때이기도 했다. 그에 앞서 9.11테러가 발생한 2001년 이후 테러를 빌미로 미국이 아프가니스탄과 이라크에서 벌인 전쟁으로 수백만 명이 난민의 길에 들어섰다. 2011년 시리아내전 이후 상황은 더 심각해졌다. 시리아내전에 IS의 극단적인 행태가 더해지면서 2015년부터 유럽은 난민수용 문제를 둘러싸고 홍역을 치르게 된다.

최근에는 흑인이나 아랍인에 대한 혐오나 증오범죄에 더해 아시아인에 대한 혐오가 부각되기도 했다. 코로나19 팬데믹이 그 계기로 작용했다. 특히 초기 국면에서 전통적인 서구의 아시아인, 특히 중국인에 대한 거부감이 부활했다. 20세기 말부터 인류는 전염병 정복에 대한 자신감을 상실케 하는 새로운 전염병의 주기적 출현을 경험하게 된다. 그런데 이렇게 다시 찾아온 전염병은 여러 면에서 아시아와 연관된 것으로 간주되었다. 아시아의 자연환경이나 인구현황 그리고 아시아와 세계의 교류 증대 등이 이러한 인식의 배경으로 작용하였다. 이번 코로나19 팬데믹 이전부터 아시아는 전염병의 세계화가 시작되는 진원지로 간주되어 왔다. 특히 2002년에서 2003년 사이에 유행했던 사스(SARS, 중증급성호흡기증후군)의 사례가 입증하듯이, 중국 남부지역은 자연환경적 특성으로 인해 새로운 바이러스의 온상으로 여겨졌다.

아시아를 전염병을 가져오는 위협적인 곳으로 간주하기 시작한 것은 그보다 훨씬 전의 일이다. 이미 18세기에 유럽의 일부 의사들은 천연두를 아시아에서 유래된 질병으로 간주했다. 이후 1894년 홍콩 등지에서 유행한 페스트는 당시 중국에 있던 유럽인들과 유럽 본토에 중대한 위협으로 간주되었다. 전염병이 창궐할 때 더욱 심해지는 아시아인에 대한 서구인들의 혐오는 이렇게 오랜 역사적 배경을 가지고 있다. 따라서 쉽게 사라지기는 어려울 것이다. 바로 이러한 역사적 전례들의 연장선상에서 이번 코로나19 팬데믹에서도 중국인 등 아시아인들에 대한 낙인찍기 현상이 나타난 것이다. 그렇지 않아도 경제적으로 중국 등 동아시아가 유럽이나 미국이 두려워하는 경쟁 상대가 된 상황에서 전염병이 이러한 적대적인 구도를 심화시키는 데 한몫을 하고 있는 것이다.

아시아인 혐오에는 미국사회 고유의 맥락도 있다. 미국의 인종질서에서 아시아인들이 경험한 지위 변동이 그 배경으로 작용한 것이다. '짐 크로우 체제(Jim Crow laws)', 즉 노예해방 이후 백인들이 흑인들의 지위 상승을 억제하기 위해 만든 흑백분리체제가 작동하던 시기에 아시아계 미국인들은 미국의 흑백 이분법의 체제에서 '제3의 인종'으로 간주되었다. 백인도 아니고 그렇다고 백인이 생각하는 일반적인 비백인도 아니며 미국의 주요 인종 범주의 틈새에 위치한, '부분적 유색인종'으로 여겨졌다. 미국의 아메리카 인디언들 그리고 이들과 유럽인의 혼혈인 메스티소들이 처한 상황과 유사한 것이었다. 그러나 이 두 집단과 달리 아시아

흑인용 버스 대기장(1940년대 미국)

계 미국인은 한 세대 안에 유색인종에서 백인으로의 지위 변화를 경험하게 된다. 1927년 '럼 대 라이스(Lum vs. Rice)' 판결에서 미국 대법원이 중국인들을 유색인종이라고 판결했지만, 1967년 중국인들은 "카드를 소지하고 있는 백인"이 되었다."[33] 이 경계에 선 아시아 출신 미국인들이 최근 심각한 증오범죄에 시달리고 있는 것이다.

한국인이 혐오발언의 피해를 입은 사례도 있었다. 2021년 도쿄올림픽 경기를 중계하던 그리스 방송의 해설자가 자국 선수를 꺾고 16강에 진출한 한국 탁구선수에 대해 "그 작은 눈으로 공이 왔다 갔다 하는 것을 어떻게 볼 수 있는지 이해하기 어렵다"는 인종차별 발언을 한 사건이 있었다.[34] 아시아인의 외모에 대한 비하표현은 19세기 중반 중국인 등 아시아인 혐오현상이 등장한 이래 반복적으로 사용되고 있다. 이런 사건이 발생하게 되는 배경을 생각해보면, 민족주의나 인종주의는 우열을 가리고자 한다는 점에서 스포츠와 친화성이 있다. 그래서 사회의 발전 수준과는 무관하게 스포츠 경기에서는 상대 국가에 대한 원색적인 표현들이 난무하는 것이다. 시청률 등 경쟁논리가 강하게 작용하는 방송에서는 이러한 양상이 더 심할 수 있다. 혐오나 차별을 담은 표현은 우열을 가리는 것이 중요한 체제에서 더 쉽게 나타날 수 있는 현상인 것이다. 서로 다른 민족이나 성의 현실적인 지위가 동등하지 않다는 것을 보여주기 위해, 또는 기존의 위계가 도전을 받을 때 기존 질서를 지키기 위해 투사가 된 양 타자를 열등한 존재로 표현하는 것이다.

3) 민족감정

민족주의가 "알지 못하는 민족 동료들과의 강렬한 교감"[35]이라면, 다른 민족에 대한 증오는 자신이 그 일원이라고 상상하는 민족의 동료들보다도 더 알지 못하는 이들에 대한 강렬한 적대감이라고 할 수 있다. 민족에 대한 다음 정의가 이 점을 잘 표현해준다.

> "민족이란 (…) 자신들의 선조에 대한 공통된 착각과 이웃들에 대한 공통된 적의로 결합된 사람들의 집단이다."[36]

아래 표는 신뢰도가 높다고 평가되는 한 연례조사에서 산출된 국가선호도에 대한 결과를 대략 5년 단위로 발췌해 정리한 것이다. 다른 대륙에 위치한 미국의 압도적 지위와 한국의 이웃 3개국의 저조한 결과가 극단적인 대비를 이루고 있다. 주기적으로 환기되는 반일정서나 반중정서가 근거 없는 것이 아님을 보여준다.

일본의 경제보복조치 이후 한일관계는 지금까지 최악의 상황을 이어가고 있다. 2019년 7월 1일, 일본 경제산업성이 수출물자 관리방안의 일환으로 소재부품 3종을 특별 관리하겠다고 선언하면서 사태는 시작되었다. 이 조치는 2018년 10월 한국 대법원이 일제강점기 산업노역에 동원된 강제징용 피해자에 대해 일본 기업이 배상을 해야 한다는 판결을 내린 데 대한 대응의 일환이었다. 이후 양국 정부 간의 힘겨루기가 진행되었고 사태는 악화되었다. 그 결과 한국에서는 일본 여행도 가지 않고 일본 제품도

	2007년	2012년	2016년	2021년
미국	50.2	68.3	70.2	79.8
일본	9.1	7.1	7.3	5.6
북한	27.0	14.4	8.6	5.1
중국	7.8	5.2	10.5	3.2
러시아	1.6	0.5	0.7	1.0
모르겠다/무응답	4.3	4.4	2.8	5.4

가장 친밀하게 느끼는 국가(단위: %) [36]

사지 않겠다는 시민들의 불매운동이 벌어졌고, 일본에서는 혐한현상이 심화되었다. 미디어와 우익 잡지들이 전면에 나서면서 '혐한 비즈니스'라는 말이 등장하기도 했다.[38]

또 다른 이웃나라 중국에 대한 반감도 거세다. 2021년 7월에 결과가 발표된 『시사IN』과 한국리서치의 여론조사에서 한국의 20대는 중국 공산당뿐만 아니라 영화와 드라마, 문화유산 등 사실상 중국의 모든 것에 반감을 드러냈다. 청년들은 중국의 정치·경제·군사 역량을 실제보다 낮게 평가하고 있었으며, 중국에 대한 반감이 중국의 높아진 위상에 대한 두려움보다 경멸에 가까운 것으로 나타났다.[39] 이러한 우월의식은 위에서 아래로 향하는 증오를 잘 보여주는 사례다. 청년들은 중국이 아니라 미국과 협력을 강화하는 것에서 전망을 찾았다. 위 표의 미국에 대한 압도적 선호의 배경은 이렇게 이해될 수 있다.

4) 다른 이념에 대한 적대감

정치권을 향한 분노나 증오 역시 만만치 않다. 퇴임 후 문재인 전 대통령이 정착한 경남 양산시의 한 마을은 이전까지만 해도 다른 곳들과 마찬가지로 평온한 곳이었다. 그랬던 동네가 문 전 대통령의 사저 입주 이후 그에 반감을 가진 단체들과 유튜버 등이 여는 집회와 시위가 뒤섞이면서 어수선한 마을로 변해버렸다. 입주 초기에는 밤낮으로 장송곡과 애국가가 울려 퍼지고 확성기를 통해 살벌한 구호와 온갖 욕설이 쏟아져 나왔다.[40] 이 사건을 접하면서 필자는 수년 전 서울 낙성대역 근처 카페에서의 기억이 떠올랐다. 옆 좌석에서 어떤 이와 이야기를 나누던 한 노인이 당시 문재인 대통령에 대해 입에 담지 못할 저주에 가까운 말을 했고, 그의 분노에 찬 어조가 너무도 충격적이었다. 그래서 몇 년 후 양산시의 상황이 조금은 이해가 되었다. 증오가 무언가에 의해 조작된 일시적 감정이 아니라 나름의 근거를 가진 깊은 감정이라 생각된 것이다.

오래전부터 노인층을 중심으로 진보에 대한 혐오현상이 있어 왔다. 민주화 이전 좌익이나 '빨갱이'에 대한 증오가 민주화 이후에 부활한 것으로 볼 수 있는데, 항상 존재하는 복고현상의 한 사례이지만 민주화의 성과를 인정할 수 없다는 견해가 반영된 것이기도 하다. 이러한 정서에는 진보 세력 자체만큼이나 민주주의체제 전체에 대한 반감이 존재한다. 한국사회가 이루어낸 민주화의 성과가 일부에게는 별 의미가 없을 수 있다는 것이다.

경제적으로 어려운 계층이나 세대는 진보 세력의 집권기에 자신들의 삶이 크게 달라지지 않았다고 생각할 수 있다. 너욱이 민주화 이후 한국사회가 경제적으로나 정치적으로 발전했다고 얘기하는데 이를 납득하기 어려운 사람들도 있는 것이다. 자신에게는 성과를 부정할 수 없는 사회적 차원의 민주화보다 생계가 더 중요한데 구조적 요인으로 인해 이 문제는 크게 달라지지 않았기 때문이다. 자신들의 경제적 처지를 개선시키지 못하는 체제에 대한 반감이 이들을 극좌보다 극우로 이끌고 있는 것이다.

따라서 '태극기부대'가 상징하는 한국사회의 퇴행적 경향에 대한 대응은 이들이 가진 적대적 감정이 아니라 이 감정을 낳는 계급문제와 계급갈등 그 자체로 향해져야 한다. 이 적대는 구조적인 것이고, 이 구조는 여러 모순이 중첩된 복합적인 것이다. 증오 현상은 이념과 긴밀히 연관되어 있다. '극우'나 '극좌'라는 용어에서 '우'나 '좌'보다 '극단적'이라는 수식어가 더 중요할 수 있다. 극단적인 이념은 현실에 대한 부정이 강하고 그래서 강한 변화를 요구한다. 이렇게 생각하면 극단주의를 단순히 폄하하거나 비난하는 것은 적절치 않다. 오히려 현실이 어느 정도 수용 가능하다는 식으로 생각하는 온건한 세력이 비겁한 것이고, 그래서 비난받아야 할 수도 있다. 그리고 증오는 바로 이 극단주의의 대표적인 표현방식인 것이다.

4. 증오범죄

2022년 8월 10일자『서울신문』스콘랩은 법원 판결문과 뉴스 빅데이터 분석 시스템인 '빅카인즈'에서 다양한 키워드를 통해 분석한 결과, 2020년 1월에서 2022년 8월 초까지 국내에서 최소 24건의 혐오범죄가 발생했음을 확인했다. 그리고 판결문 등을 바탕으로 혐오범죄 24건의 피해자들이 어떤 심리를 가진 가해자에게 범행을 당했는지 파악했다. 우선 여성은 남성 가해자의 보복심리 탓에 피해를 당한 사례가 많았다. 성소수자는 주로 잘못된 사명감을 가진 이들에게 피해를 당했다. 종교적 신념에 기대어 다른 종교에 대한 혐오를 표출한 범죄도 있었다. 외국인 노동자 등 이주민은 주로 가해자의 이권을 침해한다는 이유로 혐오범죄의 표적이 된 것으로 나타났다.[41]

2006년 1월 12일 밤과 13일 새벽 사이에 미국에서 '홈리스 구타살해사건'이 발생했다. 마이애미에서 3명의 10대가 각기 다른 곳에서 총 3명의 홈리스에게 몽둥이 등을 이용한 폭행을 가하였다. 이들의 폭력은 특정한 마찰이나 시비에 의한 것이 아니라 홈리스에 대한 편견에선 나온 증오범죄인 것으로 알려졌다. 범인들은 "게으른 것들을 재미삼아 패줬다"는 말을 했다.[42] 이제는 한국의 노숙인도 이와 유사한 방식의 공격을 당하고 있다. 노숙인에 대한 폭력은 이해관계 다툼이나 서로 개인적으로 감정이 상하여 이루어지는 싸움이 아니다. 대부분 일방적인 미움에 의한 구타행위다. 증오범죄의 전형적 모습인 것이다. 증오의 근거 중하나는 노숙인들이 보여주는, 일하지 않는, 일하려고 하지 않는 점들이다. 냉정히 보면 이러한 현실과 태도가 이들에 국한된 것은 아니다. 그러나 이들은 한국사회의 주류문화 가운데 하나인, 일과 성취에 과도한 의미를 부여하는 사회적 인식에 반하는 존재로서 응징을 받는 것이다.

한국의 한 게이 인권운동단체에 따르면, 2016년 8월 16일 새벽 1시경 서울 종로구 낙원동 포차거리에서 이 단체의 회원인 20대 남성 동성애자 A씨가 30대 남성 행인 B씨에게 영문도 모른 채 폭행을 당했다고 한다. B씨는 A씨에게 '호모××' 등의 욕설을 하며 A씨의 얼굴을 가격했다. 게이들이 커뮤니티를 이루고 살았던 종로에서는 이처럼 성소수자를 혐오하는 범죄가 비일비재하게 일어났다고 한다.[43] 상황이 이처럼 심각한데도 국내 수사·사법기관은 매년 혐오범죄가 몇 건이나 발생하는지조차 파악하지 못한다. 통계가 없기 때문이다. 수사 때 혐오가 범죄동기가됐는지 조사할 의무도 없다.

2011년 7월 22일, 노르웨이 수도 오슬로에 위치한 정부청사 건물 앞 차량에 설치되어 있던 폭탄이 터져 8명이 사망하였다. 이 테러의 범인인 아네르스 베링 브레이비크는 약 600명 정도의 청소년들이 참여한 노동당 청년부 여름캠프가 열리던 우퇴야 섬으로 이동해 69명을 살해하였다. 브레이비크에게 이 범행은 다문화주의와 '문화적 마르크스주의' 성향을 가진 정권 및 사회에 대한 투쟁이자 이슬람의 침략과 식민화의 위협에 대한 저항운동의 일환이었다. 그는 노동당이 추진한 다문화주의정책의 결과 이민자의 수가 늘어나고 다문화적 상황이 심화됨으로 인해 노르웨이의 전통적인 삶의 방식과 정체성이 위협 받고 있다고 생각했다. 브레이비크는 이러한 '잘못된' 상황을 교정해야 한다고 생각했고, 그 응징의 방법으로 정부청사나 노동당 고위인사 등 집권정당을 테러 대상으로 정했던 것이다.[44]

노르웨이에서 발생한 이 유례없는 테러가 완전히 의외의 사건으로만 읽히는 건 아니다. 노르웨이는 복지가 발달한 사회민주주의 전통이 강한 나라이다. 그러나 또한 테러 직전까지 이주민 유입은 계속 증가해 그 비율이 전체 인구의 11%에 달했다. 더구나 테러 직전에 치러진 2009년 총선에서 반이슬람, 반유럽통합을 기치로 내세운 진보당(Fremskrittspartiet, FrP)이 22.9%를 득표해 41석을 가진 제1야당이 되었다(이후에도 이 당은 15%를 상회하는 득표율로 제3당의 지위를 유지하고 있다). 이렇게 노르웨이는 세계 최고 수준의 복지와 1인당 국민소득을 자랑하는 나라이자 동시에 극우파의 입지가 제도권 정치 내부에서도 강한 곳이기도 하다.

이슬람주의자들의 사례를 보자. 이들의 증오는 여러 방향으로 향하는데, 무엇보다 서구사회를 향한 증오를 떠올리게 된다. 먼저 이슬람 반군과 정부군 간에 벌어졌던 알제리내전(1991-2002년)

우퇴야 섬 사건 후,
오슬로대성당 앞 추모의 꽃 무덤

당시 그곳에 거주하던 프랑스 신부들을 대상으로 자행된 증오범죄가 대표적이다. IS가 위세를 떨치던 2016년에는 IS에 충성을 맹세한 이들에 의해 프랑스 안에서 신부가 살해되기도 했다. 이슬람주의 테러에 한국인이 희생된 사건도 있다. 2004년 미군 군납업체 소속으로 이라크에 갔던 한 전도사가 이슬람주의 무장단체인 '유일신과 성전'에 의해 납치된 후 살해딩히는 사건이 발생했다. 이러한 사례들은 이슬람주의자들의 증오가 서구사회 또는 서구화되거나 서구의 친구가 된 이들을 겨냥한다는 걸 보여준다.

여성에 대한 부정적인 시각도 이슬람주의를 특징짓는 요소이다. 히잡, 여성 할례와 같이 여성의 신체나 신체의 연장선상인 의복을 겨냥한 공격이 이슬람 교리를 근거로 행해지고 있다. 물론 쿠란의 관련 구절은 지금과는 크게 다른 사회를 배경으로 탄생한 것이며, 종교 경전이 가지는 상징적인 성격으로 인해 다양한 해석이 가능하다는 점을 고려해야 한다. 여성에 대한 이슬람주의자들의 각박한 태도의 배경에는 여성이 남성의 지위를 위협하는 위험한 존재라는 인식이 깔려 있다. 경제적으로는 여성 직업활동의 증가로 전통적인 남성 독점 분야에 여성들의 진출이 늘면서 그간 피보호자로만 여겨왔던 여성을 경쟁자로 인식하게 된 탓이다. 이슬람과 남성중심주의가 태생적으로 연관성을 가지고 있다는 생각은 1970-80년대에 부상한 이슬람주의로 인해 더욱 강화되었다. 그것은 이슬람주의자들의 주된 목표 중 하나가 바로 남성과 여성이 동등한 권리를 갖는다는 인식과 법을 부정하는 것이었기 때문이다. 젠더 및 섹슈얼리티 담론이 중요한 위상을 점유하게 된 배경은 더 있다. 예를 들면, 중동 등 이슬람사회가 신자유주의적 세계화로 인해 경제와 문화 차원에서 서구의 개방적 문화의 영향을 받기 시작하면서 이를 적극적으로 차단하려는 시도가 나타났던 것도 그러한 사례에 속한다.

"결박된 상태였고 온몸이 끔찍한 상처투성이였지만 직접적인 사인은 질식사였어요. 범인은 그녀의 목구멍에 생리대를 쑤셔 넣었죠." 미카엘은 말없이 리스베트가 괄호에 적어놓은 성경 구절을 찾아 펼쳤다. 레위기 20장 18절이었다. "월경 중에 있는 여인과 한자리에 들어 그 부끄러운 곳을 벗겨 피나는 것을 열어젖힌다든지, 그 여자도 옷을 벗어 피나는 곳을 드러내든지 하면 그 두 사람은 겨레로부터 추방해야 한다."[45]

인기 소설 『밀레니엄 1부: 여자를 증오한 남자들』의 한 구절이다. 이 책에서 남성들에 의해 잔인하게 살해되는 여성들은 유대인, 창녀, 외국인 등 소수자이거나 전통적인 사회규범이나 문자 그대로 경전에 적힌 내용을 따르는 교리에 어긋나는 존재들이었다. '페미사이드(femicide)'는 성폭력의 한 형태로 남성에 의한 여성혐오적(misogynist) 여성살해를 가리킨다.[46] 페미사이드의 형태는 다양하다. 예를 들면, 인종차별적 페미사이드(흑인 여성이 백인 남성에게 살해되는 경우), 레즈비사이드(lesbicide)라고도 불리는 동성애혐오적 페미사이드(동성애자 여성이 이성애자 남성에게 살해되는 경우), 배우자 페미사이드(아내가 남편에게 살해되는 경우), 집 바깥에서 낯선 사람에 의해 저질러지는 페미사이드, 연쇄 페미사이드, 대량 페미사이드 등이다. 강간범들이 의도적으로 HIV바이러스를 퍼트리는 일도 페미사이드에 속한다.

또한 페미사이드라는 개념은 법에 의해 정의된 살인행위만이 아니라 여성혐오직 태도나 사회관습에서 빚어진 결과로 여성들이 사망하는 상황까지 포함한다. 이를테면 자신의 생식능력을 통제할 수 있는 여성의 권리가 인정되지 않는 곳에서는 여성들이 서툰 낙태시술 때문에 죽을 수도 있다. 페미사이드의 또 다른 사례로는 자궁적출술과 음핵절제술을 포함해 불필요한 외과수술에서 비롯된 여성 사망, 대체로 남아들보다 여아들이 피해자가 되는 영아살해, 그리고 여러 문화권에서 자행되는 의도적인 남아선호 관행 때문에 방치되고 굶주리는 여아들의 사망 등이 있다.[47]

1976년 '여성대상범죄 국제재판소(International tribunal on Crimes against Women)'에서 '페미사이드'라는 용어를 처음 사용한 다이애나 E. H. 러셀의 사례를 들어보자. 1981년 12월 6일, 그는 미국 샌프란시스코 북쪽에 인접한 마린 카운티에서 소규모 청중을 앞에 두고 연설했다. 당시 이들은 이곳에서 몇몇 여성이 살해당한 데 대해 항의하고자 모인 것이었다. 마린 카운티는 주로 상류층이 사는, 범죄율이 낮은 지역이었는데, 데이비드 카펜터라는 연쇄살인범이 이곳 전원 지역에서 하이킹하는 여자들을 살해한 것이었다. 나중에 이 살인범은 이밖에도 여러 건의 여성 살해사건을 저지른 것으로 밝혀졌다. 그런데 공교롭게도 그가 마린 카운티에서 연설했던 날로부터 8년이 지난 1989년 같은 날짜에 몬트리올대학에서 14명의 공대 여학생이 총에 맞아 사망하는 일이 벌어졌다. 범인 마르크 레핀의 범행이 여성혐오에서 비롯되었다는 사실은 그가 여성만을 목표로 삼았고, 그들을 "망할 페미니스트"라고 불렀다는 점에서 명백하게 드러났다.[48]

캐나다 소설가 마거릿 애트우드는 한 남성 친구에게 물었다. 남자들은 왜 여자들에게 위협을 느끼느냐고. 친구는 이렇게 답했다. "남자들은 여자들이 자기를 비웃을까봐 두려워하지." 그런 뒤에 마거릿 애트우드는 일단의 여성들에게 물었다. 여자들은 왜 남자들에게 위협을 느끼느냐고. 그들은 이렇게 답했다. "우리는 살해당할까봐 두려워요."[49] 힘과 안전의 이러한 비대칭성은 현실에서 쉽게 확인된다. 아시아인 남성인 나는 유학 시절 파리 밤거리를 다니는 것이 위험하다고 느끼지 않았다. 그런데 내가 사는 한국의 중소도시에서 나는 한국인 여성인 내 가족이 밤에 동네를 나다니는 것이 위험하게 느껴져 밖에 있을 때는 항상 걱정하곤 했다. 가능하면 밖에 나가지 않도록 권했다. 이것이 근거 없는 우려는 아니었다. 여성가족부의 『2016년 전국 성폭력 실태조사 결과보고서』에 따르면, 여성의 76.3%가 '밤늦게 혼자 다닐 때 성폭력을 당할까봐 두렵다'고 답했다. 65.3%는 '집에 혼자 있을 때 낯선 사람의 방문(수리기사, 택배 등)이 무섭다'고 했으며, 64.5%는 '택시, 공중화장실 등을 혼자 이용할 때 성폭력을 당할까봐 두렵다', 61.5%는 '평소에 폭행, 강도, 절도 등의 피해를 입

을까봐 두렵다', 50.9%는 '성별을 이유로 범죄의 표적이 될까봐 두렵다'고 했다.[50]

친밀한 관계에 있는 이들에 의한 살해는 한국사회에서 가장 흔한 '페미사이드'의 한 형태이다. 한국여성의전화의 분석에 따르면, 2020년에 벌어진 '친밀한 관계의 남성에 의한 여성살해' 사건은 언론에 보도된 것만 97건이다. 살인미수로 살아남은 여성 131명까지 포함하면 228명에 이른다. 한국여성의전화는 "(가해남성의 여성살해 이유는) 언뜻 각기 다른 이유인 것처럼 보이지만, 크게 보면 '자기 뜻대로 따라주지 않아서'라는 아주 단순한 이유와 연결된다"고 했다.[51] 즉 우발적인 범행만은 아닌 것이다. 여성살해는 지속적으로 존재해온 배경을 가진 현상이며, 그 배경에는 여성을 동등하게 인식하지 않는 문화가 존재하는 것이다. '페미사이드 500건의 기록'이라는 『한겨레21』 2021년 12월호 기획기사의 내용을 보면, "헤어지자"고 했다는 이유로 폭력과 스토킹 피해를 입은 여성이 가장 많았다.

혐오발언(hate speech)은 국적·성·인종·종교 등을 이유로 차별을 적극적으로 선동하는 언어적 표현을 말한다. 증오범죄의 하나이면서 그 중요성으로 인해 별도의 범주로도 다루어진다. 스페인 철학자 아델라 코르티나는 혐오발언 또는 증오발언이 대화가 아닌 독백이라고 했다. 화자가 청자를 대화 상대자 또는 함께 대화할 권리가 있는 주체가 아니라 그럴 가치가 없는 대상으로 여기기 때문이라는 것이다.[52] 이러한 설명은 인종주의가 특정 집단을 동등한 인간으로 간주하지 않는 이데올로기라는 사실에 잘

르완다 제노사이드기념관의 희생자 사진들

부합한다. 그러면서 그는 혐오발언이 행동을 유발하는지 여부와 무관하게 그 자체로 해로울 수 있다는 점을 환기시킨다.[53] 나치의 유대인 학살이 보여주었듯이 혐오발언은 사회 전체에 차별을 조장하고 소수자에 대한 폭력과 제노사이드를 초래할 수 있다. 1994년 르완다에서는 후투족 수십만 명을 학살한 사건이 일어났다. 이 학살은 후투족정부 고위 관료와 라디오 방송이 "투치족은 바퀴벌레다. 쳐 죽여라"라는 식으로 혐오발언을 한 것이 계기가 되었다.[54] 보다 우리와 가까운 예로는 1923년 관동대지진 때 벌어진 조선인 학살사건이 있다. 조선인이 우물에 독약을 탔다는 유언비어를 믿고 군인과 경찰뿐 아니라 일반인들조차도 자경단을 꾸려 조선인 학살에 가담했던 이 사건도 혐오발언을 가볍게 넘겨서는 안 된다는 교훈을 준다.

제3장

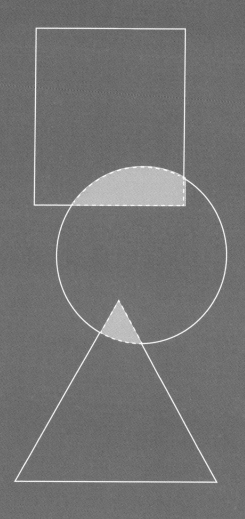

증오는 어디에서 오는가?

*

이 장에서는 증오현상의 기본적인 사항들을 다룬다. 증오란 무엇이며, 어디에서 오는가? 다른 사회현상이나 인간 감정에 비해 증오는 이해하기 어렵고 복합적이며, 게다가 별로 다루고 싶지 않은 찜찜한 것이다. 증오범죄, 혐오발언, 외국인혐오 등과 같이 외적으로 표출되는 증오의 양상들이 상대적으로 그 실체가 명확한 데 비해, 그 배경에 있는 증오의 감정은 베일에 싸여 있다. 좌절된 사랑이나 충족되지 못한 열망처럼 처음부터 부정적이었던 것이 아니라 숭고한 가치의 이면이기도 하다. 한편 우리가 관심을 가지게 되는 증오현상은 사회적 차원의 현상이고, 그것의 기원도 사회 속에 있다.

1. 증오의 개념

증오현상은 명백히 존재한다. 그리고 어디에나 존재한다. 매일매일 관련 신문기사가 넘쳐나고 소설이나 영화에서도 흔히 보게 된다. 인류 역사의 핵심 동인의 반열에 있기도 하며 정부정책이나 선거담론의 단골 메뉴이기도 하다.

> "그들은 타인을 미워한다. 그 타인들의 행위 (또는 한 개인으로서 그들이 과거에 했던 행위) 때문이 아니라 그들의 존재 그 자체 (또는 인종주의자 자신이 인위적으로 규정한 특정 집단의 구성원이라는 점) 때문에 그렇게 한다. 훨씬 더 간단하게 말할 수도 있다. 인종차별이란 타자로서의 타자에 대한 증오다. 흑인으로서의 흑인, 경찰관으로서의 경찰관, 동성애자로서의 동성애자에 대한 증오인 것이다.[1]

인종은 없지만 인종주의는 존재하고, 성의 구분과 차이가 명백하지 않아도 성차별주의는 흔들림이 없다. 민족이 근대의 발명품이라는 사실에 동의하는 사람조차 불멸의 민족이라는 관념은 강고하다. 사람들의 이러한 확고한 의식이 인종차별이나 성차별, 자민족중심주의로 가득 찬 현실을 만들어낸다. 여성혐오증(misogyny), 기독교혐오증(christianophobia), 이슬람혐오증(islamophobia), 동성애혐오증(homophobia) 등 혐오현상의 존재에 대해 이의를 달기는 어려운 게 사실이다.

필자는 1990년대에 프랑스인의 60%가 외국인혐오증을 가지고 있다고 응답한 조사결과를 접한 기억이 있다. 지금만큼 이주민에 대해 각박한 태도를 보이지는 않았던 때였다는 점을 고려하면, 현재 한국 사람들의 생각 속에 존재하는 외국인은 어떤 존재일지 두려움을 가지게 된다. 조금은 다른 내용이지만 최근 국가인권위원회가 실시한 「차별에 대한 국민인식조사」(2020) 결과에 따르면, 응답자의 82%가 우리 사회에 차별이 심각하다고 답했다. 어떤 사람들은 혐오나 증오현상에 대한 얘기를 너무 많이 한다고 생각한다. 필자도 그렇게 생각할 때가 있다. 그러나 불행히도 이러한 현상들은 따져봐야 할 측면이 여전히 많이 남아 있다. 인종이나 성 등 정체성을 둘러싼 갈등에 관한 이슈는 넘쳐나지만, 이론적 논의나 정작 해결해야 할 현실적인 사안들에 대한 논의는 부족한 것 같다.

우리는 어떤 사람들에 대해 "이해할 수 없어", 어떤 사회현실에 대해 "너무 불합리해" 등의 반응을 하는 경우가 있다. 그런데 이해할 수 없다는 것은 그런 생각을 가진 사람이 세상을 파악하는 능력이 충분치 않다는 것을 말해줄 뿐이다. 인간사회가 지닌 지적 수준의 한계로 인해 어떤 현상에 대해서는 초월적인 요인에서 답을 구하곤 했다. 지금도 여전히 인간사회는 자연 또는 사회를 완전히 파악하지 못한다. 이해할 수 없다는 것은 지적 능력의 문제일 수도 있지만 의지와 노력의 부족 때문이기도 하다. 이책의 논의는 증오현상과 증오를 품게 되는 우리 자신에 대해 좀더 잘 이해하고자 하는 것이다. 이러한 우리에 본인이 포함되지 않는다고 생각하는 독자들의 경우에는 자신과 함께 동시대를 사는 사람들을 좀 더 이해해보는 기회가 될 수 있을 것이다.

보수화 경향이나 혐오의 사회조류를 애써 부정하려 해서는 안될 것이다. 게다가 이러한 양상은 문제가 있는 특정 집단에 국한된 것이 아니다. 문제가 되는 집단과 그렇지 않은 집단의 경계는 모호하다. 우리는 코로나19 팬데믹의 경험으로부터 바이러스에 감염되고 이를 옮길 가능성이 의미 있게 큰 개인이나 집단 또는 국가를 특정하는 것이 불가능하고 부적절하다는 것을 알 수 있었다. 사회경제적인 수준이 높은 집단이나 국가라고 해서 감염에 안심할 수도 없다. 증오현상도 이와 유사하다. 외국인들에 대한 두려움은 매우 자연스러운 감정이다. 사람들은 모습이 비슷하고 같은 언어를 쓰는 사람들을 선호하기 때문이다. 인간은 자신의 이해수준이나 통제능력을 넘어서는 복잡한 상황에서 자신에게 불편한 이들과 거리를 두는 경향이 있다. 이것은 생존하기 위한 중요한 적응기능이다.[2] 유사한 시각에서 정치철학자 마사 누스바움은 혐오를 '신체'라는 현실에 대한 인간적인 불편함의 표현이라고 했다.[3] 다른 누군가를 우리와 동등한 인간으로 보

는 것이 매우 어렵다는 점을 생각하면, 이러한 불편함, 괜히 싫은 감정은 충분히 이해가 되는 현상이다. 그리고 그 중심에 근대가 이성에 비해 부차적이라고 간주한 신체가 존재한다. 피부색이나 머리카락 모양과 같이 시각적으로 인지되거나 부담스러운 체취나 억양과 같이 후각과 청각으로 느껴지는 누군가의 신체가 증오의 빌미가 되는 것이다.

'증오한다'라는 표현은 일상에서 흔히 사용되는 표현으로서, 주변 사람들이나 환경이 박탈감을 느끼게 하고 그로 인해 생겨나는 노여움의 상태를 가리킨다. 무기력감과 불만족을 적극적인 감정으로 전환시키는 것이다. 마티유 카소비츠 감독의 프랑스 영화 <증오(La haine)>(1995)는 경찰과의 갈등에서 촉발된 도시 외곽 청년들의 분노를 표현한 작품이다. 영화에서 증오는 탈출구

없는 비극이자 숙명으로 그려진다. 그렇지만 이 증오가 악에 의해 추동되는 것은 아니다. 증오가 자신의 존재를 부정하고 저항을 가로막는 누구 또는 무엇에 대항해 폭력을 분출하는 것이기는 하지만, 사전에 파괴를 의도하지는 않기 때문이다.

스피노자는 개인이 원인이 되는 적극적 감정과 개인이 겪게 되는 수동적 감정을 구분한다. 그는 수동적인 감정 중 행동의 '역량(puissance)'을 강화시키는 기쁜 열정과 행동의 역량을 약화시키는 슬픈 열정을 대조시킨다. 여기서 증오는 외적인 것에 대한 어떤 관념에 의해 추동되는 슬픈 열정으로 분류된다. 그에 따르면 증오는 외적 대상 자체가 아니라 대상에 대해 상상된 표상에서 비롯된다. 증오의 열정을 부추기는 상상의 과잉은 특정 대상을 박해하겠다는 집착에 가두고 끊임없이 그 대상의 파괴를 시도한다. 스페인 철학자 호세 오르테가 이 가세트는 이를 "증오하는 것, 그것은 우리가 증오하는 것을 가상의 세계에서 죽이는 것"이라고 표현했다. 스피노자는 혐오, 분개, 열망, 질투, 모욕감, 후회, 분노, 보복 등 우리를 노예로 만드는 데 기여하는 증오의 무기들을 찾아낸다. 그에 따르면 증오는 항상 무력감과 소외감의 징표다. 그것이 타자로 향하든 자신에게로 돌아오든 증오는 삶에 독을 퍼뜨린다.[4]

증오는 특히 대중 속에 있게 된 개인들에서 파괴적인 힘을 발휘한다. 개인적으로는 시도하지 못할 폭력으로 이끄는 것이다. 증오는 주로 약한 소수자를 겨냥한다. 집단이 어떤 위기에 처해 있을 경우에는 더더욱 그렇다. 사람들은 싸워야 할 적과는 아무 관계가 없는 이들, 특히 자신을 방어하지 못하는 소수자들을 악마화하면서 그에게 적의 역할을 맡긴다. 독일 철학자 귄터 안 데르스가 설명하는 나치의 사례가 이 점을 잘 보여준다. "나치 가 애용한 방법은 독일 국민에게 실제 중요한 적들 대신에 대체 의 적을 제공하는 것이었다. 〔사실은〕 가장 나약한 사람들에게조 차 위험이 되지 않을 만큼 무장 해제된 이들을 〔사회의 적으로 간주 해〕 종속시키고 절멸하는 것이었다." 적은 많은 것들을 재료로 해 서 만들어진다. 프로이트 식으로 얘기하자면, 자신이 부모로부터 느끼는 증오를 동물이나 인형에 전이시키는 아이처럼. 희생양을 지정하는 증오의 기제는 적어도 일시적으로 평화의 시간을 되찾 으면서 해당 개인이나 공동체가 느끼고 있던 심리적 긴장을 덜 어준다.

이렇게 증오현상이 구성원의 하나나 긴장을 풀어주는 기능을 하기 위해서는 선동적인 담론이 필수적이다. 유럽의 극우파 또 는 급진 우파가 대중적인 지지를 얻을 수 있었던 것은 그들의 입 장을 한두 가지 구호, 예를 들면 "우리 민족 먼저", "300만 실업 자, 300만 이민자"와 같은 간명한 구호를 통해 표출하고, 대중의 호응을 이끌어낼 수 있었기 때문이다. 또한 이들은 자신들을 보 통 사람들의 옹호자로 포장하는 능력을 갖추고 있다. 즉 '침묵하 는 다수'가 단지 생각만 하고 있는 원초적이고 위험한 내용을 과 감하게 대신 말해주는 것이다. "민중에게 말을 되돌려준다"는 프 랑스 극우파 지도자 장 마리 르펜의 주장은 실상은 그렇지 않음 에도 불구하고 강한 호소력을 발휘했다. 이슬람주의가 성공할 수 있었던 비결 역시 이와 유사하다. 극도로 단순화된 논리가 대중들에게는 실타래처럼 얽힌 막막한 현실을 뚫을 수 있는 선명한 대안으로 다가왔으며, 산적한 문제들을 총체적으로 설명하고 단박에 해결해줄 수 있을 것으로 기대되었다.

시간이라는 요인도 중요하다. 우리는 갈등관계가 지속되는 주된 이유 중 하나로 접촉의 부족을 거론한다. 증오의 대표적인 사례 가운데 하나인, 한국인과 일본인이 상대방에 대해 가졌던 인식과 관련해 막상 겪어보면 다르다는 경험담들은 쉽게 찾아볼 수 있다. 한 예로 일본에서 프리허그운동을 통해 양국 국민들이 가지고 있는 심리적 장벽을 허물고자 했던 한국 여학생의 사례가 있다. 그는 "프리허그를 하다 보면 울면서 안아주는 일본 사람도 많다"며 "정치문제로 한국인, 일본인 관계까지 나빠지는 것에 안타까워하는 사람이 많다. 일본과 일본인은 별개"라고 했다.[5] 역으로 한국에 거주하면서 한국인들로부터 많은 도움을 얻어 한국에 대해 우호적인 견해를 가지게 되었다는 일본인들의 사례로 적지 않다. 이러한 양국의 사례들은 증오가 긍정적인 효과를 내는 접촉경험이 많아짐에 따라 완화될 수 있음을 보여준다. 시간이라는 요인은 이래서 중요하다. 종교는 오래되어서 가치가 있는 것이고, 경제력 차이나 문화 차이 등 국가 간 차이의 많은 부분은 해당 부분에 바쳐진 시간의 차이로 설명될 수 있다. 이렇게 증오가 만들어지고 해소되는 데에도 시간적 측면이 중요한 것이다.

또 다른 시간적 차원의 쟁점이 있다. 언제 인종주의 현상이 심화되어 비중 있는 사회문제가 되는가? 한편으로는 해당 사회가 지닌 인종질서에서 우월한 지위에 있는 집단과 열등한 위치에 있는 집단 간의 격차가 줄어들거나 이 집단들 간에 경쟁 양상이 나타나는 것이 인종주의를 강화할 수 있다. 불황기에 주류사회 구성원들의 실업 및 빈곤문제가 심화될 경우가 여기에 해당된다. 예컨대 토박이들의 경제상황이 악화되면서 나타난 기존의 많은 사례들이 이를 잘 보여준다. 정반대로 집단들 간에 상당한 격차가 존재하는 상황이 이 격차를 정당화하는 담론과 정책을 요구할 수도 있다. 아메리카, 아프리카 등 식민지배가 이루어졌던 지역에서 일찍이 나타났던 인종주의가 여기에 해당될 것이다. 이때 인종주의는 누구나 동등한 인간으로 태어나고 그래서 누구에게나 동등한 권리가 보장되어야 한다는 관념이 누구에게나 적용될 수는 없다는 억지를 과학의 이름으로 주장하는 것이었다.

2. 증오의 기원

증오는 어디에서 오는가? 사회적으로 의미 있는 증오현상의 공통점은 그것이 특정 개인의 어떠어떠한 점에서 기인하는 것이 아니라 대상이 되는 집단 전체에 대한 반감이라는 점이다. 어릴 적 내게 못된 짓을 한 사람을 평생 미워한다거나 함께 생활해본 어떤 외국인에 대한 좋지 않은 기억으로 그 나라 출신 사람들을 혐오한다거나 하는 것과는 다른 것이다. 우리와 접촉할 일이 거의 없는, 나와 거의 무관한 사람들에 분노가 치미는 것이다. 즉 우리가 가지고 있는 증오의 대부분은 자신의 직접적인 경험이나 특정 개인의 부정적인 면모에서 기인하는 것이 아니라 특정 집단에 대해 누구나 가지게 된 오래된 이미지에서 시작한다. 어떤 집단에 대해 사회 구성원들이 가지고 있는 관념이 증오의 시발점이 되는 것이다.

그런데 이러한 관념이 항상 증오현상을 유발하지는 않는다. 사회적으로 문제가 되는 것은 대부분 피상적 수준에 그치는 이러한 관념과 증오의 대상이 되는 집단의 실제 현실이 불일치하고, 양자 간 괴리가 어느 정도 이상으로 커질 때다. 여성, 성, 장애인, 외국인, 하층민이 일반적으로 기대하는 것과 다른 모습을 보일 때 증오는 시작되는 것이다. 그래서 증오현상은 기존 관념을 신봉하는 사회 구성원 다수가 참여하는 일반적인 현상인 경우가 많다. 즉 삐뚤어진 생각, 극단적인 생각을 가진 극소수에 국한된 현상이 아니다. 심지어 국가나 민족에 속한 사람들 전체가 특정 집단이나 사회에 대해 엄청난 증오를 갖고 범죄를 저지르기도 한다. 예를 들어 일본의 만주 진출을 배경으로 1931년 중국인과 조선인 사이에 발생한 대량학살 사건인 만보산 사건이나 관동대지진 당시 조선인 학살사건은 민족 차원의 범죄였던 것이다. 최근 국내외에서 벌어지는 혐오현상들을 바라보면서 이런 의문을 가지게 된다. 증오의 감정은 왜 그토록 깊은 것인가? 이 깊이는 바로 우리의 관념과 변화하는 현실 간의 괴리라고 할 수 있다. 이런 시각에서 접근하면, 해결책은 이 간격을 줄이는 것일 게다. 우리의 관념을 그들의 현실과 욕구에 맞게 수정하던가, 그들을 우리의 관념에 맞게 수정하던가, 또는 그 중간 어느 지점에서 타협하던가.

증오에 포함시킬 수 있는 현상이 워낙 다양하기 때문에, 그 모든 양상에 적용할 수 있는 일반이론을 만들기는 쉽지 않다. 그렇지만 공통점을 발견할 수는 있다. 이와 관련해 프랑스 현대 사상가 르네 지라르의 설명을 보자. 그에 따르면, 박해의 역사적 사례들을 보면 가장 자주 비난당하는, 그래서 박해의 대상이 되는 사람들은 언제나 해당 사회의 가장 엄한 금기를 위반한 사람들이다. 이들은 해당 사회가 존속하는 데 필수적인 문화의 근본을 위

아우슈비츠의 유대인

협하는 존재이며, 그래서 이들의 존재는 사회의 파괴까지 초래할 수 있는 위협으로 여겨진다. 지라르는 사람들이 두려워하는 것은 차이를 부여하는 것들이 모두 사라져버리는 무차별화된 공동체라고 말한다.[6] 예컨대 근친상간은 차이 소멸의 극단적 양상이다. 그것은 한 가족 내에서의 중대한 차이, 예를 들어 (근친상간에 어머니와 아들 관계 이외의 경우도 존재하므로) 어머니와 아들 사이의 차이를 파괴한다. 이는 인류공동체가 토대를 두고 있는 가장 기초적인 차이 체계의 파괴를 의미한다.[7] 또한 박해자는 항상 군중의 형태를 띤다. 즉 군중은 항상 잠재적인 박해자들이라고 말할 수 있다. 이들은 자신들의 사회를 전복시키는 존재라고 믿는 사회의 오염원들을 그 사회에서 내쫓아버리기를 항상 꿈꾸고 있기 때문이다.[8]

그렇다면 이러한 지라르의 논의를 적용해, 최근 전 세계적으로 증오와 박해의 대상이 되고 있는, 여성, 이주민, 장애인, 빈민 등에 대해 짚어보자. 이들은 과연 어떤 금기를 위반한 것인가? 이들을 향한 증오현상은 무엇보다 이들이 온전한 권리를 누릴 수 있는 동등한 존재가 아니라는 데 있다. 박해자의 입장에서 이들은 그간 유지되어온 위계질서를 깨뜨리며 주변과 동등한 자기 위상을 주장해나가는 존재다. KKK단이 노예가 형식적이나마 백인과 동등한 권리를 부여받은 이후에 등장했다는 사실을 떠올려보면, 이러한 맥락을 쉽게 이해할 수 있다.

증오의 원인은 증오의 대상이 아니라 증오하는 이들 속에서 찾을 수가 있다. 우리는 누군가를 증오할 때 그 사람에게 그럴 만한 요인이 있을 것이라는 생각을 하게 된다. 예를 들어 장애인혐오의 경우 "장애인들이 우리를 불편하게 해", "뭔가 조금 부담스러워", "우리가 그 사람들한테 뭔가 빼앗기고 있어", "그 사람들을 도와줘야 하잖아, 그래서 우리가 피해를 보는 것 같아" 등의 생각을 할 수 있다. 빈민이나 빈곤층은 그 경계가 보다 유동적이다. 장애나 성의 경우도 정상과 비정상을 가르는 기준이 사회적 산물이지만, 빈민은 그 정의와 범위가 더더욱 사회적으로 결정된다. 독일 사회학자 게오르그 짐멜의 논의를 빌리면, 빈민은 사회나 사회 구성원들이 가난하다는 것을 의미 있는 사회적 지위의 하나로 여기고, 경제적으로 도움을 필요로 하는 사람들을 빈민의 범주에 포함시킬 때 만들어지는 것이다. 따라서 빈민은 신체적·문화적·민족적으로 문제없는 집단임에도 불구하고 그 어느 집단보다 사회에 부담을 주는 존재로 인식된다. 이로 인해 증오의 대상이 되기 쉬운 것이다. 여성들에 대해서도 그들이 자신이나 사회에 주는 이러저러한 부담을 거론하면서 불만을 제기한다. 한국에서는 병역의무를 남성만 감당하는 것에 대한 불만이 반감의 근거가 된다. 외국인에 대해서도 마찬가지다. "외국인들이 우리 일자리를 뺏어", "외국인 때문에 위험해서 못 다니겠어", "외국인 때문에 우리 여성들이 위협 받고 있어"처럼 증오의 대상이 되는 쪽에 문제가 있는 것으로 생각하는 것이다. 중국에 대해서도 그렇고, 일본에 대해서도 그렇고, 우리가 반감을 갖는 모든 대상들을 대해 이런 식으로 원인이 그 대상에 있다고 생각한다.

그런데 증오현상이 항상 존재하는 게 아니라는 점은 대상에서 원인을 찾는 데 의문을 제기한다. 증오현상은 특정 시기에 유독

강하게 나타나는 것이 일반적이다. 그렇다면 증오의 대상은 어느 특정 시점에 갑자기 변하는 것인가? 그렇게 불쑥 나쁜 상태로 돌변해서 내가 싫어하게 되는 것인가? 사실 특정 시기에 증오가 등장했다는 것은 그 시기에 증오를 품게 된 사람에게 뭔가 풀리지 않은 문제가 생겼을 가능성이 높다는 것을 암시한다. 증오의 대상이 아니라 증오를 품게 된 사람 자신의 상황이 증오를 촉발하는 경우가 많은 것이다.

이토록 강력한 증오는 어떻게 생겨나는 걸까? 민족주의는 이러한 의문에 잘 어울리는 사례다. 민족주의 이론가 베네딕트 앤더슨의 얘기 속에서 답을 구해보자. 민족 구성원은 모두 평등하고 형제애를 가진 동지로 간주되며 이 동지들을 위해 죽음을 불사하기도 한다. 앤더슨은 민족을 위해 죽음까지 불사하게 만드는 원인을 문화적 측면에서 찾는다. 일반적 인식에 따르면, 민족주의는 병리적 현상이고 타자에 대한 공포와 증오를 안고 있으며 인종주의와 친화성이 있다. 그러나 앤더슨은 이러한 일반적 인식과는 다른 설명을 제시한다. 일반적인 민족주의론의 부정적 평가와 달리, 민족주의는 구성원에게 사랑을, 자기희생적인 사랑을 고취하고, 민족주의를 표현하는 문화적 산물들은 다양한 방식으로 이 사랑을 표현하며, 공포와 혐오를 표현하는 민족주의 작품을 찾기는 어렵다는 것이다.[9] 민족이 절대적 가치를 향유하는 것은 동어반복일 수 있지만, 그것이 숙명적이고 절대적이기 때문이다. 민족 됨은 피부색, 성별, 부모 등 선택하지 않은 것들을 의미하며, 선택한 것이 아니므로 이에 대해서는 사심이 없다.

가족처럼 민족도 이익과 무관한 것이다. 바로 그러한 이유로 민족은 희생을 요구할 수 있다. 20세기 전쟁들이 보여준 유례없는 폭력성의 원인 중 하나는 스스로 목숨을 건 이가 많았다는 데 있다. 죽임을 당한 이들의 수가 죽음을 행한 이들의 수보다 엄청나게 많았다. 희생은 순수성에서 나온다. 국가, 보통은 자신이 선택하지 않은 것인 국가를 위해 죽는다. 앤더슨은 우리가 국제앰네스티를 위해 죽지는 않을 것이라는 말로 민족에의 헌신이 지니는 특별함을 강조한다. 왜냐하면 이런 단체들은 개인이 선택한 것이고, 그래서 떠날 수도 있는 것이기 때문이다. 이는 사회학자 피터 버거가 얘기했듯이, 전통사회에 비해 숙명적인 것으로 받아들여야 하는 것이 점점 더 축소되어가는 상황에서 자신이 이성에 의해 또는 우연히 선택한 것인데 그것을 신의 뜻에 의한 것이라거나 그럴 운명이었다는 식으로 생각하며 헌신하는 현대인의 종교관에도 적용될 수 있다. 사회 구성원 대부분이 매우 오래전부터 믿어온 종교가 있는 경우만이 아니라 개인이 종교를 선택한 경우에도 민족과 유사한 절대적 충성을 낳는 것이다.[10]

이렇게 다른 민족이나 종교에 대해 가지게 되는 엄청난 증오는 사실 민족이나 종교가 가진 역사성에 대한 무지에서 비롯된다. 민족은 어느 시점에선가 생성된 것이며 구성원이나 영토, 문화 등의 측면에서 변화를 겪는다는 점을 인정하지 않고, 자기 민족은 영원하며 변치 않는 본질을 가지고 있다는 생각은 민족에 대해 집착하고 다른 민족과 일정한 거리를 두게 만든다. 역사적으로 보면 종교나 군주에 대한 절대적인 믿음이 민족이나 인종에 대한 신앙으로 이어진 것으로 볼 수 있다. 더구나 이 신잉은 설대적이고 숙명적인 모습을 띤다. 한 인간이 자기 부모에게서 태어나는 것이 단지 우연임에도 이를 필연으로 생각하고 싶어 하듯이, 우월한 민족이나 인종은 본래 정해져 있으며 특정 지역에서 우월한 집단의 일원으로 태어나는 것 역시 예정되어 있던 것이라고 생각하는 것이다.

이토록 강한 자기애가 증오의 기반이 된다. '모국', 즉 어머니의 나라라는 경건한 표현은 민족에 대한 사랑을 내포하지만, 모국을 중시하는 정서는 배타성의 근원이 되기도 한다. 허름한 어머니 집 같은 그곳. 멋지지만 부담스런 외국 어느 곳의 자연보다 편안함을 느끼게 하는 그곳. 이 모국에 대한 애착은 이웃나라에 대한 증오의 뒷면이기도 하다. 역으로 증오는 자기경멸의 산물이기도 하다. 한국을 예로 들면, 자기경멸의 대표적인 원인들이란 과도한 경쟁, 일과 성취 중심의 문화와 같은 것들이다. 이 살벌한 체제에서 대다수 사람들이 자신을 패배자로 인식하고 자기경멸을 경험한다. 그리고 사회에서 생겨나 개인에 반영된 경멸의 감정이 어떤 계기로 인해 다시 사회 차원의 경멸과 증오현상으로 되돌아온다.

2011년 중동과 북아프리카 전역에 걸쳐 전개된 민주화운동을 가리키는 '아랍의 봄'의 사례는 경멸이 사회운동이나 혁명을 낳는 배경이 된다는 점을 잘 보여주었다. 아랍어의 북아프리카 지역 방언인 '호그라'는 경멸을 의미하는데 당시 민중봉기의 원인 중 하나로 언급된 단어다. 국민들은 정권이나 지배 세력이 자신

'아랍의 봄'을 연 튀니지혁명의 시위 군중들

들을 경멸해왔다고 생각했으며, 극도로 어려운 경제상황 놓지 않게 이러한 무시와 배제를 견디기 어려웠다. 이는 경멸적 태도가 그 대상이 되는 집단에게 강한 증오를 야기한다는 사실을 보여주는 사례다. 아랍의 봄에서 증오는 분노로 전환되었고, 일부 국가에서는 정권교체와 민주주의의 도입을 이끌어냈다. 급진적인 흑인 사회운동가 맬컴 엑스의 경험도 이와 유사했다. 1950년대 미국에서 그는 자신 또는 타자에게로 향하는 흑인들의 증오를 분노로 바꾸어놓았다. 이 두 가지 감정은 구별하기 힘들 정도로 뒤엉켜 있기는 하지만, 증오는 총체적 상황이나 제도가 아니라 특정 인간이나 집단에게로 향하는 경향이 있다. 증오는 증오를 낳는 근본 원인을 근절하고자 하는 감정이 아니라 그 결과들, 즉 한 명의 인간이나 어떤 집단을 배격하거나 아예 없애버림으로써 카타르시스를 얻는 감정이다. 그에 반해 분노는 증오를 만들어내는 더욱 광범위한 조건을 바꾸려는 보다 사려 깊은 감정이다.[11]

증오는 다양성의 정도와도 상관관계가 있다. 세계화로 대부분의 사회는 문화적으로 더 개방되고, 다양한 정체성을 공존시킬 수 있게 되었다. 그런데 이 과정이 원만하게 진행되지 못하는 경우들이 있다. 즉 주류집단은 사회가 정체성의 위기를 겪고 있다고 생각하고, 이주민 등 비주류집단은 자신들의 고유한 정체성이 손상되고 있다고 확신할 때다. 바로 이때 증오현상이 나타날 수 있다.

언젠가 필자는 벨기에의 수도 브뤼셀에서 리에쥬로 가는 길의 기차역과 기차 안에서 벨기에의 민족상황을 목격하면서 이 나라를 악명 높게 만든 이슬람 테러리즘의 배경을 짐작할 수 있었다. 사람들의 언어와 외모는 정말 다양했다. 작은 나라지만 세 지역으로 나뉜 데다, 대도시를 중심으로 상당한 수의 이주민들이 거주하고, 여기에 유럽연합의 수도 역할을 하는 국제적 모습까지 가미되어 있으니, 다양하다는 인상을 받은 것은 당연했다. 나아가 이렇게 민족적 차원의 다양성이 큰 나라에서 정체성문제나 정체성갈등이 심각한 것도 이해가 되었다.

인간이 삶의 의미를 갖게 되는 중요한 근거 중 하나는 동질성, 즉 생물학적으로 가까운 가족이나 민족의 일원이라는 인식일 것이다. 다양성이 찬양되는 시대이기는 하지만, 이러한 의문은 여전하다. 다양성, 이질성이 해당 집단 구성원들에게 삶의 의미를 부여하고, 그들을 만족시킬 수 있을까? 정체성이 파편화되고 부분화되고 유동적이 되어버린 상황에서 삶에 대한 만족이 가능할까? 만족이나 행복에는 최소한의 안정성·지속성·동질성이 필요할 것이다. 이런 맥락에서 다양성의 대명사라고 할 수 있는 벨기에의 사례는 다양성이 존중받기 위해서라도 어떤 공통분모가 필요하다는 교훈을 준다.

3. 증오와 사랑의 변증법

에드거 앨런 포의 단편 중 하나인 「검은 고양이」는 심술에서 비롯된 잔혹행위를 그린다.[12] 여기서 주인공을 공포에 떨게 하고 끔찍이도 괴롭힌, 그래서 결국 그를 파멸시킨 사건을 요약해본다. 주인공은 스스로 유년 시절부터 순하고 인정 많기로 유명했다고 말한다. 동물을 좋아했던 그에게 부모님은 온갖 애완동물을 아낌없이 구해주었다. 그는 대부분의 시간을 이 애완동물들과 함께 보냈으며, 동물들을 먹이고 어루만질 때가 제일 행복했다. 그런데 플루토라는 한 고양이와의 우정이 몇 년 동안 지속되면서 그의 기질과 성격 전반이 무절제한 음주라는 악마로 인해 나쁜 방향으로 변해가게 된다. 아내에게 폭언을 퍼붓는 지경에까지 치달았고 심지어 손찌검도 했다. 당연히 동물들도 그의 포악한 성격의 희생양이 되었다. 급기야 늙어가던 플루토마저 짜증과 폭력의 대상이 되기 시작했다. 시내 단골 술집에서 고주망태가 되어 돌아온 어느 날 밤, 그의 격한 행동에 깜짝 놀란 고양이가 이빨로 그의 손을 살짝 물었고, 순간 악마와도 같은 분노가 그를 집어삼켰다. 그는 조끼 주머니에서 주머니칼을 꺼내 연

다음 그 가엾은 짐승의 목을 옴켜잡고 한쪽 눈알을 눈구멍에서 유유히 도려냈다. 이후 고양이는 서서히 회복되어갔지만, 주인공을 끔찍이도 따르던 이 녀석은 이제 그들 대놓고 싫어하는 모습을 보였고, 주인공은 그것이 야기한 심술에 무너지고 만다. 고양이를 목매달아 죽인 것이다. 그러고는 환상적인 스토리가 이어진다. 플루토의 상실을 이겨보고자 구입한 고양이와의 관계도 유사한 비극으로 끝나고 만다.

이 이야기에서는 애정이 심술과 증오로 이어지기도 하고, 역으로 증오의 감정이 더 강한 애정을 동반하기도 하며, 그 애정이 다시 상대를 파괴하는 행위로 이어지기도 한다. 그러면서 주인공은 자신이 경험한 불가사의하고 두려운 일들이 황당한 것이 아니라 어떤 인과관계가 있음을 보여주는, 냉정하고 논리적이고 차분한 지성인의 설명을 기다린다고 했다. 이 지점에서 포의 소설은 증오의 실체를 파악하고자 하는 우리의 논의와 연결된다.

전쟁에 자원입대한 어린 병사들에 관한 이야기도 증오가 사랑의 발현임을 보여준다. 『폭력은 어디서 왔나』의 저자는 이들의 행동에 대해 다음과 같이 설명한다. "비상시가 아니라면 학교에 가서 동무들과 즐겁게 지내고 있을 소년들이 왜 이런 곳에 와 있는 것일까. 그들은 결코 강제로 전쟁터에 끌려와 있는 게 아니었다. 나는 어떻게든 그 이유를 알고 싶었다. 왜 이 전투에 가담했느냐고 묻는 나에게 그들은 이글거리는 눈을 치뜨며 가족이 학살당했기 때문이라고 대답했다."[13] 저자는 그때서야 바로 여기에 싸움의 출발점이 있다는 것을 알게 되었다고 말한다. 싸움은 극한의 파괴임과 동시에 누군가에 대한 극한 사랑의 표현이기도 한 것이다.

한국인들의 경험도 이와 유사한 방식으로 설명할 수 있다. 한국전쟁을 경험한 세대가 가진 증오, 즉 빨갱이와 북한에 대한 강한 적대감, 이들에 관용적인 정권이나 사람들을 결코 용납할 수 없는 마음에서도 이러한 사랑과 증오의 변증법을 찾아볼 수 있다. 가까운 이들의 죽음을 목격한 경험, 죽음의 위협을 함께 겪은 이들 간의 강한 유대, 적에 대한 깊은 증오는 씻기 어려운 강렬한 경험인 것이다. 우리는 여기서 사랑과 증오가 공존하는 변증법적 양상을 확인하게 된다.

또 다른 사례가 있다. 유럽 극우주의자들의 논리는 반이슬람주의 하나로 일관되게 표현된 것이 아니다. 2000년대 들어 괄목할 만한 성과를 보여준 프랑스 극우정당 국민전선의 지도자 장마리 르펜은 이슬람이든 유대교든 기독교든 그들의 신앙이 존중될 권리가 있다고 하면서 서구사회에서 기독교를 대상으로 한 신성모독 관행을 비판했다. 유럽은 기본적으로 정교분리적인 사회인데 극우파는 이러한 모습이 마음에 들지 않는 것이다. 이러한 반응이 우리에게 다소 의외로 여겨지는 까닭은 극우주의의 주된 특징인 다른 민족이나 종교에 대한 증오의 이면이 바로 자신의 오래된 전통, 특히 민족과 종교에 대한 애착이라는 그리 놀랍지 않은 사실을 잊고 있기 때문이다. 즉 유럽의 극우주의는 이민문제와 더불어 전통문화, 가족 그리고 종교에 대한 애착이 중요한 배경으로 작용한다.

한국전쟁 중 벌어진 보도연맹사건 관련 민간인 학살

증오는 사랑이며 증오하며 사랑도 깊어간다. 누군가에 대한 증오의 이면에는 다른 누군가나 무언가에 대한 사랑과 열망이 있다. 증오는 그것이 지닌 제어하기 힘든 숙명적 성격으로 인해, 사랑과 닮아있는 열정적 집착이다. 증오는 사랑처럼 오직 하나의 대상에 집중하는 열정적인 기제로 작동되는데 사랑과 달리 그 대상에 해를 끼치려는 목적을 가진다. 사랑과 유사하게 증오는 다양한 감정을 포함한다. 그래서 정의내리기 어렵고 분류하기도 어렵다. 인간이 가진 격한 감정이나 열정에 관한 철학적 논의에서 증오는 사랑과 연관 지어 논의되어왔다. 사랑과의 연관 속에서 사랑과 배치되는 것으로 간주된 것이다.[14] 스피노자의 『윤리학』에 따르면, 표면적으로는 복합적인 양상을 띠는 인간 감정의 바탕에 증오가 존재한다. 그리고 사랑처럼 증오 역시 개인의 욕망이 하나의 대상에 집중되는 시점에 생겨난다.

사랑과 증오는 동일한 강도의, 그러나 방향이 정반대인 감정이다. 사랑이 합쳐지고 건설되는 데 반해, 증오는 헤어지게 하고 파괴한다. 오르테가 이 가세트는 한 대상의 주변을 맴도는 증오와 사랑의 영원한 활동 그리고 그 열기를 강조한다. 이 불길은 사례에 따라 그 강도가 다르며, 우리는 그 온도를 측정할 수 있다. "사랑과 증오는 항상 활동한다. 사랑은 그 대상을 우호적인 분위기 속에 가둔다. 가까이서 또는 멀리서 대상을 애무하고 칭송하고 보호한다. 증오는 사랑과 유사한 열기로 대상을 비우호적인 분위기 속에 가둔다. 증오는 대상에 해를 끼친다. 말라버리게 하고 상상 속에서 파괴하고 부식시킨다."[15]

증오가 사랑으로 바뀌는 일이 일어나기도 한다. 그러나 대부분의 경우 증오로 바뀌는 것은 낙담한 사랑이다. 사랑과 증오는 동일한 대상에 동시에 작용하기도 한다. 스피노자는 이 상반되는 감정이 교차하는 것을 '영혼의 부유'로 표현하였고, 프로이트는 인간이 지닌 정서적 이중성의 하나로 설명했다. 인간은 이러한 이중적인 상태가 주는 불편함을 극복하려 하지만, 이 이중성이 주체의 창조를 가져오기도 한다. 절묘한 배합을 통해 사랑과 증오가 공존할 수 있어야 정체성이 형성된다. 왜냐하면 사랑이 자신과 타자를 구분하지 못하는 경지에 이를 때, 증오만큼 파괴적일 수 있기 때문이다. 이로부터 사랑관계의 기반에 일정한 증오가 필요하게 되는 것이다.[16]

우애관계는 적인지 동지인지를 확인하고 비교하는 과정에 들어가면서부터 갈등적인 경쟁관계가 된다. 형제들은 서로를 구분하기 위해 싸움을 멈추지 않는다. 가장 두려운 적은 대척점에 있는 사람들이 아니라 가장 가까운 사람들, 즉 가장 사랑받는 사람 또는 가장 존경받는 사람, 자신과 '거의' 같은 사람이다. 증오는 바로 이 '거의 같은 것'을 향하며, 이들을 공격함으로써 동일성과 혼돈이 주는 두려움을 없애고자 한다. 일례로 조선족 등 여러 모로 가까운 이들이 우리와 별 차이가 없어지는 것에 대한 거부감과 두려움을 들 수 있다.

한편 집단이 규정한 적과의 거리가 반드시 이 적을 무찌르기 위한 증오를 함축하는 것은 아니다. 폴란드 태생의 유대인 철학자 귄터 안데르스는 히로시마에 폭탄을 투하한 조종사가 증오심

히로시마 원폭작전 수행 승무원

을 가지고 있었는지 묻는다. 이 철학자는 적대 세력들 간에 전개되는 현대전에서 죽이는 행위와 증오감정 간의 괴리가 점점 더 커지는 현상에 주목하였다. 근거리 전투의 양상을 띠었던 근대 이전의 전쟁에서는 적과의 근접성이 그를 죽이기 위한 증오를 필요로 했다면, 테크놀로지 전쟁이 되어버린 현대의 원거리 전쟁은 굳이 증오를 필요로 하지 않는다. 귄터 안데르스는 이러한 "증오 없이 죽이기"를 "사랑 없는 섹스"에 비유한다. 감정 없이 마을 전체를 폭격하던 베트남전 당시 공습의 사례에서, 그리고 별 감정 없이 무심히 히로시마에 핵무기를 투하한 조종사와의 서신교환을 통해서 그가 확인한 것이다. "이들은 죽이는 것 없이 증오하는 것이 증오 없이 죽이는 것보다 낫다는 생각을 하지 않았다. 적이 멀리 있으면 있을수록 증오의 '자연적인' 발생은 점점 더 어려워진다."[17] 냉전에서 분노의 폭발, 교활한 계산에서 파괴에의 열망까지 매우 다양한 외관의 근저에서 증오현상을 특징짓는 것은 대상에 상처를 입히려는, 깔아뭉개려는, 완전히 없애버리려는 집요한 의지이다. 증오는 집요함을 특징으로 하는 현상인 것이다. 그것이 증오가 사라지지 않는 이유이기도 하다.

증오현상에 대한 설명은 표면적으로 정반대 현상인 선망에 대한 분석과 연계되어야 한다. 특정 집단에 대한 증오의 이면에는 또 다른 집단에 대한 무조건적이고 절대적인 선망이 존재한다. 증오는 강한 선망의 부산물인 것이다. 이런 의미에서 백인에 대한 과도한 무조건적인 선망도 인종주의의 한 양상일 수 있다. 성공한 사람, 특정 직종, 미모의 여성이나 강한 남성 등에 대한 선망도 인종주의적 양상 가운데 하나일 수 있는 것이다. 선망이 인간들 간의 위계적 관계의 결과라는 점에서 위계질서와 위계의식의 산물인 증오와 연관성을 갖는다. 비교와 우월함에 대한 집착은 주류에 속하려는 열망의 표현에 다름 아니다. 또한 주류에 대한 선망의 이면에는 자신과 비슷하거나 약한 지위에 있는 이들, 주류에 속하지 못한 이들에 대한 무시나 증오가 놓여 있다. 이는 또한 자기 자신에 대한 경멸에 다름 아니다. 독자적인 문화를 가진 소수민족, 남성중심적 질서를 위협하는 여성, '온전하지 못한'

신체나 정신을 가진 이들, 전통질서를 위협하는 사회주의자, 서구 대중문화의 유혹에 빠진 청년 등 다양한 집단이 사회질서를 위협하고 정체성 확립에 장애가 되는 존재들로 간주된다.

보스니아내전 당시 인종청소를 저지른 혐의로 유엔 산하 국제유고전범재판소에서 재판을 받은 믈라디치는 말했다. "저는 가족과 내 민족을 지키기 위해서 한 것뿐입니다." 이러한 논리는 로마제국 시절에 벌어졌던 기독교 탄압에서도 확인할 수 있다. 그 시절 로마인들은 오랫동안 신봉해온 자신들의 신이 있었다. 그래서 새로 접하게 된 다른 종교들을 신봉하지 않았다. 또한 모든 종교를 제국의 종교로 공인하지도 않았다. 그렇지만 로마인들은 제국에 존재하는 모든 종교를 허용했다. 잘 알려진 대로 로마인들이 기독교인들을 박해한 것은 사실이다. 하지만 그것은 종교적 이유에서가 아니라 기독교인들이 로마인들의 전통종교를 부정함으로써 사회적 결속을 해친다고 생각했기 때문이었다. 기독교라는 신흥종교, 소수종교에 대한 제국의 탄압은 위험요소로 간주된 소수로부터 다수를 지키려는 책임의식에서 비롯된 것이었다. 이는 많은 것을 가진 현대사회의 다수가 보여주는 옹졸한 증오를 이해할 수 있게 해준다.

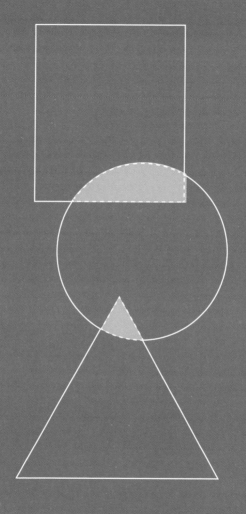

제4장

증오하는 인간은 없다

*

증오현상은 먼저 그 대상을 떠올리게 한다. 흑인, 유대인, 여성, 동성애자 등과 같은 소수자나 일본, 중국, 이슬람, 기독교 등처럼 다른 민족이나 문화를 향한 적대감과 폭력에 대해 많은 이야기들이 존재한다. 그런데 이들 대상 스스로가 잘못을 저질러 증오의 대상이 된 것이 아니라고 판단하게 되면, 직접 증오라는 잘못된 생각과 행동을 실행한 주체들에게도 관심을 가질 필요가 있게 된다. 그리고 이러한 관심은 이들이 희생양으로 선택한 이들을 대하듯 비난과 공격을 위한 것이어서는 안 될 것이다. 나아가 특정 유형의 사람들이 특히 타자나 소수자에 대해 배타적 성향을 가지고 있다고 얘기하는 것 또한 현실에 부합하지 않는다.

1. 증오의 대상

"거리에서나 인터넷에서나 밤에나 대낮에나 혐오와 증오에 노출된 사람, 편견을 견뎌내야 하는 사람, 멸시와 학대의 역사를 제 몸에 품고 있는 사람, 죽어버리라거나 성폭행을 당하라는 저주의 욕설을 들은, 심지어 살해하겠다거나 성폭행하겠다는 위협의 메시지를 받은 사람, 권리를 부분적으로밖에 누리지 못하는 사람, 의복이나 머리쓰개 때문에 멸시당하는 사람, 남에게 공격당할까봐 두려워 변장을 해야만 하는 사람, 집 앞에 폭력배들이 버티고 있어 집 밖으로 잘 나가지도 못하는 사람, 경찰의 보호를 받아야만 학교나 예배당에 다닐 수 있는 사람."[1]

증오현상을 이해하려 할 때 가장 먼저 생각하게 되는 것 가운데 하나는 '과연 어떤 사람들이 증오의 대상이 되는가'이다. '증오' 또는 '혐오'를 생각할 때 우선 소수자와 약자를 떠올릴 것이다. 실제로 동성애자, 외국인, 장애인, 노숙자, 집시가 증오의 표적이 되는 경향이 있다. 빈민이나 소수민족과 같은 사회집단이

국가에 의한 증오 및 증오범죄의 대상이 되기도 한다.[2] 1980년 대 미국에서 신보수주의 정권이 추진한 '범죄와의 전쟁'이 신호 탄이 되어 한국을 포함해 전 세계적으로 확산된 경찰국가화, 중 형화현상은 흑인, 노점상, 청년과 같이 당시 양극화와 빈곤화현 상으로 타격이 심했던 이들을 복지로 감싸안는 대신에 범죄집 단화하면서 사회로부터 배제시키는 것이었다. 나와 다른 유형에 속한 사람들, 즉 다른 성과 계급과 견해를 가진 사람들도 증오의 대상이 된다. 여성혐오, 남성혐오, 배부른 부자들에 대한 증오, 더러운 하층민에 대한 혐오, 조직된 노동자들에 대한 증오, 흑인 에 대한 혐오, 백인에 대한 증오, 유대인에 대한 혐오를 생각해 볼 수 있다. 이른바 좌빨 또는 보수꼴통에 대한 반감이나 증오와 같이 나와 다른 견해를 가진 사람들도 참을 수 없는 존재가 된 다. 일종의 '역혐오' 현상도 있다. '역인종주의(reverse racism, counter racism)', '역오리엔탈리즘', 남성혐오, 미러링(mirroring) 등이 그 사 례다. 부자에 대한 증오도 일정 부분 증오의 가해자에 대한 반작 용 측면이 있다. 가난한 자와 그들의 세계에 대한 가진 자들의 혐오를 되돌려주는 것이다.

그렇다면 우리는 무엇을 증오하는가? 우선 말투, 외모, 체취 등 겉으로 드러나는 것을 생각할 수 있다. 즉 외적인 요인을 빌 미로 증오의 감정을 드러낸다. 억양 강한 말씨나 톤 높은 목소리 가 '시끄럽다'는 반감을 사지만, 어지간히 조심하지 않고는 해결 책이 없다. 먹는 음식이나 위생상태와 연관된 냄새나 췌취로 인 한 거부감 역시 마찬가지다. 인종주의의 근거가 되는 피부색이

국민보도연맹증

나 얼굴형태를 바꾸기는 더더욱 어렵다. 그러나 이게 전부가 아니다. 정말 다양한 이유들이 증오심을 갖게 만든다. <23 아이덴티티>라는 제목의 영화가 있다. 다중인격을 가진 영화의 주인공은 범죄의 대상으로 고통 받지 않은 자들을 선택한다. 즉 고통 받지 않은 자들이 증오의 대상이 되는 것이다. 상당한 사회적 지위나 조건의 차이로 인한 피해의식이 증오의 배경이 된 경우다. 그러나 대부분의 경우 증오하는 대상에 대한 인식은 매우 피상적이다. "증오한다는 건 확신이 있어야 가능한 일이다. 의심하는 자는 증오할 수 없다. 한 점의 회의도 있어선 안 된다. 반대로 미움 받는 존재는 모호하다. 정확한 것은 온전히 미워하기가 쉽지 않기 때문이다."[3] 증오의 대상에 대해 잘못되거나 부정확한 인식을 보여주는 사례는 쉽게 찾아볼 수 있다. 예를 들어 '빨갱이'를 증오하는 사람들은 확신에 차 있지만, 정작 그렇게 지칭된 사람들은 이념이나 북한과는 무관한 주민이나 노동자, 사회의 민주화를 고민하는 대학생이나 시민 등 자신들에게 붙여진 이름에 어울리지 않는 경우가 대부분이다.

그런가 하면 증오는 같은 종교 내 분파 간이나 가까운 민족 사이에서 나타나는 경우가 많다. 이런 점에서 보면 증오가 타자나 차이에 대한 적대감이라고 당연하게 받아들여지는 것도 따져봐야 한다. 사촌이 땅을 사면 배가 아프다는 속담이 있다. 가까운 사람이 너무 잘 되면 질투가 나고 경우에 따라서는 떨쳐버릴 수 없는 적대감을 형성하게 된다. 비단 개인 간 관계만이 아니고 사회적인 차원에서도 이런 종류의 질투가 있을 수 있다. 내부의 적에 더 민감할 수 있는 것이다. 북한에 대한 강력한 증오가 있다. 그런데 이러한 증오를 품은 이들은 북한이라는 외부의 적을 겨냥한다면서도 실상은 내부의 적인 '종북' 세력에 더 많은 경멸과 분노를 표출한다. 내부의 적을 향한 증오는 호남에 대한 멸시와 결합되어 5.18 수정주의로 발전하였다. 5.18민주화운동에 대해 북한군, 다시 말해 외부의 개입이 있었다고 주장하면서도 '반골 기질'을 가진 '홍어'들의 '폭동'이라고 깎아내리는 양면적인 태도를 보인다. 여성에 대한 혐오에서도 한국사회를 '분열'시키는 존재로 여겨지는 내부의 타자들을 향한 반감을 찾을 수 있다.[4]

증오는 계급이나 신분 같이 사회경제적·정치적 격차를 의미하는 수직적인 거리에 비례하는가? 지리적 격차, 문화적 차이를 의미하는 수평적인 거리와 증오는 어떤 관계를 가지는가? 증오와 사회적 거리 간의 관계는 다양한 양상을 띤다고 할 수 있다. 예를 들어 북유럽에 거주하는 아프리카인, 아시아인은 그곳 토박이들과의 상당한 경제적·사회적 격차로 인해 주류사회가 가까이 갈 수 없는 선망의 대상으로 여겨지고, 백인들은 자신과 너무도 다른 이주민들과의 공존에 매우 힘겨워한다. 반대로 프랑스의 알제리 출신 이주민처럼 외모 차이가 크지 않고 역사적으로 가까운 경우에 오히려 갈등이 심해지기도 한다. 아랍인들의 세계관이 지닌 특징 중 하나는 자본주의보다 서구를 강조하는 것이다. 아랍 또는 중동 지역에서 근대화는 가장 가까운 타자인 서구와 닮아가는 것이었고, 또한 그것에 종속되는 과정이었다. 그리고 서구는 문명만이 아니라 광범위한 '식민'을 의미했다. 수십만의 유럽인들이 식민지에 심어졌던 것이었다. 그리고 증오는 이 가까운 그리고 가까이 온 타자로 향해졌다. 물론 이 증오는 애증 관계의 한 면이었다. 다른 한 면에서 서구는 형제이자 선망의 대상이었다.

어느 사회에서나 증오에 취약한 몇몇 집단들이 있다. 그리고 증오는 이중 특정 집단만을 고집하지 않고 이 후보군에 속한 다수로 향해질 수 있다. 사회 상황이나 증오를 품게 된 사람의 상황에 따라 이 집단에서 저 집단으로 증오의 화살이 옮겨가거나 여러 집단들 전체가 증오의 대상이 될 수도 있다. 2011년 노르웨이 테러를 일으킨 브레이비크의 사례가 이 점을 잘 보여준다. 그가 인터넷에 올린 장문의 「2083 유럽 독립선언」에서 가장 먼저 눈에 띄는 것은 각기 다른 사회적 배경과 내용을 가진 세 가지 요소, 즉 마르크스주의, 다문화주의, 이슬람주의를 조합함으로써 자신의 적을 마르크스주의 급진 좌파, 다문화주의 자유주의자 그리고 이슬람 근본주의자로 구성한 것이었다. 슬라보예 지젝은 이를 볼셰비키라는 마르크스주의의 한 분파의 혁명전략과 금융자본주의의 핵심 주체였던 유대인들의 금권정치적인 음모라는 서로 무관하고 모순되기도 하는 특성을 유대인이라는 하나의 적에게 부과한 파시스트의 낡은 행태가 형태만 바꾸어 귀환한 것이라고 해석했다.[5] 히틀러는 『나의 투쟁』 곳곳에서 유대인을 비난하고 있는데, 이는 그가 늘 타도해야겠다고 생각한 여러 요소, 즉 의회민주주의, 배금사상, 국제주의, 마르크스주의, 소련의 볼셰비즘 등이 모두 유대인의 세계 지배 음모에서 파생되고 있다

는, 이른바 '유대인 악마설'에 기반을 두고 있었다.[6]

　노르웨이 테러의 범인 브레이비크는 외국인 자체를 공격한 것이 아니라 자신의 공동체 내부에서 외국인에게 지나치게 관대한 사람을 공격했다. 문제는 외국인이 아니라 유럽의 정체성이고 따라서 정체성의 혼란을 가져온 이들을 응징하고자 한 것이다. 그가 당초 목표로 했던 대상에서 1위는 사회민주당의 지도급 인물들과 다른 정치인들이었으며, 2위는 언론을 비롯해 각종 단체에서 사회민주당에 협조하는 사람들이었다. 집권당을 겨냥했던 당초 계획이 차질을 빚어 불행하게 희생된 청소년들은 순위에서 세 번째였다. 사회민주당과 그 협력자들의 자녀로서 당초 응징의 대상에 포함되어 있었던 것이다.[7] 참고로 히틀러가 주도한 증오범죄로 희생된 집단의 목록은 다음과 같다. 브레이비크가 겨냥한 대상들과 달리 사회적 약자나 다른 민족들처럼 지금도 증오범죄의 주된 대상이 되는 집단이 주를 이루며, 좌파는 찾아볼 수 없다. 그러나 이 목록에는 명시적으로 나타나 있지 않지만 당시에도 좌파는 소수자와 함께 나치의 주된 박해 대상이었다.

　　첫째, 사회적 약자. 제2차 세계대전의 시발점이 된 폴란드 침공을 감행한 1939년 9월 1일, 히틀러는 독일 국내의 환자들을 학살하라는 문서명령을 내렸다. 이 명령에 입각해 그로부터 2년 동안 약 10만 명의 독일인이 '쓸모없는 밥벌레'라는 이유로 살해되었다. 그 내용을 보면 요양소 및 보호시설의 환자 7-8만 명, 강제수용소에 보낸 환자와 신

나치인종정책국(NSDAP) 기관지 『새 인간(Neues Volk)』의 포스터
"유전병 환자에게 6만 제국마르크(RM)가 소요되며, 이 비용은 당신의 돈이다"라는 내용이 담겼다(1937년)

체장애자 1~2만 명, 정신병원에 입원하고 있는 유대인, 3세부터 13세까지의 특수학교 학생 및 보호시설 원아 약 3000명 등이다.

둘째, 집시. 1939년 9월부터 독일 국내에서 집시근절운동이 시작되었다. 먼저 그들은 일제히 체포되어 강제수용소에 억류되었다. 그 뒤 두 그룹으로 나뉘어 1941년과 1943년에 절멸수용소에 보내졌다. 독일 국내외에서 살해된 집시의 수는 50만 이상인 것으로 추정되고 있다.

셋째, 폴란드 지도층, 신부, 대학교수, 언론인, 기업 경영자와 같은 교양 있는 시민들도 희생되었다. 공식발표에 의하면 폴란드에서는 6년에 걸친 전쟁 동안에 약 600만 명이 사망했다. 그중 약 300만 명이 유대인이었다. 전사한 폴란드인은 약 30만 명, 난민이 되어 죽거나 자연사한 사람은 약 70만 명이었다. 나머지 200만 명 중 반수 이상이 지도층을 겨냥해 사전에 계획된 대량 학살로 희생되었다고 추정되고 있다.

넷째, 러시아에서의 포로 학대와 대량 살육. 독일군은 2~3년 동안 러시아를 광범위하게 점령했는데 그동안에 러시아 지도부에 대한 대량 학살이 일어났다. 대략 50만 명 정도가 희생되었다고 보고되었다.

다섯째, 유대인 대량 학살. 히틀러가 행한 대량 학살 중에서 가장 처참했던 것이 유대인 학살이었다. 1941년 중반부터 폴란드와 러시아의 유대인이 살해되고, 1942년 초부터는 독일 및 독일이 점령한 유럽 전역에서 유대인이 희생되었다. 살해된 유대인 수는 400~600만 명으로 추정되고 있다.[8]

한편 아랍의 사례는 증오의 대상이 어떻게 형성되고 변화하는지 잘 보여준다.[9] "○○에게 죽음을." 이는 중동을 상징하는 표현들 중 하나다. "이교도에게 죽음을", "〔금기를 깨고 알 아크사 사원을 방문한 전 이스라엘 총리〕 아리엘 샤론에게 죽음을", "〔그의 소설 『악마의 시』가 이슬람을 모욕했다는 혐의를 받았던〕 살만 루시디에게 죽음을." 그리고 가장 익숙한 사례는 아마도 "미국에 죽음을"일 것이다. 위로부터의 친미화 경향에서 불구하고 여전히 아랍세계에 존재하는 강한 반미정서의 배경은 팔레스타인 문제 해결이 지지부진했던 것이나 미국이 이라크에서 보여준 모습과 같은 것에서 찾을 수 있다. 보다 직접적으로는 아프가니스탄, 이라크, 파키스탄, 사우디아라비아 등지에 미군이 주둔하고, 이들이 지역의 군사적 갈등을 심화시키는 역할을 하고 있는 것이 지역 전반에 걸쳐 대중적인 반미 성향을 지속시키는 주된 요인일 것이다.

미국이 이러한 반감의 유일한 대상은 아니다. 영국이나 프랑스 등 전통적인 관련 국가들뿐만 아니라 이제는 중동문제에 상당한 지분을 가진 독일 역시 새롭게 증오의 대상에 합류했다. 이제는 독일 국기가 불타는 장면도 어렵지 않게 볼 수 있다. 서구에 대한 무슬림의 반감이 시작된 것은 십자군전쟁 시대로 거슬러 올라간다. 그리고 이후 이슬람을 비하하는 시도들이 서구에 대한 반감을 자극했다. 특히 기독교인들이 이베리아반도 전체를 다시 차지하게 되면서 스페인에서는 이슬람을 해악적인 이단으로 간주하는 신학적 해석이 지배하게 된다. 그리고 이것이 당시 종교적 소수자로서의 이베리아반도 무슬림들의 지위가 낮아지는 데 영향을 미치게 된다.[10]

그럼에도 불구하고 중동의 반서구는 주로 반미를 의미한다. 그리고 미국에 대한 반감의 이면에는 소련 그리고 이제는 러시아가 된 북쪽 지역과 맺어온 밀접한 관계가 존재했다. 영국과 프랑스의 식민지배로부터 독립한 후 아랍민족주의나 아랍식 사회주의가 이 지역에 우세했던 것이 사회주의 진영의 대부 소련과 우호적 관계를 맺는 주된 배경으로 작용했다. 1960년대부터 중동의 강자로 떠오른 미국은 그때까지 프랑스나 영국이 견지했던 이스라엘에 대한 절대적인 지지노선을 계승하게 된다. 이 점도 아랍 국가들이 자의 반 타의 반 소련과 가까워지게 되는 또 다른 배경이 되었다. '아랍의 봄'도 미국에 대한 태도를 긍정적으로 바꾸지는 못한 것 같다. 중동 민주화를 표방해왔고 아랍의 봄을 지지했던 미국이 좋은 평가를 받지 못하고 있는 것이다. 기대를 불러일으켰던 버락 오바마의 당선도 미국에 대한 이미지를 개선하지는 못했다. 오히려 그가 당선 전부터 강조했던 이전과는 다른 중동정책이 성과를 내지 못함으로써 미국에 대한 일말의 기대마저 꺾게 만들었다.

아랍인들의 증오는 이들에 대한 미국 등 외부세계의 반감과 쌍을 이루고 있다. 최근의 예를 보면, 2021년 8월 26일, 아프가니스탄 카불공항 테러로 13명의 미군 병사가 사망한 사건이 미국 사회에 아랍인 혐오현상을 야기했다. 당시 미국인들은 "당신네 나라로 돌아가시오!"를 외치며 자국 시민의 일원인 아랍계 미국인들에게 위협을 가했다. 이러한 반아랍 정서의 출발점은 9.11테러였다. 이 비극이 기억되는 것은 정당했지만, 불행하게도 이 기억은 미국에 거주하는 아랍인들에 대한 기부감을 주기적으로 환기시키는 역할을 하게 된다. 물론 이러한 증오는 현실에 기반을 둔 것이 아닌 환상적 인식에서 비롯된 것이다. 공공장소에서 쿠란을 불태우는 일이 발생하는 등 반이슬람 행위들이 일어나지만, 정작 아랍계 미국인들의 절반 이상은 기독교인들이다. 아랍인들이 세속적인 미국의 법이 아닌 이슬람법을 따른다는 등의 얘기들은 전혀 현실에 부합하지 않는다.

2022년 프랑스 대선에서도 집권 문턱에까지 간 극우 세력들이 다시 한 번 반이민 정서를 잘 우려먹었다. 특히 큰 화제를 몰고 다닌 에릭 제무르는 아랍과 이슬람으로부터 프랑스를 지켜내자는 애국주의로 유권자들을 사로잡았다. 그가 창설한 정당의 이름인 '수복(Reconquête!)'이 모든 것을 말해준다. 가톨릭 유럽인들이 이베리아반도에서 무슬림들을 몰아낸 레콩키스타을 재현한다는 것이다. 다른 유럽 국가들의 경우와 마찬가지로 프랑스에서도 오래된 반이슬람 경향이 이제 본격적으로 표로 전환되고 있다.

예상할 수 있듯이 이스라엘에 대한 아랍인들의 증오는 아랍인에 대한 유대인들의 증오와 쌍을 이룬다. "아랍인들에게 죽음을." 2014년 6월 12일 요르단강 서안 지구의 유대인 정착촌에서

9.11테러

발생한 세 명의 이스라엘인의 죽음이 반아랍 정서에 불을 붙였다. 유럽인들의 반이민·반이슬람 정서를 생각하면 이스라엘인들의 강한 반아랍 정서는 그리 놀라운 것이 아니다. 반아랍 정서는 1990년대 초반 이츠하크 라빈와 시몬 페레스 총리를 배출한 노동당 집권기가 끝난 후 극우 성향이 주도해온 이스라엘 정치권이 쉽게 내뱉는 인종주의적이고 호전적인 수사로 인해 더욱 부추겨진다.

"증오의 전시장"은 지역분쟁의 대명사인 중동에 어울리는 또 하나의 표현일 것이다. 수년 전 IS가 보여준 행태는 증오가 전 방위적으로 나타나는 이 지역의 현실을 극단적 형태로 보여준 사례였다. 기독교 또는 제국주의 세력으로서의 서구나 정교분리주의적인 정권 등 고전적인 적들뿐 아니라 자신들의 기준에 부합하지 않는 다양한 사회집단에 증오를 표출하였다. 증오가 확산되어 있는 만큼, 그 강도도 강하다. 죽이고자 하는 만큼, 자기 목숨을 버릴 수 있는 강한 증오가 존재하는 것이다. 근본적으로 태생적으로 다른 집단에 속한다고 생각하는 이들을 이해하고 그들과 연대하는 것은 불가능에 가깝다. 적어도 현재 중동 지역에서는 그렇다.

외부의 지배자, 내부의 지배자, 내부의 소수자. 아랍인들의 증오가 향하는 곳을 이렇게 구분해본다. 외부의 지배자에 대해서는 증오나 적대감이, 내부의 지배자에 대해서는 분노가, 내부의 소수자에게는 혐오나 증오가 좀 더 어울리는 한국어 표현일 것이다. 조심스럽지만 증오의 대상은 외부에서 내부로 이전되는 경향이 있다고 말할 수 있다. 이슬람주의가 이교도들의 세계가 아니라 이슬람사회 자신에게 비판의 초점을 두는 노선으로 선환한 것이 그 대표적 사례일 것이다. 1970년대 무슬림형제단의 지도자 사이드 쿠트브는 이집트 사회 전체가 자힐리야, 즉 신의 뜻에 따르지 않는 상태에 있다고 간주한다. 그리고 이슬람의 가르침을 존중하지 않는 통치자는 정당한 전쟁, 즉 지하드의 대상이된다. 물론 한 세대가 지난 뒤 이집트 무슬림형제단은 정권과 체제를 용인하고 제도권 정치로 진입한다. 자힐리야로 규정했던 이집트 정치체제를 인정하는 또 한 번의 노선 전환을 겪으며, 이집트 제1 야당으로서의 입지도 다져나간다. 그리고 이러한 행보는 여타의 중동 지역에서 활동하던 무슬림형제단을 비롯해 이슬람주의 진영 전반으로 확산된다.

증오가 같은 아랍인들을 향하기도 한다. 예멘을 초토화시킨 아랍 연합군의 적대감은 유럽이나 미국에 대한 것 못지않아 보인다. 이제는 형제애와 상반되는 감정을 보여주는 사례를 찾는 것이 어렵지 않다. 이는 일반적 인식에도 부합하지 않는다. 아랍인들은 이방인을 환대하는 문화로 잘 알려져 있지만, 그 이전에 같은 종교와 언어를 공유하는 민족으로서의 강한 일체감이 있었다. 팔레스타인분쟁이 격화되면 마치 자신의 일인 양 격하게 반응하는 형제 아랍인들의 모습이 현실의 전부는 아닌 것이다. "갈라진 중동." 이 표현은 최고의 아랍세계 전문가이자 레바논의 재무장관을 역임한 조르쥬 코름이 출간한 주 저작의 제목이다. 이 책[11]이 다루는 시기는 1956년에서 시작된다. 이 해는 수에즈운하

경영권을 둘러싸고 영국, 프랑스, 이스라엘 연합군과 새로 정권을 장악한 가말 압델 나세르가 이끄는 이집트군 간의 전쟁이 일어난 해이다. 이 전쟁에서 승리한 나세르를 중심으로 아랍 민중은 하나가 되었다. 그러나 이렇게 시작된 아랍민족주의는 오래가지 못하고, 일종의 '동족상잔'의 비극이 전개된다. 그 결과 중동은 유럽과 아랍, 이스라엘과 아랍만이 아니라 아랍 국가들 간의 또는 아랍 국가들과 이란 간의 갈등으로 갈라진 땅이 되었다.

여기에 내부의 소수자에 대한 증오가 덧붙여진다. 콥트교, 시아파와 같은 종교적 소수집단이나 쿠르드인, 투르크멘인, 아르메니아인, 아시리아인 등이 공격의 대상이 되었다. 역설적으로 다양한 집단이 시민으로서 연대한 아랍의 봄이 소수집단에 대한 증오가 격화되는 의도치 않은 결과를 낳기도 했다. 모든 사회집단은 당연히 긴 역사 속에서 한 번이라도 박해를 받은 경험이 있을 것이다. 그리고 이 경험은 다른 집단의 경험과 비교될 수 없는 절대적인 가치를 가진다. 이렇게 절대적 의미가 부여된 박해의 기억은 현재 상황에 대한 자기중심적 해석을 정당화하는 근거가 된다. 바로 이러한 사고가 기독교, 시아파, 수니파 등 자신과 다른 종교 및 종족 집단에 대한 증오를 낳는 것이다.

아랍세계 증오현상의 특징으로 국제정치의 비중이 크다는 점을 들 수 있다. 우리는 종종 아랍인들이 세계 전체를 상대하는 것 같은 인상을 받게 된다. 소수민족이나 사회적 차원의 소수자들에 대한 증오 역시 외부세계, 특히 제국주의 세력과의 관계가 하나의 근거가 되었다. 한국에서 기지촌 여성들에 대한 멸시와 혐오의 주된 배경이 바로 미국에 대한 심리적 열등감과 피해 의식이었던 것을 떠올릴 수 있겠나.[12] 미국과의 관계에서 경험한 열패감과 모멸감이 같은 민족 중 일부에게 희생양처럼 전가되었던 것이다. 여성의 상당수가 할례를 강요받고, 비판적인 목소리를 냈다는 이유로 처녀성 검사를 받고, 남편에 의한 폭력이 '선의에 의한 것'이라면 처벌을 받지 않고, 여행을 가기 위해 남편의 허락을 받아야 하고, 남성 후견인의 허락 없이는 결혼이나 이혼을 할 수 없는 사회에서 페미니즘은 더 이상 다른 대의를 위해 유보될 수 없다. 그런데 난점이 존재한다. 아랍세계에서 여성의 입장을 대변하는 활동이 서구적인 것으로 간주되기도 하는 것이다. 식민지 시대부터 페미니즘은 '트로이의 목마'로 묘사되는 등 제국주의의 도구로 인식된 경향이 있었다. 실제 서구 제국주의 세력은 이슬람이나 아랍사회가 지닌 숙명적 후진성을 거론하며 중동지역의 전통과 제도를 파괴했는데, 이 과정에서 서구의 페미니즘이 이슬람사회에서 억압받는 여성을 구원해주는 해방이론을 자처하며 식민지배 프로젝트에 기여한 측면이 있다.

성소수자문제의 경우에도 이들을 옹호하는 것이 강대국의 제국주의적 기획의 일환으로 비판받을 수 있다는 어려움이 있다. 성소수자 논의가 최근 활성화된 것에 미국과 유럽의 영향이 크다는 점이 대중적인 반감을 불러일으키기도 한다. 유사한 시각에서 조셉 마사드는 중동에 레즈비언과 게이 정체성이 도입되는 것을 또 다른 오리엔탈리즘과 신식민주의의 사례로 평가하고 '게이 인터내셔널'이라고 비판한 바 있다.[13] 이 표현은 중동 지역에

서 활동하는 성소수자 인권단체들이 아랍세계에 서구 스타일의 레즈비언과 게이담론을 확산시킨다는 의미를 담고 있다. 또한 중동의 지배 세력은 동성애 사안을 자신들이 타락한 서구와 다르다는 것을 보여주는 무기로 활용하기도 한다. 즉 동성애자에 대한 통제가 서구의 쾌락주의적인 문화를 비판하는 것으로 포장되는 것이다. 동성애를 부정적으로 평가하는 일반 민중들의 태도에도 서구 제국주의와 그 영향권 아래에 있는 자국의 상층계급에 대한 냉소가 담겨 있다. 중동 지역에서 자신을 동성애자라고 말하는 사람은 상당 부분 유럽이나 미국 출신이거나 해당 국가의 상층계급에 속한 사람이기 때문이다.[14]

제국주의 세력이나 국제사회가 아랍의 여성을 개입의 수단으로 활용해온 것을 부정할 수는 없다. 억압받는 여성, 그 배경에 있는 이슬람, 아랍 또는 무슬림 여성들에게 자유를 찾아준다는 숭고한 사명의식. 어딘가 닮은 구석이 있다. 익압받는 아랍인 또는 무슬림, 그 배경에 존재하는 권위적인 아랍 또는 이슬람문화 그리고 이 억압받는 이들에게 자유, 인권, 민주주의라는 서구의 선물을 제공한다는 뿌듯한 명분을 떠올리게 한다. 그 배경도 유사하다. 민주주의를 명분으로 한 이권 쟁탈전은 여성의 자유를 표방한 이데올로기 전쟁과 쌍을 이루는 것이다. 이러한 근거를 활용하면서 외세에 대한 반감이 여성에 대한 증오로 이어지는 것이다. 민족주의나 반제국주의가 소수자 증오를 정당화하는 알리바이로 작용하는 것이다.

2. 배제된 세계와 증오

증오는 높은 자리에 있는 자들이나 저 '아랫것'들을 향한다. 증오의 대상이 되는 이들은 언제나 자신을 억압하거나 또는 반대로 자신이 가진 것을 위협하는 타자다. 타자는 충분한 근거도 없이 위험한 힘을 지녔거나 열등한 존재라고 추정된다. 따라서 그들을 학대하거나 제거하는 행위는 단순히 용서할 수도 있는 일이 아니라 반드시 수행해야 하는 의무로 여겨진다. 타자는 비난하거나 무시해도, 심지어 해치거나 살해해도 처벌받지 않는다.[15] 증오는 위 또는 아래로 움직인다. 그런데 일반적으로 증오는 수평적 차이의 문제로 간주되는 경향이 있다. 즉 인간은 동등하게 태어났다는 신조가 아로새겨져 있는 현대사회에서 우리 모두 동등한 존재로 생각하자는 것이다. 이러한 말을 듣는 사람들은 겉으로는 받아들이는 척하지만 속으로는 그들이 어떻게 우리와 같은 수준의 사람들이냐며 냉소적인 생각을 가질 수 있다. 증오는 단지 다른 색깔끼리의 문제일 뿐 아니라 더 흐리거나 더 진한 색들 간의 문제기도 하다. 우열의 평가가 내포되어 있는 것이다. 이런 이유 때문에 인정의 길은 평등이라는 인간사회의 영원한 주제와 분리될 수 없는 것이다. 실제 증오의 주체는 백인, 흑인, 여성, 한국인 등으로 간주되지만, 도시빈민, 실업자, 자영업사 등이기도 한 것이다.

그런데 이렇게 정체성에 더해 계급의 측면을 고려해 증오의 주체를 규정하는 신중한 태도조차 현실을 설명하기에는 충분치 않다. 증오는 특정 집단의 고정된 감정이 아니라 다양한 집단으로 흘러 다니는 변화하는 사회조류이기 때문이다. 설사 증오를 품거나 표현하는 사람들의 사회적 특성을 특정할 수 있다고 해도 극히 불완전하고 유동적이라는 점에서 신중을 기해야 하는 것이다. 예를 들어 극우주의나 파시즘 지지층에 대해 예전에는 소상인이나 대부르주아지라고 이야기한 적이 있었지만, 지금은 극우 정당들이 대중정당화되고 제도권 내로 깊숙이 들어와 있는 것을 보면, 그들 고유의 지지층이 있다고 얘기하기도 어려워졌다.

어떤 선천적 특성이 증오현상을 야기하는지 얘기하기는 어렵지만, 증오의 주체가 지닌 집단적 특성에 대해서는 논의할 만한 것이 있다. 물론 명확한 특징이 있는 것은 아니며, 게다가 증오현상이 매우 다양한 현상들을 포괄하는 것이라는 점에서 주의를 요한다. 노리나 허츠는 주로 영국사회를 배경으로 삼아 바로 '외로운 개인'이 정치적 극단주의의 배경에 존재한다고 말한다.[16] 즉 이들이 혐오발언과 외국인혐오증의 주체라는 것이다. 어디선가 들어본 듯한 설명이다. 바로 '외로운 늑대론'이다. 테러 등 극단적 사건이 발생하면 범인이 '외로운 늑대(Lonely wolf)'라는 추정이 단골메뉴로 등장하고, 이를 뒷받침하는 증언과 사실들이 사건을 설명하는 근거로 제시된다. 그러고는 익숙한 대안이 뒤따라 나온다. 개인의 고립을 극복하는 공동체 건설이 지극히 당연한 해법으로 제시되곤 하는 것이다.

"누가 증오의 감정을 가지게 될까"라는 질문에 '배제된 세계'에 살거나 '사회적 배제'를 겪는 사람들이란 답변이 먼저 떠오른다. 예컨대 쁘띠부르주아지나 소시민, 노동시장이나 사회에서 배제된 사람들이다. 어려운 처지에 있는 백인들, 하층민 백인들, '작은 백인'이라고도 부르는 사람들, 위축돼 있는 사람들 그리고 불우한 엘리트도 언급된다. 대학을 나왔는데 일자리가 없고, 그래서 기대만큼 살지 못하는 사람들이 증오를 품을 가능성이 높다고 얘기한다. 미국이나 유럽 그리고 이제는 한국도 그 일원이된 발전된 자본주의 사회의 풍요를 경험하지 못하는 이들, 소위중산층이라는 개념이 의미하는 만족할 만한 정도의 생활수준을 누리지 못하는 사람들, 학력 등 본인의 능력에 미치지 못하는 대우를 받는 사람들, 자신이나 가족이 누리던 기존의 상태가 더 이상 지속될 수 없거나 그럴 위험에 처한 이들, 자신이 겪고 있는 배제의 상황을 노조나 지역공동체와 같은 집단에서 동료와 함께 대응하지 못하는 고립된 개인들 등등. 이렇게 다양한 유형이 있는데다가 여기에 해당되는 이들의 숫자는 점점 더 늘어만 간다. 세계경제의 불황과 그것이 더욱 심화시키는 경제적 격차 때문이다. 사회 대부분이 배제된 세계에 속하는 나라들도 적지 않다. 인류 발전의 성과에 다가갈 수 없는 배제된 계층이나 국가에게 증오는 거의 유일한 대안일 수 있다. 적극적이고 긍정적인 방향의 대안들이 처참하게 무너지는 경험이 축적되면서 음울하고 파괴적인 또 다른 길이 이들을 기다린다.

반대로 "누가 소수자에게 관용적인가"라는 문제도 중요하다. 일반적으로는 이국적인 것에 대한 취향(exoticism), 원시적이고 전통적인 것에 대한 관심, 사회적 약자에 대한 우호적인 관심은 중산층적인 현상이다. 그리고 유럽의 경우 이념의 중요성이 컸던 냉전시대가 지난 뒤 소수자에 대한 관용은 좌우를 가르는 중요한 잣대 역할을 해왔다. 많은 영역에서 좌우의 정책이 수렴되어가는 상황에서도 좌파는 동성애자, 여성, 이주민 등 소수자에 대해서는 우호적인 태도를 견지했다. 그런데 1980년대부터 좌파의 지지기반이 전통적 지지층이었던 노동자계급에서 중간계급 및 고학력자로 이동하게 됨에 따라 소수자에 대한 관용은 중간계급적인 현상이 되었다.[17] 역으로 좌파의 전통적 기반이었던 노동자계급의 일부는 체제에 대한 분노가 아니라 이질적인 집단에 대한 증오의 길에 빠져 들어갔다.

사회가 요구하는 수준의 시민이 되지 못해 증오의 길에 접어들기도 한다. 필자는 이런 의문을 가졌던 적이 있다. "유럽인들은 무슨 문제가 있을까?", "오랜 기간 쌓아둔 경제적·문화적·정치적 자산이 풍부한 곳에 사는 이들이 겪는 어려움이란 무엇일까?" 누군가가 이렇게 답해주었다. 수준 높은 사회, 그 수준에 맞게 생각하고 행동해야 하는 사회에서는 그만한 수준을 가진 시민이 되기가 쉽지 않다. 여기에서 다루는 주제에 국한해보면, 선진국 시민들은 자기 주변이나 세계의 모든 인간을 동등한 존재로 여겨야 하

판문점도끼만행사건 규탄 시민궐기대회

한국사회에도 다양한 사안과 관련해 조국의 앞날이 걱정되고, 도덕이 땅에 떨어졌다고 생각하고, 우국충정에 사로잡혀 있고, 안보가 우려된다는 사람들이 늘 존재한다. 독재정권 시절 흔히 볼 수 있던 '궐기대회'는 바로 이러한 걱정과 충정이 표현되는 장이었다. 최근에는 여기에 동성애로 청소년들이 위험하고, 이슬람의 확산세가 우려되고, 외국인이 한국 여성을 겁탈할까 두렵다는 걱정도 추가되었다. 독일의 '걱정하는 시민들'은 동성애로 사회가 걱정된다는 식으로 소수자를 증오하면서 전통에 부합하지 않는 새로운 문화에 반감을 가지고 있다고 한다. 프랑스 역시 동성결혼법 도입 과정에서 반대를 표명한 '모두를 위한 시위' 진영이 이와 유사한 사례라고 할 수 있다. 이 용어에는 충분히 많은 사람들이 뜻을 같이하여 거리에 나섰으며 자신들의 행동이 모두를 위한 것이라는 의미가 담겨 있다.

3. 구조의 쌍생아

테러리스트의 프로필은 다양하고, 테러를 저지르게 되는 과정
도 매우 다양하다. 극단적인 종교적 신념만이 극단적 행동을 이
끄는 것이 아니다. 최근 프랑스, 독일, 미국, 일본 등지에서 벌어
진 테러에서는 종교적 측면이 그리 중요한 역할을 하지 않은 사
례가 대부분이었다. 따라서 테러리스트에 어떤 고정된 이미지를
부과하는 것은 현실에 부합하지 않는다. 이 테러리스트들의 상
당수는 청년 또는 청소년이다. 유럽에서 테러를 시도한 자들의
평균 연령대는 20대였다. 물론 10대 후반도 존재한다. 이들에게
주어진 절망적인 물질적·사회적 삶과 일상에서 반복적으로 겪게
되는 참을 수 없는 모멸감이 극단적 행동의 배경인 것이다. 관성
적으로 떠올리게 되는 외부의 영향이나 사주는 부차적인 경우
가 대부분이다. 증오나 테러리즘의 구조적 배경에 주목해야 하
는 이유가 여기에 있다.

> "〔증오는〕 비사회와 사회 간의 갈등, 잃을 것이 없는 자들
> 과 잃을 것밖에 없는 자들 간의 갈등이자, 공동체 내에 자

기 못이 없는 이들과 이해관계가 가장 크게 걸려 있는 자들 간의 갈등이다."[20]

경멸당한 자가 경멸한다. 우리는 쉽게 비서구사회에 대한 서구인들의 강한 경멸을 떠올릴 수 있다. 당연히 비서구사회는 이러한 황당하고 불쾌한 태도에 반발한다. 2005년 덴마크의 한 일간지가 이슬람교 창시자인 무함마드를 풍자한 만평을 게재한 것에 대해 세계 각지의 무슬림들이 분노를 표명했던 일이 있었다. 이 '무함마드 만평사건'의 전개 과정은 극적인 방식으로 반이슬람과 반서구라는 쌍생아와 같은 두 가지 증오현상을 동시에 보여주었다. 또한 비서구사회에 대한 경멸은 비서구사회 자신의 강한 자기경멸을 낳기도 한다. 한국을 비롯해 아시아권에서 붐을 이루고 있는, 서구적 미인형을 추구하는 성형수술이 그 대표적 사례. 반대로 '검은 것이 아름답다'라던가 '여성적인 것'의 우월함을 강조하는 것처럼 혐오의 대상이 오히려 더 낫다는 식의 반발도 있다. 각각의 현상에 대한 평가는 엇갈리겠지만, 이런 식으로는 헤어날 수 없는 증오의 쳇바퀴에 갇히게 된다.

증오를 품거나 표현하는 이들은 증오의 대상으로 선택된 이들과 유사한 처지에 있는 경우가 많다. 양자 모두 사회에서 배제된 집단들이며, 증오를 가진 이들 역시 또 다른 증오나 혐오, 경멸의 대상일 가능성이 높다. 그런 의미에서 마치 형제 간의 적대감처럼 가까운 이들 간에 생기는 증오가 집단적으로 확장된 것으로 볼 수도 있다. 사회적 위기의 쌍생아들일 수 있는 것이다. 즉 유리천장현상을 경험하거나 경제위기의 희생양이 되는 여성들이 동일한 경제위기의 희생양이거나 기성세대가 선점한 괜찮은 일자리에 대한 진입장벽을 경험하는 남성들과 적대적 관계에 놓이고, 실업과 빈곤을 경험하는 이들이 다른 먼 나라에서 동일한 현상으로 자국에 오게 된 이들과 실제적이거나 허구적인 경쟁관계에 놓인다.

한편 증오의 주체는 혁명의 주체일 수 있다. 청년들의 사례가 이러한 이중성을 잘 보여준다.『88만원 세대』,[21]『우리는 차별에 찬성합니다』,[22]『복학왕의 사회학』[23] 등의 사례처럼, 청년은 사회비평서의 주된 소재였다. 그리고 이들의 부정적이고 일그러졌으며 비참한 면이 조명되었다. 이러한 재현은 아랍이나 유럽 청년에 관한 익숙한 이야기들을 상기시킨다. 필자도 전작에서 이슬람주의를 "아랍세계의 일그러진 표상"으로 표현한 바 있다.[24] 아랍세계 청년들에게 배제와 증오 그리고 혁명은 분리되어 있지 않다. 이 지역에서 청년은 단지 하나의 생애주기로서의 의미만을 지니지 않는다. 30%에 육박하는 청년실업률의 실상이나 거리에서 좌절과 분노를 표출하는 청년의 모습은 그 사회의 실태를 보여주는 바로미터다. 청(소)년은 교육이나 주거, 일자리, 미래 등 무언가를 결여한 존재이자 범죄나 집합행동을 유발하는 위험한 계급이 되어버렸다. 아랍 청년들은 두 개의 상반된 이미지로 표상된다. 한쪽에는 이슬람주의자나 테러리스트, 다른 한쪽에는 실업과 배제에 처한 무력한 존재가 있다.[25] 유럽 역시 청년들은 실업문제의 당사자이자 동시에 노란조끼파나 극우파나 이슬람주의자들이다. 이 두 가지 유형은 한 청년의 두 가지 얼굴이다.

아이러니한 점은 소수자나 타자와의 관계에서 더 익숙하고 더 계몽된 청년층이 혐오행위에서 적지 않은 역할을 한다는 사실이다. 이런 측면은 개방화된 작금의 한국사회에도 유효하게 적용된다.

우선 전통적으로 청년세대는 기성세대에 비해 다른 문화에 더 개방적이며 다른 집단에 더 관용적이라고 간주되어왔다. 청년들은 훨씬 더 개방적인 문화 환경 속에서 성장했고, 그래서 다른 국가 출신자들에 더 개방적인 태도를 지닌다. 부모세대보다 더 이른 시기에 온·오프라인을 통해 외국·외국인·외국어를 접했고, 다른 종교나 문화를 쉽게 접했다. 덕분에 이질적인 이들에게 베푸는 관용이라는 프레임에서 조금은 벗어나 있기도 하다. 즉 기성세대보다 성, 인종, 계급, 민족, 이념 등의 측면에서 차이를 보이는 이들에 더 익숙한 모습을 보이며, 그 차이 속에 있는 인간으로서의 비슷한 점에 더 민감하다고 할 수 있다. 설령 자신과 다른 정체성을 가진 이들에 반감을 가진다 하더라고 그것은 같은 주거지의 이웃에게 느끼는 일반적 정서, 즉 친근감을 느낀다거나 반대로 혐오감을 느낀다거나 하는 등의 일상적 감정에 가깝다. 기성세대에 비해 타자를 특별하게 생각하는 정도가 약한 것이다. 따라서 특별한 대응의 필요성도 덜 느낀다. 이질적 존재를 보다 자연스럽게 대하며, 어렵게 관용을 지키려는 등 기성세대가 해온 인위적 노력이 덜 필요한 것이다. 이러한 자연스러움이 이주민 등 소수자와의 관계에서 바람직한 모습으로 나타날 수 있을 것으로 기대된다. 이웃으로서 친밀한 정서를 가지는 것이 우리가 추구해야 할 상태이며, 청년세대는 여기에 더 가깝게 다가가 있다고 할 수 있다. 함께 부대끼며 정이 드는 애증의 대상과 같은 것이다.

그런데 이러한 일반적 기대와 달리 사실은 여러 측면에서 상당히 개방적인 청년들이 도리어 다른 집단에 대해 배타적 정서를 품는 모순 상황이 빚어지기도 한다. 청년들 자신이 처한 불안정한 조건으로 인해 증오체계의 덫에 걸리게 되어버리는 경우다. 예를 들어 미등록 이주노동자들을 용납하지 못하는 한국인 청년들을 떠올려보자. 사실은 그들도 자신이 증오하는 대상과 유사한 상황에 놓여 있을 수 있다.

나치사상이나 이를 실행하기 위한 방법 등은 기존의 것에 뿌리를 두고 있었다. 인종이론의 세계관, 우생학의 이론과 방법, 민족주의의 이념과 기제, 인간보다는 이러저러한 목적을 우선시하는 근대성과 자본주의의 본질 등에 그와 유사한 요소들이 존재했다. 나치가 집권하기 수십 년 전부터 동유럽에서는 유대인 차별과 학살이 광범위하게 진행되었고, 이미 19세기 말에 벨기에와 프랑스에서 파시즘 전단계의 사상과 단체들이 나타나기 시작했다. 이후 이탈리아, 아르헨티나 등지에서 파시즘이 발달했고, 이러한 바탕 위에 1930년대에 나치즘이 등장한 것이다. 이렇게 극단은 보편 속에 존재한다. 증오를 표출하는 이들은 뿔 달린 괴물의 모습이 아니다. 그렇다고 양의 탈을 쓴 늑대라고 할 수도 없다. 이들은 우리 곁에 있는 우리와 닮은 사람들일 뿐이다. 그런 행위를 벌이는 남다른 특성은 타고나는 것도 아니다. 극단적 사건들 앞에서 언론은 "그 사람이 그랬다고?"라며 놀라는 이웃들의 인터뷰를 단골로 등장시키곤 한다. 이 흔하디흔한 장면은 시청자들에게 어떤 메시지를 전달하고 있는가?

악이 평범한 모습을 띠고 있다는 사실은 자신을 되돌아보는 성찰의 계기가 되어야 할 것이다. 그렇지만 그런 교육효과는 그리 명확하지 않다. 역으로 모든 인간을 잠재적 범죄자로 만들고, 자기검열의 문화를 강화시키며, 개인을 위축시키는 효과가 있기도 하다. "개인으로는 평범하지만 집단으로는 비범한 이들(uncommon people)"이라고 얘기했던 역사학자 에릭 홉스봄[26]의 표현을 차용하자면, 집단으로는 증오의 주체이지만 개인으로는 평범하고 문제없는 이들이라고 말할 수 있다. 개인적 측면보다는 사회적으로 형성되는 측면에 주목하는 것이다.

게다가 우리는 악의 평범성을 입증하는 사례들을 끊임없이 접한다. 2021년 한국성폭력상담소가 발표한 상담통계를 보면 가해자의 82%는 연인이나 직장동료와 같은 '아는 사람'이었다. 최근 열린 제23회 전주국제영화제에서 디지털성범죄를 소재로 한 우리 영화 두 편이 경쟁 부문에서 수상했는데 그중 <경아의 딸>에서는 딸이, <정순>에서는 엄마가 영상유출의 피해를 겪는다. <경아의 딸>에서 주인공의 전 남자친구는 지질한 고시생이고, <정순>에서 주인공의 남자친구는 상황이 안쓰러운 기간제 노동자다. 평범한 얼굴을 한 이들이 촬영물을 유포한 경위 역시 대단치 않다. 헤어지자고 하는 파트너를 후회하게 만들고 싶거나 직장동료들 앞에서 '진짜 남자'가 되고 싶어서였다.

'평범한 악'의 표상이 된, 수감 중인 아이히만(1961년 이스라엘)

4. 증오하는 인간은 없다

오래전 유럽으로 가는 비행기 속에서 중앙아시아 지역을 통과하면서 창문을 통해 아래를 내려다 본 적이 있다. 레고 블록처럼 보이는 마을이 작게 눈에 들어왔을 때, 나는 폭탄을 떨어트리는 공군 조종사를 떠올렸다. 그에게 공격의 표적은 컴퓨터 게임의 표적 정도로 가볍게 느껴질 수 있겠다는 생각을 했다. 그러나그 하나하나의 점과 면에는 사실 우주만큼이나 많은 사연을 품은 인간들이 살고 있을 것이었다. 때는 미국이 이라크의 수도 바그다드에 외과수술식 타격을 공언하던 즈음. 폭격의 결과는 참혹했다. 약 1만5천 명이 목숨을 잃었고, 그중 4천 명 이상이 민간인이었다. 다시 우리 논의로 돌아가자면, 이 장면은 무심하게든또는 그럴듯한 근거와 사명감으로 무장된 것이든 혐오발언이라는 폭탄이 초래하는 피해와 상처를 연상시킨다. 또 다른 차원에선, 증오나 혐오담론의 주체들에 대한 너무나도 정당하고 손쉬운비난이 이들 각각이 담고 있는 무수한 스토리들을 무차별적으로소거해버리는 섣부른 결과를 낳을 수도 있음을 상기시킨다.

필자는 언젠가 서울 강남역 근처에서 한 보수 시위대의 곁을 지나며, 이들이 누군가의 아버지, 어머니일 거라는 생각을 한 적이 있다. 이들의 행위를 단지 기성세대, 저소득층, 참전용사와 같은 사회적 지위나 경험으로 설명하는 데에는 분명 한계가 있다. 2011년 노르웨이 테러사건의 범인 브레이비크의 변호를 맡았던 예이르 리페스타드도 그 사건을 다룬 책에서 해당 테러가 아닌 또 다른 사건을 언급한다. 1982년 오슬로 중앙역에서 폭탄이 터진, 놀랍게도 그의 어린 시절 친구가 저지른 테러사건이었다. 여전히 생생한 그 장면을 그는 이렇게 회상한다.

> "오슬로 한복판에서 폭탄이 터졌다! 정말이지 귀를 의심하게 될 정도로 현실감이 들지 않는 이야기였다. 나는 그때까지만 해도 폭탄은 세계의 다른 지역에서나 터지는 줄 알았다. 내 친구 세 명이 이 어처구니없는 사건과 관련이 있다는 것을 알았을 때 충격은 더욱 커졌다. 그 가운데 한 명은 장기 실형을 선고받았다. 당시 열여덟 살이었던 그가 밝힌 범행 동기는 견디기 힘든 가난이었다. 그는 또 다른 폭탄을 숨겨놓았다는 협박으로 돈을 뜯어낼 계획을 세웠었다."[27]

범인 가운데 두 명은 리페스타드의 고교시절 같은 반 친구였으며, 한 명은 어릴 때부터 잘 알고 지내던 죽마고우였다. 리페스타드는 그런 사람들을 악마라고 규정해버리고 계속 배제하면서 사회로 귀환할 기회를 막아버림으로써 우리가 얻을 수 있는 것이 과연 무엇인지 자문한다. 그리고 덧붙인다. "증오를 가진, 또는 행하는 이를 악마, 정신병자로 간주하는 것은 우리 모두가 감당해야 하는 공동의 책임을 비겁하게 전가하는 것에 지나지 않는다. 우리가 집중해야 할 물음은 이렇다. 왜 이런 일이 빚어졌을까? 무엇이 이 사람을 살인자로 만들었을까? 그 배경에 어떤 이야기가 숨어 있을까?"[28] 이러한 반응은 증오가 배경이 된 사건을 대하는 언론이나 대중들의 접근방식과는 사뭇 다른 점을 보여준다. 사건을 일으킨 이를 샅샅이 털고 그의 모자람을 개탄하고 재발 방지책으로 더 철저한 감시와 훈육의 필요성을 되뇌는 것을 넘어선다.

증오를 품게 되는 것은 개인이기보다 집단이고, 집단이기보다 사회 전체다. 개인이나 집단은 대리자(agent) 역할을 수행하는 측면이 크다. 증오가 겨냥한 진짜 대상 역시 개인이 아니라 집단이며, 증오는 특정 사회 전체가 특정 집단에 품는 감정이다. 더 극단적으로 얘기하자면, 증오의 주체는 없다. 있다 하더라도 명확히 손에 잡히지 않는 존재다. 증오의 대상 역시 특정할 수는 있지만, 이 역시 유동적이다. 이러한 시각에서 보면, 증오의 주체를 그렇지 않은 사람들과 구분하는 것은 성급하고 위험하다. 증오하는 이의 전형을 만드는 것을 경계해야 하는 이유가 여기에 있다. 주의할 점은 인종주의를 암이나 바이러스 등 임상병리학적인 현상에 비유하는 것이다. 이것은 '뒤집어진 인종주의'라고 할 수 있다. 열등하고 비정상적인 것으로 간주하고 구분·격리해야 한다고 보는 인종주의의 인간관과 유사한 구조를 가진 것이다. 다소 답답하긴 해도 개별 사례가 지닌 고유한 측면과 사회적 요인에 따른 다양한 변이들에 더 많은 관심을 쏟아야 한다. 증오하는 특별한 인간은 없다. 다만 증오를 가지게 되는 상황이 있을 뿐이다. 흔히 거론되는 외로운 늑대, 불우한 처지에 있는 사람들, 지위 하락을 경험하는 사람들과 같은 이들은 선천적이거나 개인적인 문제와 함께 환경적이거나 구조적인 요인에 의해 이러한 어려움에 처하게 된 것이다.

과학인문학을 주창한 프랑스 사회학자 브뤼노 라투르는 사회현상을 다수의 행위자들 고유의 행위와 이들 간의 결합으로 생겨나는 예상할 수 없는 '우회'와 '목표의 수정' 등의 개념으로 설명한다. 이러한 시각을 적용하면, 다수의 행위와 구조의 합작품인 증오현상을 어떤 행위자들 고유의 문제로 간주하거나 특정 집단이나 개인에 책임을 묻는 것 자체가 부적절하다. 책임 소재의 문제는 이차적인 문제이다. 왜냐하면 라투르의 논의를 빌리자면, 책임 소재의 문제는 우회와 구성 다음에 오기 때문이다.

> "우리는 일이 다 이루어진 다음에야 비로소―비록 이 또한 추측에 지나지 않을지언정―다양한 행위자들의 동기와 역할을 가늠해볼 수 있을 겁니다." 예를 들어 피임약 개발에 있어서 "페미니스트 운동가들이 없었다면 화학은 결코 생식의 문제와 결부되지 않았을 것이니까."[29]

즉 모든 사태는 고립시켜 논하기 어렵다. 책임의 문제든, 증오현상의 배경이나 본질이든, 다수의 요인들이 참여한 상호작용의 산물이기 때문이다. 이로 인해 모호한 부분이 남아 있기 마련이다. 따라서 속단은 금물이다. 증오와 관련된 구조나 행위자는 서로 엇갈리고 교차하면서 결국 새로운 현실을 만들게 된다. 물론 이러한 것이 모든 이에게 책임을 면제해주는 우려스러운 효과를 낳을 수도 있다는 점은 경계해야 하지만 말이다.

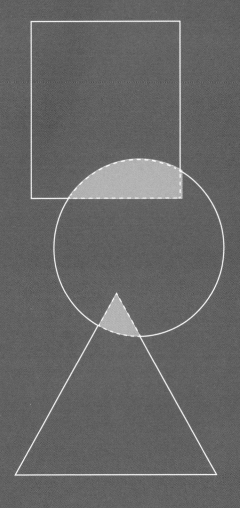

제5장

증오가 자라나는
토양과 기후

*

일반적으로 증오는 왜곡된 인식과 그 표현으로 간주되고, 교정이라는 대응이 자동적으로 뒤따른다. 이와 달리 이 장에서는 증오현상이 깊이 뿌리내린 토양과 증오를 활성화시키는 사회적 조건들을 살펴본다. 일탈과 범죄에 관한 사회학적 설명과 유사하게 사회 자체에서 그 원인을 찾아볼 수 있다. 경제위기나 사회해체의 상황에 놓인 사회가 증오를 싹틔우고, 재난이나 전쟁 또는 우발적 사건들이 증오를 활성화시킨다. 다소 불합리하게도 증오는 보다 유리한 위치에 있는 이들이 보다 불리한 위치에 있는 이들에게 가하는 잔인한 공격일 때가 많다. 이번 코로나19 팬데믹에서도 더 큰 피해를 입은 가난한 이들과 소수자들이 혐오의 대상이 되는 불합리한 양상이 반복되었다.

1. 증오를 낳는 사회

"사회는 변증법적 현상이다. 인간이 사회를 만들지만, 인
간은 그 사회의 구속을 받는다."[1]

변증법은 두 개의 서로 다른 현상이라고 분리시켜 생각해왔
던 것들이 실제로는 밀집히 연관되어 있나거나, 어떤 현상이 보
이는 것과는 다른 정반대의 경향을 동시에 가지고 있다거나 하
는 것을 의미한다. 이러한 측면에 주목하는 것을 변증법적으로
사고한다고 말한다. 독일 사회학자 게오르그 짐멜의 논의에서
변증법의 사례 몇 가지를 찾아볼 수 있다. 개인은 언제나 사회와
이중적인 관계에 놓여 있다. 사회의 일원으로 참여하면서 동시
에 사회에 대립한다. 인간은 제도적 형식 속에서만 자신을 실현
할 수 있는 자유를 얻을 수 있지만, 그의 자유는 이 형식으로 인
해 위협을 받기도 한다. 자본가와 노동자의 관계와 같이 이해가
충돌하는 집단 간 갈등은 부정적 감정의 배출구로 작용할 수 있
지만, 동시에 양자 간 관계를 지속시켜주는 역할을 한다. 갈등은
기존의 유대를 강화하거나 새로운 유대를 만들어낼 수 있는 창

조적 힘이기도 하다.[2] 사회현상의 하나로서 증오 역시 그 배경에는 가까워지려는 욕구가 있고, 보다 진전된 관계 형성으로 가는 집단 간 진통일 수도 있다. 이러한 복합적 감정인 증오는 전적으로 개인 내부에서 만들어지는 것이 아니라 사회와 개인 간 상호작용의 산물이다. 자살의 원인을 논하면서 사회학자 에밀 뒤르켐은 당시 자살의 대표적인 원인으로 인식되고 있던 정신질환이 그 자체로 자살의 원인이 되기보다는 "사회적 원인이라는 비료의 종류에 따라 여러 가지 경향이 뿌리를 내릴 수 있는 밭과 같다"[3]라고 했다. 이는 증오현상에도 적용될 수 있는 설명이다.

> "(관대함과 같은) 도덕적으로 긍정적인 감정의 발전과 함께 사회가 출현했다. 왜냐하면 그것들이 인간결사체를 가능하게 하는 유일한 토대이기 때문이다."[4]

이를 우리의 논의에 적용해보면, 역으로 사회해체는 증오와 같은 부정적인 감정을 유발한다고 할 수 있다. 정치권력에 대한 신뢰에 금이 가고, 사회유대가 약화되고, 집단 간 차이나 격차가 어떤 이유로 더 이상 용인되기 어려울 때와 같이 사회통합이 위기에 봉착할 때 증오가 부상한다고 할 수 있다. 증오현상은 사회의 거울상이다. 사회 자신인 것이다. '괴물', '꼴통', '악마', '–충(蟲)'과 같은 표현이 증오현상에 대한 접근방식을 대변해준다. 그러나 그렇게 말하고 마는 것은 사회나 우리 자신이 흉측하다고 자인하고서 아무런 느낌을 가지지 않는 것과 마찬가지다. 타고난 얼굴모양으로 범죄자와 범죄의 유형을 알아볼 수 있다는 골상학적 설명이 허위이듯, 증오하는 인간이 지닌 공통된 특징을 도출하는 것은 불가능하다. 따라서 증오 당사자에서 눈을 떼야 한다. 증오는 공동체 성원 전체의 감정이다. 증오는 어떤 개인들만이 가지고 태어나는 속성이 아니다. 물론 가까운 사람을 선호하고 먼 사람을 경계하는 속성은 동물들만큼이나 인간에게도 존재한다.

2019년 7월 서울 마포구에서는 한 40대 남성이 경의선 숲길 인근에서 고양이 꼬리를 잡아 바닥에 내리쳐 죽게 한 뒤, 재판 과정에서 "취업도 못하고 신용불량자로 전락해 살아가다 화풀이로 범행을 저질렀다"고 말했다.[5] 고양이와 한국사회의 실업문제는 이렇게 연결되었다. 사회적 약자에 대한 증오범죄나 동물학대는 사실 대상 자체에 대한 증오 없는 증오범죄이다. 진정한 증오의 대상 또는 문제의 원인으로부터 직접적 연관이 없는 것으로 이전된 증오인 것이다.

여성혐오 등 최근 한국사회에 나타나고 있는 여러 유형의 증오현상은 그 자체의 문제와 함께 전혀 다른 요인, 즉 실업과 불평등, 경제적 불안정과 같이 약 20년간 지속되고 있는 사회적 위기의 표현으로 볼 수 있다. 지역분쟁이 해묵은 종족 간 적대감보다 해당 지역이 당대에 겪고 있는 사회적 위기의 표현인 것과 유사하다. 최근 한국사회에서는 특히 페미니즘 논의가 주목을 끌고 있고 동시에 젠더갈등이 심한데, 그 이유에 대해 의문이 가기도 한다. 성격차지수나 성불평등지수 등의 국가별 순위에 대한 관심이 쏟아지고, 한국의 성평등 수준에 관한 논쟁이 전개되는 것도 유사한 의문에서 비롯된 것이다. 2022년 3월 영국의 시사주간지『이코노미스트』가 발표한 유리천장지수 순위에서 한국은 OECD 회원국 중 최하위를 기록했다. 남성 임금 대비 여성 임금, 육아휴직, 고위 경영직과 정치인 중 여성 비율 등 10개 항목을 종합한 순위였다. 한국의 순위가 상대적으로 높게 나타난 통계도 있는데 이렇게 서로 어긋나는 결과가 나오는 것은 측정의 기준이 되는 지수의 내용이 다르기 때문이다. 따라서 한국의 상황을 쉽게 평가하기는 어렵다. 성평등 실태와 함께 젠더갈등이 심각한 것도 국제비교를 통해 확인되고 있다. 한국의 사회갈등 지수 중 젠더갈등이 조사 대상국 중 1위를 차지한 조사가 보도된 적이 있다.[6]

사회의 불균등한 발전으로 설명할 수도 있다. 사회의 진보가 영역에 따라 차등적으로 진행되고, 현재 한국사회에서는 과학기술 수준이나 정치적 민주주의의 수준 등 다른 영역에 비해 가정이나 사회에서의 성평등 수준이 아직 뒤떨어져 있음을 반영하는 것이라고 할 수 있다. 서로 다른 영역을 비교하는 것은 어렵지만, 여성혐오살해현상 등 여성의 안전이 위협받고 있는 현실이나 결혼 후 여성의 현실이 녹록치 않음을 보여주는 낮은 혼인율과 출산율을 통해 젠더갈등이 심각해진 배경을 유추해볼 수 있다. 물론 젠더갈등에는 여성의 현실만이 아니라 남성의 현실도 작용한다. 만만치 않은 고용현실 등 경제 영역의 문제가 젠더 영역으로 전이되는 측면이 있다. 젠더갈등의 심각성은 일정 부분 경제 현실의 심각성을 보여준다고 할 수 있다.

증오현상의 배경에는 자본주의체제가 있고, 인종전쟁, 문화전쟁, 젠더전쟁의 본질은 바로 가로막힌 계급투쟁의 또 다른 분출구이다. 먼 과거의 예를 들어보자. 1890년대에 큰 세력을 확보했던 미국의 인민당(People's Party 또는 Populist Party)은 남부를 다른 방향으로 이끌기 위해 투쟁했다. 조지아주에서 인민당을 창건하고 지도자로 활동했던 토머스 E. 왓슨은 남부의 평범한 백인과 흑인에게 인종을 뛰어넘어 단결하자며 다음과 같이 호소했다.

> "저들은 우리를 갈라놓고 우리의 소득을 차례차례 강탈합니다. 저들은 우리가 서로 증오하도록 만듭니다. 이런 증오가 흑인과 백인을 모두 노예로 만드는 금융가들의 전제적 지배를 유지하는 데 결정적으로 중요하기 때문입니다."[7]

자본주의체제 자체가 증오를 내포하고 있다는 급진적인 시각도 있다. "기업과 증오집단은 사촌간이야. 그 둘은 같은 나무에서 나온 가지들이야. 같은 문화적 요구에서 나온 다른 형태들이지. 세상 사람들의 주체성을 빼앗는 것, 또는 달리 표현하자면, 모든 사람, 모든 것을 사물로, 객체로 바꾸는 것."[8] 사회운동가인 데릭 젠슨은 이렇게 증오와는 무관해 보이는 자본주의 기업이 증오를 가진 집단과 닮아 있다고 얘기한다. 다만 증오를 품어온 시간이 너무 길었고 증오가 너무 뿌리 깊어서 이제는 그것이 증오로 느

인민당 선거 포스터의 왓슨(1904년)

껴지지 않는다는 것이다. 그것은 경제문제로 느껴지거나 종교나 전통으로 보이고 단지 자연스런 사물의 이치로 보이기도 한다고 말한다. 강간이 증오범죄가 아닌 것은 여성에 대한 우리의 증오가 잘 보이지 않기 때문이라고도 했다. 아동 매춘을 증오현상이라고 생각하지 않는 것도 어린이 구타가 증오범죄가 아니라고 간주되는 것과 똑같은 이유 때문이다. 어린이에 대한 우리의 증오는 우리 눈에 보이지 않는다. 어린이에 대한 경제적 살해, 예를 들어 어린이가 매춘부로서 노예화될 수밖에 없는 경제적 조건을 만드는 것은 증오범죄로 여겨지지 않는다. 이러한 증오는 하도 오래돼서 정상적인 거시경제정책의 한 부분으로 여겨지기도 한다. 젠슨은 우리가 어린이들을 증오하지 않았다면 저런 일이 발생하지 않았을 것이고 그렇게 망가지도록 두지도 않았을 것이라며, 어린이조차 사랑이 아닌 증오의 구조나 증오범죄의 희생자라는 점을 지적한다. 이제는 우리도 이러한 현실을 어린이에 대한 학대라고 생각할 수 있는데, 그는 한 걸음 더 나아가 증오현상으로 간주했던 것이다.

현재 미국사회가 보여주는 인종주의는 항상 존재해온 미국사회의 상수가 아니라 특정 시점에 새로운 모습으로 부활한 현상이다. 주로 흑인과 아메리카 인디언을 겨냥했던 전통적 인종주의와는 구분되는 새로운 인종주의가 부상한 것은 1970년대 경제침체에 따른 구조조정 그리고 백인 노동자들과 자본 간의 사회적 협약의 와해로 인해 백인 노동계급의 빈곤화와 불안정성이 증대된 데 따른 것이다. 이를 배경으로 신보수주의가 등장하였

고 보수 진영 일부의 반동적 양상이 심화된 것이다. 이들이 사용한 주된 방법은 고전적인 희생양 만들기였다. 즉 국제 이주민들을 위기의 원인으로 지목하고 이들을 물리적으로 공격하는 방식이었다. 이주민들이 표적이 된 배경을 보면, 1980년대 이래 전체적으로 이주민의 수가 늘어났고 출신 국가의 측면에서도 변화가 일어났다. 즉 이주노동자들의 주요 출신 지역이 유럽에서 아시아 및 중남미로 변화함에 따라 노동계급의 인종 구성도 따라서 변화한 것이다. 백인 노동자들의 입장에서 보면 같은 노동계급에 속하지만, 이질성이 기존 유럽 출신 이주노동자들에 비해 더 큰 이주민들이었던 것이다.

외국인혐오증은 주로 이주민을 많이 받아들이는 국가에서 나타난다. 2005년 가을, 프랑스의 대도시 외곽지역에서 이주배경 청년들과 공권력이 충돌한 소요사태가 발생한 이후부터 프랑스 이주배경 주민들, 즉 본인이 이주했거나 이주민의 자녀로 태어난 이들에 대한 주류사회의 부정적 태도가 외국인혐오증의 대표적 사례로 언급되었다. 물론 독일 등 다른 유럽국가에서도 유사한 양상이 전개되고 있기는 하다.

외국인혐오증보다는 인종주의라는 표현이 더 잘 어울리는 사례도 있다. 미국 흑인을 대상으로 한 부정적 인식과 차별이 대표적이다. 물론 이 역시 근대적 국제이주현상의 산물로 볼 수 있다. 왜냐하면 신대륙 정복과 상업자본주의에 필요한 노동력을 공급하기 위해 이뤄졌던 강제적 국제이주의 대상이 아프리카인들이었고, 이들에게 적용된 인종주의가 그 후예들에게까지 적용되고 있기 때문이다. 유럽 사례이든 미국 사례든 이러한 양상이 끝나지 않는다는 게 공통적이다. 게다가 단기간에 해결될 가능성도 보이지 않는다.

이러한 지속성을 이해하기 위해 우선 생각해볼 수 있는 것은 증오를 낳는 원인이 사라지지 않는다는 점이다. 증오현상의 주체들이 자신을 어렵게 하는 문제들에 직면해, 실제 원인보다 해당 문제와 무관한 소위 '희생양' 찾기에 집중하는 이유는 자신을 분노하게 하는 문제의 원인에 대한 무지에서 찾을 수 있다. 대부분 문제의 원인은 자본주의 세계체제나 계급질서, 가부장제나 인종질서와 같이 보이지 않는 구조나 힘이기 때문이다. 원인은 너무 멀리 있고 인과관계가 분명하게 드러나지 않는 상황에서, 고통을 겪는 이들의 의식 속에서는 진정한 원인이 구조에서 표적 집단으로 전이되는 것이다.

종족분쟁이나 민족분쟁도 이러한 전이의 결과일 수 있다. 아마 다른 민족이나 종족에 대한 증오만큼 강력한 증오도 없을 것이다. 그런데 『종족분쟁이라는 신화(The Myth of Ethnic Conflict)』라는 책에서 미국의 경제학자 비버리 크로포드는 종족분쟁이라는 이름으로 알려지는 갈등과 폭력의 진정한 원인이 해묵은 종족 간 관계라기보다 빈곤이나 외세와의 관계와 같이 자본주의나 제국주의가 초래하는 구조적 요인이라는 점을 보여주었다.[9]

인류학자 조나단 프리드먼의 말을 빌리면, 현대사회의 폭력은 이중의 양극화가 만들어내는 두 종류의 잠재적 폭력이라 요약할 수 있다. 하나는 이른바 '수평적 양극화'에 의한 폭력이고, 다른 하나는 '수직적 양극화'가 만들어내는 폭력이다. 수직적 양극화, 즉 넘을 수 없는 계급장벽에 의해 만들어지는 무력감과 그것이 낳는 수평적 양극화, 즉 같은 위치에 있는 사람이나 더 약한 사람에게 전이되어 나타나는 폭력이 현대사회의 폭력을 구성하는 두 가지 큰 흐름이라는 것이다. 물론 이 두 종류의 폭력을 명확하게 구분하는 것은 어렵고, 또 위험하기까지 하다. 왜냐하면 계급과 같은 수직적 갈등과 민족, 종교, 성 등에 따른 대립은 많은 경우 중복되기 때문이다.

인도의 사례는 극단적 계급구조, 즉 수직적 양극화가 종교갈등, 즉 수평적 양극화의 배경에 존재한다는 것을 잘 보여준다. 신자유주의를 기치로 내건 강대국의 압력으로 자국 농민들에 대한 국가의 보조금이 끊기고 수입 농산물의 압박을 받으며 마구잡이로 살포된 농약으로 토지 사막화가 진행되어 심각한 타격을 입은 농민들이 절망 끝에 자살해버리는 사건이 만연하였다. 그리고 이 배제된 층을 기반으로 힌두근본주의가 대두했고, 이것이 다시 여성에 대한 폭력의 만연을 낳고 있는 것이다.[10]

불황이 장기화되고 신자유주의정책을 추진함에 따라 양극화 및 실업현상이 심각해진 유럽사회 역시 사회 전반의 보수화현상을 경험하게 된다. 그리고 이것은 특히 소수자들에 대한 공격이 심해지는 결과를 낳았다. 에이즈를 빌미로 한 동성애자 탄압도 정치적 보수화를 배경으로 강화되었는데, 명분은 '도덕적 가치'로의 회귀였다. 프랑스 극우정당 국민전선은 '에이즈 쓰레기들' 퇴치를 명분으로 공포심을 조장했다. 마거릿 대처가 총리로 재직하던 1988년 영국에서는 동성애자들을 옹호하는 활동에 대해 재정지원을 막는 조항이 신설되기도 했다. 동성애자만이 아니라 700-900만 명으로 추정되는 유럽 최대의 소수민족인 집시들도 추방의 위협에 직면하게 된다. 50-80만 명으로 추정되는 나치의 집단학살에 대한 반성으로 제2차 세계대전 이후 주춤했던 집시에 대한 차별이 사회주의 몰락 이후 중·동부 유럽을 중심으로 다시 부상하였고, 서유럽에서도 집시 추방정책이 등장하게 된다. 주된 명분은 이들이 절도와 범죄를 일삼고 비위생적인 집시촌으로 인해 지역사회의 안전이 위협받고 있다는 것이었다.[11]

정치 영역에서의 개방이나 시민사회 및 문화의 발전이 경제성장이나 불평등 완화와 같은 사회경제적 발전을 동반하지 못하는 현상은 현재 대부분의 국가가 공통적으로 경험하고 있는 문제다. 국가에 따라서는 역으로 어려운 경제상황이 정치나 문화의 퇴보를 낳고, 시민사회의 보수화를 초래하기도 한다. 증오현상이 지역을 막론하고 이 시대의 주요 현상이 된 것은 다름이 아니라 증오를 부추기는 상황 자체가 글로벌한 차원의 현상이기 때문일 것이다. 한국이나 일본의 경우처럼 급속한 경제성장의 흐름이 멈추면서 사회가 국민의 기대감을 충족시키지 못함으로써 상대적 박탈감이 나타나는 곳에서, 중동이나 남미와 같이 역시 경제발전이 큰 성과를 거두지 못하고 좌초한 가운데 특히 불평등문제가 심각한 곳에서, 그리고 서유럽의 경우처럼 오랜 서구 중심의 시대가 막을 내릴 것이라는 불안감과 그간 누렸던 상대적으로 풍족한 생활수준이 더 이상 지탱되지 못하는 곳에서 온갖 부정적이고 퇴행적인 현상이 모습을 드러내고 있다. 결국 세계 대부분의 지역에서 성장이 멈추고 불평등은 심화되면서 이러한 문제를 드러내는 병리적 양상을 겪고 있는 것이다.

여론 역시 이 점을 확인시켜주고 있다. 2021년 세계인의 가장 큰 '걱정거리'는 코로나19가 아니었다. 국제 여론조사업체 입소스가 28개국을 대상으로 매달 실시하는 '세계의 걱정거리(What Worries World)'의 10월 조사결과에 따르면, '빈곤과 불평등'이 1위로 나타났다. 2위 역시 같은 맥락의 것으로 볼 수 있는 일자리였고, 부패가 그 뒤를 이었다. 직전까지 2위를 유지해온 코로나19는 18개월 만에 걱정거리 순위 3위로 내려앉았다. 코로나19 팬데믹이 발생하기 전 가장 큰 걱정거리였던 빈곤과 불평등이 다시 그 자리에 복귀한 것이다.[12] 한편 이 조사에서 한국인의 가장 큰 걱정거리는 세계 평균과는 조금 다르게 일자리문제였다.

다시 한 번 프랑스 사회학자 브뤼노 라투르의 과학인문학 논의를 적용해보자. 증오현상에도 이 주제를 매개하고 우회시키는 요소들이 존재한다. <범죄도시>와 같은 영화, 대선과 같은 정치과정, 불황과 같은 경제 현실 그리고 이 책에서는 다루지 않지만 SNS 등 기술적 요소 등에 의해 증오현상이 굴절되고 변형된다. 이러한 증오의 동태적 측면을 고려하면, 증오는 특정 개인이 지닌 독립된 감정이 아니라 다수의 영역과 행위자가 엮이면서 만들어지는 집합적 산물이다. 그런 의미에서 증오라는 감정과 그에 기인한 행위는 그(녀)가 아니라 우리의 것이다. 그리고 우리의 이 감정 또한 우리의 의식 내부에서 만들어진 독립적 산물이 아니라 우리 밖의 어떤 것의 반영이다. 사회 분위기, 사회적 배경, 사회구조 등의 표현들이 어울리는 외적 요인이 큰 역할을 하는 현상인 것이다. 용서의 여지가 없어 보이는 나치 시대 독일인들의 경우도, 이들이 유대인들에게 느꼈던 감정을 놓고 악마와 같은 특정 개인에게서 그에 대한 설명을 구하기는 어렵다. 물론 그들의 행위에 대한 죗값을 철저히 따지는 것은 사법 차원의 의무이지만 말이다.

기독교 서구에 대한 극단적 증오를 보여주는 이슬람 테러리즘의 사례를 보자. 이 이해할 수 없는 현상은 그 대척점에 있다고 간주되는 서구, 즉 관용의 상징인 세계와 긴밀히 연관되어 있다. 음모론이 주장하듯이 직접적인 관계와 지원을 확인하기는 어렵다 해도 구조적으로 양자가 긴밀히 연계되어 있다는 점에는 동의할 수 있다. 9.11테러 직후에 출간된 『지하드 대 맥월드』라는 자극적인 제목의 책은 이슬람을 표방한 테러리즘을 의미하는 지하드의 세계가 맥도날드가 상징하는 발전된 서구의 소비사회와 이러저러한 연관을 맺고 있다는 주장을 펴고 있다.[13] 소비사회에의 진입을 거부당한 이들의 반발, 여전히 많은 세계의 저발전 지역들을 파괴하는 신자유주의의 부산물로 테러리즘을 설명하는, 이제는 익숙해진 해석이 제시되었다.

증오현상은 그 어떤 사회현상보다도 집단적으로 형성된 것이며, 자본주의나 제국주의와 같은 체제의 산물이다. 그럼에도 불구하고 증오를 극복하고자 시도되는 교육이나 관용을 강조하는 교육 콘텐츠 또는 공익광고 어디에도 자본주의나 국제관계는 없다. 증오를 낳는 위기의 사회에 대한 언급은 찾아볼 수 없다. 마치 그들이 다양성에 대한 불감증이라는 어둠에서 빠져나오면 모든 문제가 사라진 환한 세상이 그들을 맞아줄 것처럼 보인다. 그러나 그만큼 우리에게 필요한 또 다른 것은 역으로 개인에 대한 비난이라는 긴 터널에서 벗어나는 것이다.

2. 위기의 산물

라디오 방송 프로그램 진행자가 한 얘기가 생각난다. 그는 나무의 참모습은 변화 그 자체라고 했다. 나무가 보여주는 사계절의 서로 다른 모습 중 어느 것이 정상이고 최고이고 참인지 판단할 수 없다는 것이다. 증오의 참모습 역시 극단적으로 표출하는 개인만이 아니라 평온한 일상, 사회구조 속에도 존재한다고 할 수 있다. 증오는 움직이는 기운이고 여러 상이한 모습으로 변신한다. 따라서 증오를 개별 사건이나 개인에 국한해서 바라보면 증오에 대해 충분히 이해할 수 없다. 증오현상이 도드라지는 시기의 특징으로 우리는 경제위기, 전쟁, 정치적 혼란, 급속한 사회변동 등을 떠올린다. 한국에서 여성혐오 논쟁은 대략 2010년대 후반, 외국인혐오증은 2010년대 초반에 등장했고, 유럽에서 이슬람혐오증은 2000년대 이후, 한국에서 기독교혐오증 역시 2000년대 이후 중요한 사회현상으로 주목받았다. 성소수자에 대한 혐오 역시 2000년대 초반까지만 해도 공론화되지 않았다. 20년도 채 되지 않은 기간에 혐오현상에 대한 관심이 폭발적으로 증가한 것이다.

평소에는 적어도 겉으로는 관용적인 모습을 보이다가 이해관계가 개입될 경우 배타적인 태도로 돌변하는 경우가 있다. 이해관계에는 일자리문제 등 경제상황이 야기한 걱정이나 타국과의 정치군사적 갈등으로 인한 위기의식 등이 해당된다. 증오현상은 뭔가 좋지 않을 때 나타난다. 또는 현재 큰 문제는 없는데 이전과는 달라지고 있고 그래서 불안감을 느낄 때 나타난다. 급격한 사회변동이 야기하는 아노미 상태가 증오의 산실일 수 있는 것이다. 전쟁이나 정치적 혼란이 아니라면 좋지 않은 경제상황이 증오현상의 주된 배경이 된다. 정치적 격변이나 경제 위기만큼은 아니더라도 사회적 차원의 변화도 불안이나 불만을 야기할 수 있다. 가정, 학교, 사회의 위계질서가 약해진다거나 가족구조가 변화하고 성윤리가 변화하는 등의 변화가 집단 간 갈등을 낳고 증오현상을 유발할 수 있다.

증오는 사회 전반에 걸친 위기의 산물이다. 다른 표현을 쓰자면 '사회적 고통(Social suffering)', 즉 전쟁, 기근, 불황, 질병, 다양한 형태의 고문 등이 인간에게 초래하는 효과로부터 나온다.[14] 프랑스 소설가 에밀 졸라의 작품 『루르드(Lourdes)』(1894)에는 1870년 보불전쟁 패배 직후 루르드 성지 순례자가 21만 명이나 되었다는 애기가 나온다. 전쟁 패배의 원인을 프랑스 사회의 신앙 상실에서 찾은 이들의 성지 순례가 늘어난 것이었다. 그리고 프랑스의 문제, 프랑스가 앓고 있는 병을 성모 마리아가 치유해줄 것이라고 믿었다. 당시 패전의 원인으로 인구수, 출산율문제도 제기되었고, 그것이 프랑스의 조숙한 출산주의정책을 낳기도 했다.

역설적으로 동일한 전쟁, 즉 보불전쟁(1870-1871년)에서 승리를 거둔 독일 역시 유사한 경로를 밟는다. 1870년대에 일어난 일련의 경제위기는 가속화되고 있던 산업화의 추세를 막을 정도는 아니었지만, 경제적 불안감을 야기했고 이는 즉시 신생국가 독일의 정체성에 대한 불안으로 바뀌었다. 그로 인해 보불전쟁에서의 승리와 독일 통일이 빛을 잃었고, 위기의 원인으로 지목된 이들은 언제나 그렇듯이 종교적·인종적 소수자들이었다. 대중민주주의의 발전 역시 반유대주의의 확산을 자극했다. 반유대주의가 대중의 지지를 결집하는 효과적인 수단의 하나가 되었던 것이다.[15]

19세기 말 프랑스, 벨기에, 독일 등 유럽에서 극우주의 또는 민족주의의 우경화를 낳았던 요인들은 한 세기 후에도 극우주의의 토양으로 작용하게 된다. 프랑스의 대표적 극우 세력인 국민연합(RN)의 전신인 국민전선(FN)은 1990년대에 급부상하면서 당시 장기 침체를 겪던 프랑스 사회에 해가 되는 적들을 제시한 바 있다. 먼저 파시즘의 역사에서 자주 언급되었던 내용을 찾아볼 수 있다. 나약하고 민중과 유리된 부르주아 내지는 중산층, 그리고 그들이 주도하는 대의민주주의가 무능하고 부패했으며 해가 되는 것으로 평가되었다. 그리고 분업화와 관료제가 심화되면서 자기가 맡은 일에서만 실적을 추구하는, 영혼 없고 민중을 이끌어가기에 부적절한 각종 전문가나 관료들이 지배하는 사회를 개혁해야 한다는 입장이 제시되었다. 이와 함께 이주민, 소수자, 빈민들이 자신을 더럽히는 존재들, 쇠약해지는 프랑스 사회를 거울과 같이 보여주는 존재들로 여겨졌다. 즉 이주민들은 단순한 타자가 아니라 프랑스 사회가 안고 있는 문세점을 비추는 존재로 받아들여지면서 일종의 자기혐오와 같은 감정이 투사되는 대상이 되고 있다.

일본의 혐한현상 역시 경제위기와 그것이 낳은 불안을 배경 삼아 등장했다. 일본의 동아시아 전문가 다카하라 모토아키는 인터넷을 중심으로 불붙은 2000년대 초반의 혐한현상에 대해, 국민이 성장의 과실을 공유할 수 있었던 고도 성장기의 내셔널리즘과 구별해 '불안형 내셔널리즘'으로 명명했다. 심각한 불황기에는 그 상황에 적응을 잘한 사람이나 못한 사람이나 모두 불안을 느끼게 되며, 그 불안을 진정시키고 스스로에게 상황을 납득시키기 위해 가상의 적이나 악인을 찾아야만 했다는 것이다.[16]

증오의 강도는 위기의 강도와 연관성이 있다. 예를 들어 IS가 유례없는 극단적 행태를 취했던 이유도 여기에 있다. IS가 보여준 극단주의의 배경에는 극단적인 현실이 존재했다. 즉 IS가 아니더라도 1991년 걸프전 이후 20여 년 이라크사회가 경험한 극단적 상황은 극단적인 세력과 극단적인 행태를 초래할 수밖에 없었을 것이다. 자기 나라를 무차별 폭격하고 금수조치를 통해 경제와 일상생활을 질식시키며 내정에 무제한적으로 개입하고 자신들의 종교를 모욕하는 등의 경험을 십수 년 겪게 되면, 사회가 병들고 갖가지 극단적인 모습들이 나타나는 것은 어쩌면 당연한 일일지도 모른다. IS 등 이슬람주의 무장 세력이 벌이는 테러행위는 아랍세계가 처해 있는 출구 없는 상황의 산물이다. 이들이 테러라는 방법을 사용하는 것에는 물론 관심을 끌어보려는 전술적 측면도 있을 것이다. 그러나 우리는 그보다 자신을 파괴하고 세계를 파괴해버릴 정도의 오래되고 깊은 저 분노와 절망에 먼저 관심을 가져야 할 것이다.[17]

3. 약자가 두렵다는 강자들

"미국과 영국에서 '노숙'을 칭하는 말이 다른데, 뭐라고 부르든 잠자리를 찾는 일은 가장 심각한 문제로서 먹는 문제보다 더 큰일이다. 주로 험한 날씨와 엄격한 법 때문이지만, 노숙자들은 외국이민자들, 주로 폴란드와 러시아 유대인들 때문에 자신들이 노숙자가 됐다고 생각한다. 그들이 저임금으로 자신들의 자리를 빼앗고 노동착취제도를 정착시켰다고 말이다."[18]

미국 작가 잭 런던이 1902년 런던 빈민가를 체험하면서 전한 이야기이다. 여기서 우리는 현재 가장 익숙한 반이민 논리 가운데 하나를 발견할 수 있다. 이주민들이 자신들의 근로조건을 악화시킨다는 것이다. 사실은 꼭 그렇지 않다고 해도, 사회적 약자는 주류사회 성원들에게 우려의 대상이다. 이미 오래전부터 그러했고 지금도 그렇다. 이 의아한 현상을 설명해주는 열쇠는 증오가 방어적 현상이라는 사실에 있다. 증오는 이대로 가다가는 상황이 자신들에게 더 불리하게 전개될 것이라는 우려에서 비롯

된다. 우려를 낳는 요인은 다양하다. 좋지 않은 경제상황, 해당 국가가 기존에 누렸던 위상의 약화, 출신율 감소, 공동체의 악화, 전쟁의 위험, 재난 등 이주민과 무관하게 전개된 현상이 배경에 존재한다. 2022년 5월 15일 미국을 충격에 빠트린 뉴욕주 버펄로 소재 식료품점 총기난사사건은 음모론에 빠진 10대 백인우월주의자의 범행이었다. 이 청년은 멀리 떨어진 흑인 거주 지역을 일부러 찾아가 사람이 많이 모이는 시간대를 노렸다. 그는 미국의 권력층이 백인 인구를 줄이려 유색인종 이민자를 적극 받아들인다는 음모론에 빠진 백인우월주의자였다.[19]

다른 집단에 대한 증오가 핵심요소인 이데올로기들은 증오가 변화와 기득권 상실에 대한 반발임을 잘 보여준다. 인종주의는 인종질서가 공고한 상황이 아니라 위기에 처했을 때 이에 대한 대응으로 나타나는 경향이 있다.[20] 근본주의, 파시즘 그리고 9.11 테러 이후 확산된 테러리즘 역시 피상적인 인상과 달리 이를 주창하는 집단들이 자신을 위협하는 도전으로부터 자신을 방어하는 수단이라고 할 수 있다. 이는 언제 증오가 사회문제화 되는지에 대한 단서를 제공해준다.

증오는 완벽하게 지배하기 어려워진 상황에 대한 대응방식의 하나로서, 예컨대 여성, 이주민, 유색인종의 힘에 대한 두려움과 분노가 뒤섞인 감정으로 나타난다. 이때 누군가는 외부세계나 이질적인 존재들의 위협으로부터 자기 민족과 다수의 평범한 사람들을 지키는 것이 자신들밖에 없다는 역사적 사명감을 가지게 된다. 심지어 자신들이 지배하는 식민지의 선주민들도 두려움의 대상이 된다. 민족주의 연구자 베네딕트 앤더슨은『상상된 공동체』에서 식민지인에 대한 유럽의 엄청난 폭력이 식민지배가 가지는 한계에서 비롯되었음을 지적한 바 있다. 즉 다른 것과 달리 피지배자들의 언어는 정복할 수 없는 것으로 드러났다. 종교나 민족과 마찬가지로 충분히 오래되었다는 점이 언어에 신비한 아우라를 제공한다. 심지어 사후에도 언어는 죽은 자와 산 자를 연결시켜준다. 제의나 민족의 축일에 함께 노래를 부르면서 동질감을 느끼는 것이다. 그래서 언어는 쉽게 뿌리 뽑을 수 없다. 영토와 달리 정복이 용이하지 않은 것이다. 이 점이 제국주의자들에게 엄청난 분노를 야기한다. 계속되는 학살 그리고 선주민들의 민족성을 부정하는 경멸의 단어들이 이 분노의 표현이었다. 선주민들을 완전히 제압하기 어렵다는 사실에 직면한 유럽인들이 가지게 된 증오는 말릴 수 없는 숙명적인 공격과 파괴로 이어졌다.

성적으로 방종한 여자, 출산하지 않은 여자 등을 거론하는 한국의 여혐현상은 거의 모든 한국 여성들을 '나쁜 여자'로 만들었다.[21] 이것은 대표적인 인종주의의 대상인 흑인과 유대인 집단의 여성들에게 씌워진 성적으로 문란하다는 이미지와 공통점이 있다. 그리고 이것은 강간 등 이들을 대상으로 자행된 폭력과 연관성을 가진다. 오래전부터 유대인 여성을 따라다닌 고삐 풀린 듯 음탕하다는 평판은 유대인 여성이 반복해서 집단적으로 강간당해온 역사에 기원을 두고 있다. 나치의 유대인 학살에서도 강간은 살인의 전주곡 역할을 했다. 이런 면에서 유대인 여성과 흑인 여성은 공통점을 가진다. 오늘날 미국에서 흑인 여성을 따라다니는 음탕하고 난잡하다는 평판 역시 유대인 여성처럼 강간당한 빈도가 굉장히 높았던 역사적 경험으로부터 만들어진 것일 수 있다.[22]

여성에게 남성이 어떤 권리를 가지고 있다는 생각은 성적 폭력의 한 원인이 된다. 많은 남성들이 자기가 원하는 것을 여성들로부터 취할 권리가 있다고 믿는다. 여성이 자신들이 정의한 여성의 적절한 역할을 수행하지 않으려고 하면 어떤 남성은 난폭해지며, 때로는 여성살해를 저지르기까지 한다.[23] 흑백분리를 제도화한 짐 크로우 체제 시대 미국 흑인의 경험 역시 증오범죄가 기존 위계질서의 변화에 대한 대응임을 보여주었다. 흑인의 생명을 앗아가는 미국 백인들의 증오범죄는 오랜 역사를 가지고 있으며, 역설적으로 흑인이 시민으로서의 권리를 찾아가던 시기에 시작되었다. 노예해방 이후 미국사회는 역설적으로 흑인들을 대상으로 한 백인들의 린치현상이 극에 달하게 된다. 이러한 백인들의 극단적 태도는 자신들이 독점한 경제적·정치적 지위가 이제 형식적으로나마 그들과 동등해진 흑인들에 의해 위협받을 수 있다는 우려에 기인한 것이었다.

두려움은 역설적으로 더 두려움을 느끼는 이들에 대한 공격으로 전환된다. 이주민의 규모가 상대적으로 크지 않은 한국에서도 순수 한국인의 비율이 줄어들 것을 우려하고 심지어 무슬림 인구가 늘어날까 걱정하면서 외국인 범죄가 치안을 위협한다고 생각하는 사람들이 적지 않다. 물론 이러한 우려는 현실에 부합하지 않는다. 지난 20여 년간 전체 인구 대비 외국인 비율은 늘

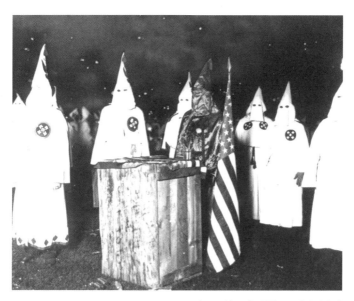

쿠 클럭스 클랜(KKK) 집회(1920년대 시카고)

어났지만, 단기 체류자를 제외한 체류 외국인의 수는 2022년 7월 현재 208만 명으로 전체 인구의 4% 수준이다. 이는 10년 전 3%에 비해 소폭 늘어난 정도이다. 게다가 이중에는 같은 민족 출신인 한국계 중국인이 60만 명 정도고, 미국, 일본 등 한국인이 우려하는 외국인 범주에 속하지 않는 선진국 출신자도 30만 명 가까이 된다.[24]

다문화 논의와 대중적 관심의 대상이 되는 외국인 노동자, 결혼이민자, 난민의 수는 100만 명 정도이고, 이중에는 계절노동자 등 체류기간이 3개월에서 1년 미만인 이주민의 수도 적지 않아, 실제 인구학적으로 또는 치안 측면에서 한국에 위협이 될 가능성이 조금이라도 있는 외국인의 비율은 인구의 2% 미만이라고 할 수 있다. 또한 그 증가 추세에 있어서도 외국인 노동자의 수는 국가별 쿼터로 통제되는 상황이고, 국제결혼이 감소 추세를 보임에 따라 결혼이민자 및 귀화자의 수 그리고 전체 가구에서 다문화가족이 차지하는 비율의 증가세도 점차 둔화되고 있다. 지난 10여 년간 관성적으로 외국인 비율이 상당히 늘고 있다고 얘기하던 언론도 이제는 다른 나라들과 달리 이민자들이 늘지 않고 있다고 걱정할 정도다. 2022년 10월 11일자 『한국경제』는 "인구 줄어드는데 이민 인색한 한국 (…) 선진국 25% 늘 때 5% 줄었다"라는 제목의 기사를 실었다.[25] 물론 이주민에 대한 우호적 태도의 표명이 주제가 아니라 한국의 인력부족문제에 대한 염려에서 나온 지적이었다. 이 기사에서는 영주권을 취득한 외국인 수를 다루고 있지만, 국제이주민 전체의 경우도 크게 다르지는 않다. 외국인 범죄에 대한 우려도 한국이라는 낯선 나라에 개인적으로 이주해온 이들이 왜 여기에 왔고 어떤 조건에서 생활하고 있는지를 생각해보면 과도한 우려임을 알 수 있다. 오래전부터 미국, 유럽, 일본 등 우리보다 잘 사는 나라에 이주해간 한국인들이 그곳의 치안을 위협하는 존재가 된다는 것이 상상이 가지 않는 것처럼 '위험한 외국인'이라는 관념은 비현실적이다.

여성에 우호적인 정책이 한국사회나 남성들이 겪는 문제에 책임이 있는 것으로 생각하는 경향도 있다. 그런데 이것은 이주민에 우호적인 정책이 유럽사회가 겪는 어려움을 낳은 중요한 요인이라고 생각하는 반이민주의자들의 견해와 유사하다. 또한 서구의 제국주의와 물질문명과 함께 그 영향으로 타락의 위험에 처해 있는 여성들이 현재 아랍세계가 겪는 정체성의 위기나 사회의 총체적 위기를 초래한 근본적인 원인 중 하나라고 생각하는 이슬람주의자들의 견해도 한국사회의 여성혐오 논리와 닮아 있다.

증오는 일탈의 한 형태이자 상대적 박탈감의 산물로 설명할 수도 있다. 해당 사회가 용인하는 방식을 통해서는 자신이 합당하다고 생각하거나 만족할 만한 조건을 가질 수 없다고 생각하는 데서 비롯된다. 유대인에 대한 히틀러의 증오는 영국이나 프랑스와 달리 지배민족이 될 수 없었던 독일인들의 박탈감에서 비롯된 측면이 있다. 제1차 세계대전의 패전국으로서 독일이 경험한 굴욕과 감당할 수 없는 전쟁 배상금은 불공평한 것으로 받아들여졌고, 이로써 그 억울함을 푸는 행위는 정당화될 수 있었다.

그 자체로는 비교가 부적절하지만, 최근 한국의 젊은 남성들에게서도 이러한 박탈감을 찾아볼 수 있다. 물론 이것은 한국사회가 겪는 젠더갈등과 연관된 여러 요인 중 하나일 뿐이다.

"오늘날 20대 남성에게 성차별이란 가해 사실보다는 피해 사실로 상상되곤 한다. 남아선호사상을 모르고 성장해 온 유년기. 동년배 여성들에 비해 학력수준이 달려 별다른 보상이나 인정을 받지 못한 청소년기. 실제로 아들이 남녀공학에 진학할 것 같으면 내신 성적이 우려돼 어떻게든 남자학교에 집어넣으려는 게 요즘 세상 아니던가. 그리고 데

이트. 그리고 군대. 이 박탈감을 어쩌면 좋을까. 한마디로 말해, 과거와 다르게 그들은 사신들이 손해 본 기억만 가지고 있다."[26]

「새로운 세대의 의식과 태도: 2030세대 젠더 및 사회의식 조사」의 결과에 따르면, 한국 남성들이 남성차별 사례로 가장 많이 꼽은 것은 여성할당제, 지하철·주차장 등의 여성전용 공간 같은 정책적·문화적 역차별(20%)이었고, 남성성 강요(18.1%)와 군복무 문제(15%)가 그 뒤를 이었다. "나는 군대에 다녀와 시간과 기회에서 손해를 봤고 희생했지만 보상도 충분하지 않다. 그런데 여성은 할당제 등으로 내 권리를 침해하고 있다"는 것이 20대 남성의 전반적 의견이었다. 더구나 이들이 보기에 구조적 차별을 받은 건 자신의 어머니 세대와 같은 '과거의 여성'이지, 또래이자 경쟁자인 젊은 여성이 아니다. 그런데도 과거의 차별 때문에 현재 아무런 차별을 당하지 않는 젊은 여성이 혜택을 보는 건, 차별에 아무런 책임이 없는 젊은 남성을 차별하는 것이라는 논리가 성립한다.[27]

"1989년 12월 6일, 몬트리올대학에서 벌어진 일은 남성들이 느끼는 위협감과 거부감이 끔찍한 결과를 낳을 수 있음을 보여주었다. 그날 전쟁잡지 마니아인 25세의 마르크 레핀은 전투복을 갖춰 입고 공과대학으로 돌진했다. 그는 한 교실에 들어가 여자와 남자를 분리한 뒤 남자들에게는 나가라고 명령했다. 그리고 '너희는 모두 망할 페미니스트야!'라고 소리치면서 여자들을 향해 총을 쐈다. (…) 3쪽짜리 유서에는 자신의 실패를 전부 여성들의 탓으로 돌리는 내용이 가득했다. 그는 여성들이 자신을 거부하고 비웃었다고 느꼈다. 또한 그의 시신에서는 캐나다의 유력한 여성 15명의 이름이 적힌 처리 대상 목록이 발견되었다."[28]

해당 공과대학의 지원 자격을 충족할 수 없었던 레핀은 '페미니스트'인 여성들이 자신을 모욕했다고 느꼈다. 그 여성들이 전통적인 남성 영역에 들어왔다는 이유 때문이었다. 공대라서 더더욱 그러했을 것이다. 백인 남성의 배타성과 특권이 침식당한 데 대해 응징하고자 한 것이다.

미디어는 결코 한 현상의 여러 측면을 균형 있게 보여주지 않는다. 아마 그렇게 제대로 보여준다면, 모든 사회는 상당히 유사하게 비춰지고 그래서 대중의 관심을 끌 만한 자극적인 기사를 만들기 어려울 것이다. 중동에 관해 우리가 흔히 접하게 되는 것 중 하나는 여성의 열악한 현실이다. 최근에도 히잡을 착용하지 않은 이란 여성들의 죽음이 큰 파장을 일으킨 바 있다. 그런데 이슬람 세계가 일반적으로 생각하는 것보다 훨씬 더 보편적인 역사를 향해 나아가고 있다는 지적이 있다. 이미 10여 년이 지난 논의지만, 이들이 특히 주목한 것은 급속한 출산율 저하현상이었다. 1975년 여성 1인당 6.8명이던 것이 2005년에는 3.7명으로

하락하였다. 특히 이란과 터키의 출산율이 프랑스와 같은 수준이라고 했다.[29] 이 책이 쓰여진 이후에도 출산율 하락 추세는 계속되어 중동 및 북아프리카 국가들은 대부분 2점대의 출산율을 기록하고 있다. 그리고 이들은 출산율의 변화가 기존의 전통적인 권력관계, 가족구조, 이데올로기, 정치체제 등에 동요를 일으켰다고도 했다.

역설적으로 이슬람주의의 시각으로 무장한 중동의 여성혐오 및 성차별현상은 바로 이러한 여성 현실의 변화를 배경으로 등장한 것이었다. 서구화되는 사회에서 여성들도 다른 집단들처럼 더 많은 자유를 확보하면서 이전보다 더 개인화되어가는 상황이 남성들 위주인 기득권 세력이나 마침 이 시기 경제적으로 어려운 상황에 처하게 된 남성 청년들에게 두려움을 느끼게 한 것이다. 즉 중동에서 여성의 외양이나 일상생활에 대한 강박적 통제가 나타난 것은 여성의 지위가 추락했기 때문은 아닌 것이다.

4. 재난과 혐오

전염병의 역사는 재난상황이 희생양을 찾는 현상을 동반한다는 것을 잘 보여준다. 1900년 3월 초, 미국 샌프란시스코에서 한 중국계 미국인이 아메리카 대륙에서는 첫 번째로 흑사병의 희생자가 되었다. 그런데 그가 바이러스에 감염된 것은 사실이었지만, 사망원인은 바로 밝혀지지 않았다. 당시 정부가 취했던 조치는 아직도 사람들의 뇌리에 남아 있다. 이 바이러스가 가져올 경제적 충격을 두려워한 캘리포니아 주지사는 페스트의 존재 자체는 부인했지만, 감염자가 발생한 차이나타운에는 연이은 통제조치를 취했다. 그런데 차이나타운에 바로 인접해 있던 다른 민족 출신자들은 이러한 조치에서 제외되었다. 게다가 부작용이 심각했던 임상실험 백신을 차이나타운을 떠나고자 했던 중국인과 일본인들에게 강제로 접종시키기도 했다.

이렇게 질병을 소수집단과 연관 지으려는 시도는 미국인들의 것만은 아니었다. 중세 유럽에서는 유럽 거주 유대인이 흑사병을 확산시킨 주범으로 간주되기도 했다. 마치 관동대지진 당시 조선인들에게 씌워진 누명처럼 유대인들이 우물에 독을 풀어 전염병이 발생한 것이라고 했고, 결국 일본에 거주하던 조선인들과 유사한 운명을 맞게 된다. 15세기 말 나폴리에서 매독이 출현했을 때는 이 질병이 구대륙 각지로 확산되었는데 서로 다른 국가 탓으로 돌리는 촌극이 빚어졌다. 프랑스인들은 매독의 발생과 확산이 나폴리 사람들 때문이라고 비난했고, 이탈리아인들은 역으로 프랑스인들 탓으로 돌렸다. 러시아인들은 폴란드인들을, 네덜란드인들은 스페인인들, 일본인들은 중국인들을 비난했고, 투르크인들은 기독교인들이 지닌 문제에서 비롯된 것으로 간주했다. 이러한 국가 간 상호 비난보다 더 심각했던 건 매독을 하층민 여성들의 탓으로 돌린 것이었다. 1860년대 영국의 전염병 관련법은 성병 감염을 막는다는 명분으로 성매매 여성들에게 검사를 강요하거나 체포하는 등의 가혹행위를 용인하였다.

질병은 특정 집단에 대한 증오와 박해를 정당화하는 매우 유용한 알리바이로 활용되었다. 유럽에서 콜레라의 확산은 특정 집단을 희생양으로 만든 전형적인 사례였다. 위생조건이 열악한 탓에 감염 가능성이 높았던 빈민가에 질병의 온산지라는 낙인이 찍혔다. 이후 이주민들이 그 배역을 대신하게 된다. 이러한 희생양전략이 단지 무지에 의해서 벌어진 것만은 아니었다. 무엇보다 이 시기는 전염병에 대한 이해도가 높아가고 백신이 개발되는 등 괄목할 만한 과학적 진보가 이뤄지던 시기였다.[30] 특정 국가나 집단을 겨냥한, 잘못된 방향의 대응은 해당 집단을 힘들게 할 뿐 아니라 질병 퇴치의 과정을 더디게 함으로써 피해를 증폭시키는 결과를 낳기도 했다.

여성 이미지가 도드라진 매독 검사 권유 포스터(1936년경)

한센병에 대해 미국사회가 보여준 태도는 전염병과 혐오현상의 관계를 보여주는 또 다른 사례이다. 19세기 중반 미국에서 나병이 발생하자 노르웨이 이민자들이 의심을 받게 된다. 이 감염병이 생선에서 유래했다거나 노르웨이인의 불결한 생활환경 때문이라는 등의 논리로 노르웨이 이민을 금지하자는 의견이 나올 정도였다.

> "노르웨이의 농부는 정말로 더럽다. 대부분은 절대 목욕을 하지 않고, 얼굴과 손은 일주일에 한 번, 발은 일 년에 한 번 씻을 뿐이며, 태어나서 죽을 때까지 물에 몸이 닿는 법이 없다. 대부분 울로 된 옷을 입는데 잠을 잘 때도 벗지 않는다. 옷은 절대 세탁하지 않고 걸레가 될 때까지 한 세대에서 다음 세대로 대물림된다."[31]

그러나 노르웨이 출신 이주민들이 '위생적인' 미국문화에 성공적으로 동화되면서 나병은 사라졌다고 여겨졌으며, 동화에 성공한 노르웨이인에 대한 편견도 사라지게 된다. 그러나 이후 한센병을 옮기는 주범으로 중국인이 지목되고, 보다 최근에는 미국에서 그 수가 늘어가고 있는 라틴아메리카 출신 이주민들이 이병을 옮기는 위험한 존재로 여겨지게 되었다.

마찬가지로 재난, 전쟁, 공황과 같은 위기상황 역시 평시에는 잘 보이지 않던 증오의 본 모습이 노골적으로 드러나는 계기가 되며, 특정 집단을 희생양으로 만드는 증오현상의 중요한 배경으로 작용한다. 하지만 거꾸로 소수자들의 지위를 환기시키고 해당 사회의 포용력을 가늠하는 계기가 되기도 한다. 자연직·사회적 재난은 소수자에 대한 공격을 강화하는 경향이 있지만, 통합의 계기가 되기도 하는 것이다. 코로나19 팬데믹 기간 동안 두드러졌던 국뽕현상도 타자를 대상으로 한 혐오현상을 포함하고 있었지만, 이와 동시에 국민들에게 유례없는 감염병에 대처할 힘을 주기도 했다.

양차대전 기간 중 미국이 그랬듯이 전쟁 기간 중엔 경제적 불평등이 다소 완화되는 양상이 나타날 수 있고, 애국의 깃발 아래 사회갈등이 완화되기도 한다. 전쟁은 자본주의의 작동이 제한되고 개인의 이윤 추구보다 공익이 우선시되면서 빈부격차가 줄어드는 효과를 낳는다. 또한 국익 앞에서 계급투쟁 역시 주춤해지고, 외부의 적 앞에서 정권에 대한 지지도 강화된다. 물론 이러한 통합의 분위기 속에서도 소수자에 대한 공격이 나타나기도 한다. 전쟁이 다른 국가나 민족과의 대결인 만큼 주로 이주민이나 소수민족이 증오의 대상이 되는 것이다. 이를 주도하는 것은 국민보다 국가, 언론 등 위로부터의 행동이다. 국가는 이주민이나 소수민족, 여성 등에 부정적으로 작용하는 정책이나 선전을 통해 소수자의 존재를 환기시키고, 언론 역시 국가에 호응하거나 자신의 이득을 위해 재난으로 취약해진 국민들의 불만과 분노를 해소할 대상을 제시하는 역할을 한다.

관동대지진 당시에도 조선인에 대한 증오를 부추긴 것은『매일신보』와 같은 언론이나 일본 정부였다. 물론 유언비어가 한몫

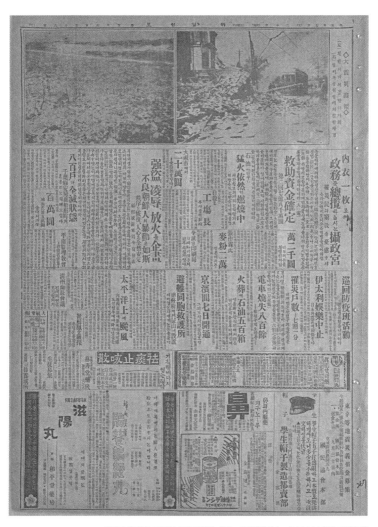

'관동대지진 조선인 폭동설'을 실은 『매일신보』(1923년 9월 10일자)

했지만 전체적으로 볼 때 평범한 주민들에 의해 주도된 현상으로 보기는 어렵다. 그보다는 지진이 야기한 엄청난 피해로 인해 당혹스러운 상황을 모면하려 했던 지배층의 작품이라고 보아야 할 것이다.[32] 코로나19 팬데믹 시기 한국사회에서 나타났던 혐오 현상 역시 정부와 언론의 역할이 두드러진다. 정부나 언론은 이 주민을 감염을 통해 국민의 안전을 위협하는 존재로, 성소수자나 세가 약해 열악한 환경에서 운영되는 교회처럼 주류사회로부터 배제된 집단 역시 감염원으로 인식하게 하는 데 일조했다. 재난상황에서 소수자는 위험한 존재인가, 위험에 취약한 존재인가? 재난이 소수자의 물리적 안전과 사회적 안전을 위협한다고 하는 편이 사실에 더 부합할 것이다. 게다가 이번 코로나19 팬데믹 사태에서 부각된 아시아인 혐오의 사례처럼 누구나 소수자가 될 수 있다.

유례없는 재난이 닥치면 이를 배경으로 애국주의와 배타주의의 광풍이 불고 소수자는 이 광풍의 희생양이 되는 경향이 있다. 이번 사태 역시 예외가 아니었다. 코로나19 팬데믹 기간에 나타났던 혐오현상의 표적은 전통적인 혐오의 대상과 유사했다. 2022년 7월 14일부터 17일까지 월간 『워커스』가 두잇서베이에 의뢰해 전국 3,002명을 대상으로 조사한 결과에 따르면, 응답자들이 코로나19 팬데믹 기간 혐오표현을 가장 많이 접한 대상 집단은 중국이었다. 3개까지 복수응답이 가능했던 문항에서 중국과 종교가 각각 60.5%, 50.3%로 가장 많은 혐오표현의 대상이 된 집단 1, 2위를 차지했다.[33] 중국에 대한 혐오가 또 다른 근거를 장착하면서 날개를 폈고, 이단이나 사이비에 민감한 한국 종교의 경향이 재난상황에서도 이어졌다.

팬데믹이 부각시킨 '사회적 거리두기'라는 용어는 사회학적 개념인 '사회적 거리'를 닮았다. 표현만이 아니라 내용에 있어서도 유사성이 있다. 두 용어는 공히 위험하거나 열등한 이들과 거리를 두는 의식과 행동을 포함한다. 이 책의 논의와 연관시켜보면 두 용어 모두 소수자문제와 연관성을 가진다. 즉 소수자의 현실 그리고 이들에 대한 사회의 반응과 유사한 내용을 담고 있다. 소수자들은 예외 없이 코로나19 팬데믹 상황에서 일반 국민들과는 다른 특수한 어려움을 추가로 겪어야 했다. 이를 주요 유형별로 살펴본다.

한국에 거주하는 이주민들도 멀리서 부모형제들이 감염을 걱정하며 애태우는 어느 국가의 교포들이다. 이들이 위험한 외국인인지, 위험에 취약한 한국사회의 약자인지 냉정하게 따져보아야 할 것이다. 이번 코로나19 팬데믹에서 이주민들은 특히 초기에 국적을 이유로 방역 및 보호에서 배제되는 경험을 겪었다. 건강보험 미가입자나 외국인등록증 미소지자 등이 방역정책에서 배제되고, 재난기본소득에서 이주민이 배제되는 일이 발생했다. 감염 가능성을 빌미로 숙소 밖 외출을 금지하는 공장이 많았고, 의사소통문제가 더해져 방역을 위한 정보 전달이 제대로 이루어지지 않았다.

감염병이 확산되기 시작하던 2020년 초, 국제이주민들이 직면하는 위험에 대한 경각심을 불러일으켰던 건 국제뉴스를 통해 접하게 된 사건들이었다. 아직 감염자 수가 많지 않던 팬데믹 초기에 싱가포르 이주노동자들이 기숙사에서 집단감염을 겪은 사건은 주거조건이 열악한 이주민들이 처한 위험을 환기시켜주었다. 말레이시아의 미얀마 친족과 로힝야족 난민의 사례는 난민이 가장 먼저 위험에 노출되고, 그러면서도 혐오와 배척의 대상이 된다는 점을 생생하게 보여주었다. 지구촌 어느 곳에서나 난민들은 손 씻기나 거리두기와 같은 수칙을 지키기가 어려운 조건에 놓여 있었다. 미국에서는 코로나19 팬데믹으로 인한 흑인 사망률이 흑인 인구 비중보다 2배나 더 높았다. 더 가난하고, 더 낙후한 시설과 공간에서 거주하며, 의료접근권도 떨어지기 때문일 것이다. 히스패닉들은 미등록 이주민들이 많아 병원에도 가지 못하며, 감염실태에 대한 파악조차 제대로 되지 않았다.

　이주민들의 입장에서 보건의료 차원의 문제보다 더 심각한 것은 일자리문제였다. 이주민이 많은 유럽이나 미국이 상당 기간 심각한 코로나19 확산세를 나타내는 상황에서 많은 이주민들이 일자리를 잃고 귀국길에 올라야 했다. 새로 타국으로 이주하기도 어려웠고, 봉쇄조치로 인해 본국으로의 귀국조차 어려웠다. 전통적으로 '들어오는 이민'이나 '나가는 이민' 모두 활발했던 중동의 사례는 감염병이 일자리나 인종주의에 미친 영향을 극적인 방식으로 보여주었다. 외국인 노동자들이 전체 주민의 70% 정도를 차지하는 쿠웨이트와 같은 나라에서는 코로나19 팬데믹과 연관되어 외국인들에 대한 반감이 커졌다. 우리도 힘든데 왜 외국인을 도와줘야 하느냐는 반발이 나타난 것이다. 특히 조건이 좋은 공공부문 일자리를 놓고 쿠웨이트 토박이들과 경쟁관계에 있는 이집트 출신 이주민들에 대한 반감이 심했다. 코로나19 팬데믹 초기 쿠웨이트 정부가 공공부문 일자리를 축소한 것이 이러한 감정을 더욱 고조시켰다. 보다 직접적으로는 코로나19 팬데믹의 진원지로 지목된 아시아 지역 출신 이주노동자들에 대한 인종수의 현상이 나타나기도 했다.[34] 기존의 이슬람혐오증이 코로나19 팬데믹의 산물인 희생양전략과 결합하기도 했다. 아랍에미리트에서는 인도 출신 이주노동자들이 무슬림들이 코로나19 바이러스를 전파하고 있다고 비방한 사건을 계기로 힌두인과 무슬림 사이의 갈등이 커지는 일이 있었다.

장애인 역시 특별한 어려움을 겪었다. 이번 사태는 한국의 경우 감염병이 확산되는 상황에서 장애인에 대한 지원이나 대책이 거의 존재하지 않음을 드러내 보여주었다. 이미 사스와 같은 유사한 상황을 겪은 후인데도 관련 매뉴얼조차 구비되지 않았다. 2022년 2월 중증 정신질환자를 수용하는 청도대남병원에서 발생한 집단감염 사태는 많은 희생자가 나왔을 뿐 아니라 이런 시설에 수용된 이들이 처한 참혹한 조건이 폭로되는 계기가 되었다. 이주민과 마찬가지로 재난상황에서 더 위험한 상황에 놓이게 되는 장애인들이 도리어 감염의 근원지로 눈총을 받는 억울한 상황도 전개되었다. 그러나 이러한 문제들을 코로나19 팬데믹이 처음 만든 것은 아니다. 재난은 단지 그동안 은폐되었거나 무관심했던 오래된 현실을 드러내고, 소수자들에 대한 한국사회의 인식 수준을 확인시켜주는 역할을 했을 뿐이다.

재난은 사회적 약자만이 아니라 강대국에 순응하지 않는 국가들에 대한 증오를 낳기도 한다. 모든 인류가 함께 겪고 함께 대응해나가야 할 재난 앞에서도 다른 국가나 민족에 대한 증오는 사라지지 않는다. 위에서 살펴보았듯이 재난이 자국의 이주민이나 소수민족들에게 증오의 위협을 가했듯이, 코로나19 팬데믹 초기 감염자가 많았던 이란에 대한 미국 등 서구의 시선은 적의에 가득 차 있었다. 언젠가 수전 손택은 '은유로서의 질병'이라는 표현을 제시한 바 있다.[35] 질병에 관한 용어와 담론이 질병 자체만이 아니라 별개의 어떤 의미를 내포한다는 것을 의미하는 표현이다. 예를 들어 에이즈에 결부된 '역병'이라는 은유는 에이즈를 도덕적 타락에 대한 천벌로 인식하게 만든다는 것이다. 그러면서 질병은 그저 질병이며, 치료해야할 그 무엇일 뿐이라고 얘기한다. 그의 시각을 코로나19 팬데믹 초기 이란의 상황에 적용해보면, 외부 세계는 이란의 코로나19 확산이나 이에 대한 이란 정부의 대응을 그 자체로만 바라보지 않았다. 그들에게 이 사태는 코로나19와는 무관한 어떤 다른 것의 표현이었다. 그들이 케케묵은 해석의 레파토리에서 꺼내든 것은 정권과 국민 간의 소통 부재, 거짓말만 하는 무책임한 정권, 그 배경에 있는 시대착오적인 신정체제 등이었다. 이런 식으로 코로나19가 아니라 이란 체제가 문제이며 코로나19에 대한 대응은 곧 이란 체제에 대한 응징으로 둔갑해버린다. 그 과정에서 정작 어려움에 처한 이란인들은 잊혀졌다. 자신들에게는 바이러스가 단순히 외부로부터 오는 위협으로 간주되지만, 중국이나 이란의 경우 그것은 자체의 해묵은 문제가 체화된 것으로 여겨지고, 이제 초점은 질병과 그로 인한 고통에서 체제와 사회, 문화, 종교 등으로 옮겨간다. 고통에 대한 연민의 자리에 냉혹한 질책이 들어선다.

바이러스는 국적이나 국경을 모른다. 이란과 같은 특정 국가 고유의 문제를 내세우기에는 바이러스의 확산 양상이 너무나 무차별적이다. 바이러스는 민주주의의 수준과 같은 고전적인 서방세계의 잣대를 거의 고려하지 않는 것으로 보인다. 어떤 사회나 체제가 전염병에 더 강한 면역을 가지고 있는지에 대해서는 적어도 현재로서는 아무런 얘기도 할 수 없다. 전염병에 대한 이란 정부의 대응방식에 대한 서방세계의 부정적인 평가는 오랜 연원을 가지는 것이다. 전염병의 원산지로 인식되어온 아시아에 대한 거부감만큼이나 이에 대한 아시아 각국 정부의 대응에 대한 서구인들의 평가 역시 매우 부정적이었다. 전염병은 또한 해당 사회가 안고 있는 문제나 통치자들이 저지른 잘못에 대한 대가로 인식되었다.[36] 전염병을 왕이나 백성들이 저지른 잘못에 대한 신의 징벌로 보는 전통적 해석이 전염병의 확산을 국민과 소통하지 않고 지배적인 국가들에 협력하지 않는 권위주의체제가 치르는 인과응보로 보는 시각으로 부활하고 있는 것이다.

코로나19에 감염된 한 청소년의 사연이 보도된 적이 있다.[37] 그는 가족과 의료진 중 누구도 자신이 감염된 것에 대해 탓하지 않았다고 했다. 그러면서 "아무도 감염되기를 원하지 않는다. 주변 확진자를 따뜻한 시선으로 바라봐주면 좋겠다"라고 했다. 무능할 수는 있지만 자신의 나라가 비참해지는 것을 바라는 정치인이나 정권은 찾기 힘들 것이다. 이러한 믿음이 체제나 국력 또는 문명화 정도와 무관하게 모든 나라에 적용되어야 할 것이다.

갈수록 본격화되는 위험사회는 인간의 이성을 시험대 위에 올려놓고 있다. 위기는 의료실태나 소수자 차별과 같은 기존 현실을 보다 확연하게 보여주는 계기로 작용한다. 코로나19 팬데믹 상황에서 잊혀진 사람들은 진작부터 잊혀졌던 사람들이다. 그렇다고 흔히 기대하듯이 위기가 변화를 약속해주지는 않는다. 위기는 자주 있었지만 위기가 매번 세상을 크게 변화시킨 건 아니다. 오히려 더 확실한 것은 위기상황에서 채택된 자유나 권리의 제약 그리고 그러한 사회 분위기에서 심화되는 증오의 문화가 위기가 끝난 뒤에도 사라지지 않을 가능성이다.

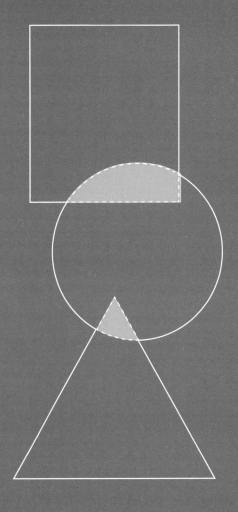

제6장

만들어진 소수자,
만들어진 증오

*

우리가 목격하는 대부분의 사회현상은 아주 오래전부터 존재해 온 자연적 현상이 아니라 특정 시기에 인간, 사회, 자연이 함께 만든 창조의 결과다. '만들어진'이라는 수식어는 사회현상의 이러한 측면을 강조하기 위해 사용된다. 이제 사람들은 증오의 대상이 되는 소수자에 대한 인식이 시대와 사회에 따라 다르다는 것에 대부분 동의한다.

소수자에 대한 시각이나 타자에 대한 증오를 담고 있는 이념은 대부분 근대의 시작과 함께, 그리고 이를 주도한 서구사회에서 만들어졌다. 그리고 그 과정은 평범한 시민의 일상에서 서서히 진행된 것이 아니라 특정 시기 특정 목적을 이루기 위해 국가나 언론 등 위에서부터 구축되고 전개되었다. 증오의 문화는 이렇게 '만들어진' 것이다.

1. 근대의 산물로서의 인종

"20세기에 목도된 소수자들에 대한 차별, 격리, 박해는 인류 역사에서 새로운 일이 아니었다. (…) 하지만 종교와 종족적 기원이 다르다는 이유로 특정한 인간 집단 전체를 고의적으로 살해한 것은 새로운 일이었다."[1]

역사상 존재해온 다른 집단에 대한 부정적 태도를 모두 인종주의에 포함시킬 수는 없다. 이 글에서는 인종주의를 근대적인 현상, 즉 멀지 않은 특정 시점에 탄생한 이념으로 간주한다. '1492년'은 오늘날까지 이어져오고 있는 이 이데올로기의 역사가 시작되었음을 알리는 기점이다. 서구 근대성이 탄생한 시점으로 여겨져 온 이 해는 잘 알려져 있듯이 아메리카 대륙의 발견과 함께 '문명화된' 기독교 세계 바깥에서 원주민을 대상으로 정복과 약탈을 자행하기 시작한 해였다. 그러나 이 해는 또한 무슬림의 지배로부터 이베리아반도를 수복한 레콩키스타(Reconquista)와 함께 유대인과 같은 내부의 타자들에게 박해를 가하기 시작한 해이기도 했다. 인종주의가 본격적으로 모양을 갖춘 것은 노

프란치스코 F. 오르티스, 「그라나다 함락」(1882년 작)

예제도와 함께였다. 식민지 플랜테이션에서 노예노동을 이용하던 시기에 농장주와 노예상인들의 입장을 대변하는 이데올로기로 만들어진 것이었다. 당시 이들은 자신들의 행태가 유럽 식민주의자들이 표방한 평등사상과 모순된다는 점을 해결해야 했다. 해결책은 흑인은 하등 인간이며 따라서 그들에게는 동등한 대우가 불필요하다는 논리였다. 즉 아메리카 인디언에 대한 살육이나 노예제도가 먼저 존재했고, 이를 정당화하기 위한 이데올로기로 인종주의가 발명된 것이다.

이러한 역사는 인종주의가 의식의 문제가 아니라 위계적인 현실의 산물이라는 유물론적 설명에 잘 부합한다. 인종주의가 발명되기 이전에도 낯선 이들에 대한 편견이나 거부감이 있었지만, 생물학적으로 인간을 몇 가지 종으로 구분하는 것은 근대 서구사회에서 생겨난 새로운 발명품이었다. 미국에서는 노예제도가 폐지된 이후 흑인들이 동등한 권리를 가지는 것에 대한 두려움이 악명 높은 인종주의적인 분리정책인 '짐 크로우 체제'를 낳게 된다.

노예무역과 노예제도를 배경으로 인종주의가 출현하던 시기에 이르러서야 영어에 '인종'이라는 말이 등장했다. 그 이전에도 인종을 표현하는 용어들이 있었지만, 그 의미는 주로 가문, 왕가(王家)와 같은 신분이나 짐승의 종(種) 등을 의미했다. 즉 인류 내부에 존재하는 우열의 인종을 의미하는 것은 아니었다. 인종주의의 대표적 사례라고 할 수 있는 '반유대주의'라는 용어 역시 1870년대 후반에야 처음 등장했다. 독일의 빌헬름 마르가 '반유대연맹'을 창설하고 유대인에 반대하는 운동을 펼치면서 이 단어가 쓰이기 시작했다. 19세기가 되면 다양한 인종이론들이 등장하게 된다. 스웨덴의 식물학자 칼 폰 린네는 최초로 인간을 생물학적으로 서로 다른 인종으로 세분화했다. 그는『자연의 체계』(1758)에서 인간을 아메리카인, 아시아인, 아프리카인, 유럽인 등 네 인종으로 나누었다. 19세기 인종주의자들은 두개골의 크기와 모양을 근거로 더 정교한 분류방법을 고안해냈지만, 인류 내부의 순위는 결코 변하지 않았다.[2] 당시 인종이론은 몇 가지 추론들로 이루어져 있었다.

첫째, 인류는 서로 구별되는, 영속적인 특질을 지닌 몇 가

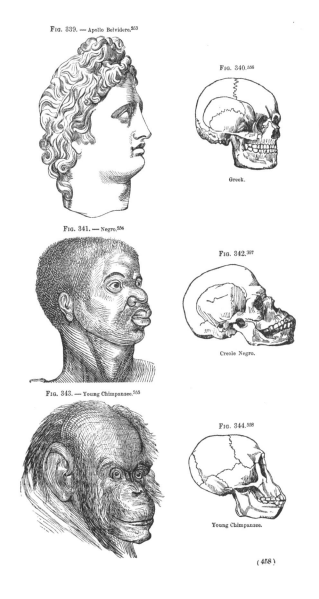

FIG. 339. — Apollo Belvidere.[553]

FIG. 340.[556]

Greek.

FIG. 341. — Negro.[554]

FIG. 342.[557]

Creole Negro.

FIG. 343. — Young Chimpanzee.[555]

FIG. 344.[558]

Young Chimpanzee.

(458)

흑인이 지능상 백인과 침팬지 사이에 있음을 보여주는 일러스트(1857년)

지 인종으로 나눌 수 있으며, 그렇게 분류된 인종은 인류의 다양성을 이해하는 핵심적 개념이라는 것이었다.

둘째, 다양한 인종들을 서로 구분하게 해주는 뚜렷한 물리적인 특징이 있다. 피부색, 얼굴 모양, 머릿결 같은 것들이 그런 표지가 된다. 골상학이 발달하면서는 두개골의 크기와 모양도 여기에 보태졌다.

셋째, 여러 인종들은 각기 구분되는 사회적·문화적·도덕적 특질을 천성적으로 공유하고 있다.

넷째, 타고난 재능과 아름다움에 따라 인종에 위계서열을 부여할 수 있다. 그 맨 위에는 백인이 있고 밑바닥에는 흑인이 있다.[3]

한편 보다 '과학적인' 인종주의가 등장한 19세기 중엽은 유럽, 특히 국민국가의 형성이 뒤늦었던 중동부 유럽에서 민족주의 열풍이 불던 때였다. 인종주의는 민족주의와 동시대적 현상이었던 것이다. 물론 근대 국가나 근대적 의미의 민족이 필연적으로 외국인들에 배타적인 것은 아니다. 원칙적으로는 근대적 의미의 민족은 정치적 성격의 것이어서 군주로부터의 해방과 시민으로서의 주권의식과 같은 요소들을 포함하기 때문에 종족이 다른 외국인들도 기꺼이 민족의 일원으로 받아들여야 하는 것이었다. 그러나 이 근대의 조국이 위기에 봉착하게 되면, 형식상 민족의 일원이었던 외국인은 잠재적인 적이 되고 억압적인 법의 대상이된다. 여기서 또 다른 전통이 형성된다. 그것이 바로 민족주의이

고 이렇게 탄생한 민족주의는 외국인혐오증을 주된 구성요소의 하나로 삼게 된다.[4]

이후 제국주의 시대에는 인종주의가 세계의 서구화를 정당화하는 이데올로기로, 산업자본주의 단계에서는 인종에 따른 분열을 통해 노동자계급을 지배하는 효과적인 이데올로기로 작용했다. 보다 최근에는 인종주의가 문화담론의 형태를 띤다. '신인종주의'라고도 불리는 현대적 인종주의는 생물학적 우월성보다 민족 간 문화 차이를 강조한다. 즉 현실에서의 종족 간 차이를 선천적인 자질의 차이로 설명하며, 이 차이가 그들이 속한 민족의 문화적 특성에서 기인한다고 해석한다. 이러한 인식에 따르면, '민족성'이나 '문화'는 그 집단에 속한 사람이 빠져나올 수 없는 운명적인 것이다.[5]

지구상의 수많은 종족들을 인종이라는 범주로 구분하는 것은 유의미한 것으로 고려된 몇 가지 신체적 차이에 기반을 둔 것이다. 그 때문에 과학적 근거가 극히 빈약하다. 인종주의자는 어떤 외모를 지닌 사람들이 소유했다고 '간주되는' 우월함이나 열등함이 '생물학적으로' 설명될 수 있다고 믿는 사람이다. 인종주의자들은 종족 간의 불평등한 현실을 해당 집단 구성원들의 선천적인 지적·사회적 능력에 기인한 것이고, 이 능력 차이는 타고난 생물학적 차이에서 비롯된 것이라고 생각한다. 그리고 인종주의는 인종 구분에 근거를 둔 구조화된 차별을 의미한다.

인종주의의 역사는 인종에 대한 관념이 역사적으로 만들어진 것임을 잘 보여준다. 그것도 아주 오래전 인류의 진화 과정에서

학교버스흑백통합운행(Integrated busing)을 반대하는 시위대(1959년 리틀록)

질적 차이가 나는 여러 종들이 만들어진 것이 아니라, 신대륙 정복과 근대화 이후에 서서히 모습을 갖춘 것이다. 다소 낯선 얘기일 수는 있지만, 파시즘과 민족주의 분야의 권위자인 조지 모스(George Mosse)는 인종주의가 서양에서 만들어져 전 세계로 퍼진 대표적인 근대사상 또는 이데올로기 중 하나라고 말한다. 자유주의, 사회주의, 민족주의 등과 마찬가지로 근대가 만든 이론이자 사람들의 의식과 실천에 큰 영향을 미친 이데올로기라는 것이다. 근대의 산물인 인종주의는 타자에 대한 전통적 인식과는 구분되는 새로운 요소들을 담고 있다. 무엇보다 이 관념에는 타자를 교화시키거나 동화시키려는 시도가 존재하지 않는다. 왜냐하면 타자를 인간 이하로 규정하기 때문이다.[6] 주변 민족이나 다른 종교를 가진 이들에 대해 인간사회가 가졌던 기존의 태도와 확연히 구분되는 것이다. 다른 인종은 아무리 노력해도 우리와 같아질 수 없는 별개의 종이며, 반대로 우리도 다른 인종과 동등한 수준이 될 수 없다.

다른 종족이나 종교를 열등한 것으로 간주하는 경향은 인종주의가 등장하기 훨씬 전부터 존재해왔지만, 차이점이 있다. "지중해의 가장 뚜렷한 두 고대 인종인 그리스인과 유대인은 그리스인이 아닌 사람을 야만인으로, 유대인이 아닌 사람을 이교도로 간주하는 타자에 대한 두 고전적 정의를 남겨놓았다."[7] 즉 그리스인과 유대인이 가졌던 타자에 대한 인식은 당시 일반적인 인식과 달리 배타적이고 선민의식의 모습을 보였다는 점에서 특별했다. 그렇지만 이 역시 종족, 언어, 종교 등 사회적이거나 집단적인 기준에 따른 구분이었지, 개인의 생물학적 특성에 따른 것은 아니었다.

그리스인들이 자신과 '야만인(barbarian)'을 구분했다는 사실은 널리 알려져 있다. 그런데 '야만인'이라고 하면 낮춰보는 것처럼 들리지만, 실상은 단지 그리스어를 못하거나 그리스어가 서툰 사람들을 가리키는 용어였다. 더듬거리며 'barbar'라는 소리밖에 내지 못한다는 뜻으로 생긴 말이기 때문이다. 그리스인과 야만인의 구분은 신체적인 특징은 물론이고, 피부색처럼 한눈에 드러나는 차이와도 아무 상관이 없었다. 시민권이라는 개념과 시민의 미덕을 결합시킨 정치적인 이상형, 즉 '폴리티코스'를 받아들이고 있느냐, 아니면 전제적 통치 아래에서 살고 있느냐 하는 것이 그리스인과 다른 민족을 가르는 차이였다.[8] 그리스에서 야만인이란 언어 환경과 수준이 그리스인들과 다르거나 그리스 민주주의를 받아들이지 않는 사람이었던 것이다. 그리스인이라는 정체성은 근대에 등장한 시민적 민족주의의 경우와 유사하게 정치적 측면을 내포하고 있었다. 프랑스나 네덜란드와 같이 시민적 민족주의 경향이 강한 나라들의 민족은 적어도 원칙상 생물학적으로 동일한 종족의 구성원이 아니라 그 나라가 중시하는 가치, 예를 들어 민주주의, 법치국가, 인권, 정교분리 등과 같은 원리를 받아들이는 사람들의 집합인 것이다.

유대인의 경우에는 자신들의 문화, 즉 유대교의 교리와 풍습을 받아들이는 타민족을 수용하였고, 유대교로의 개종도 허용했다. 즉 유대인들에게는 생물학적 측면, 심지어 종족적 측면보다도 종교적인 측면이 더 중요했던 것이다. 일반적 인식과는 다른 이러한 시각에 대해서는 슐로모 산드의『만들어진 유대인』이 풍부한 근거와 논리를 제시하고 있다. 이스라엘의 역사학자 산드는 "2천 년의 유랑 속에서도 끝내 살아남아 옛 고향땅을 되찾은 어느 뛰어난 민족"이라는 서사가 완전한 허구라고 주장한다. 유랑은 없었고, 따라서 고향땅에 남은 아랍인들과 유대인들도 같은 뿌리를 기진 사람들이라는 것이다. 또 산드는 로마인들과 유대인들 간의 유대전쟁이 끝난 후에도 승리한 로마인들은 결코 주민 전체를 강제 추방하지 않았으며, 이스라엘왕국을 멸망시킨 아시리아인들과 유다왕국을 정복한 바빌로니아인들 역시 그들의 정복지로부터 주민 전체를 이주시키는 일 같은 건 하지 않았다고 덧붙인다.[9] 신의 아들인 메시아를 죽였다는 이유로 성스러운 땅에서 쫓겨나 저주받은 민족이란 역사를 통틀어 결코 존재한 적이 없었다는 것이다.

유배에 관한 새로운 유대신화가 생겨난 것은 관련 사건들이 있은 지 수백 년이 지난 후였다. 많은 역사학자들은 그 신화가 무엇보다 "유대인들이 예수를 배척하여 십자가에 못 박은 벌로 유랑의 삶을 살아간다"는 기독교의 신화로부터 유래했다고 말한다. 4세기 초 기독교가 승리를 거두고 로마제국의 종교가 되자, 원래부터 예루살렘 외부에 거주하던 유대교 신자들마저 유배를 신의 징벌로 보는 관념을 받아들이기 시작했다는 것이다. 그 결과 죄와 뿌리 뽑힘 그리고 성전 파괴와 유배를 연결시키는 관념이 세계 곳곳의 유대인들에 대한 정의 속에 깊숙이 자리하게 되

귀스타브 도레, 「방랑하는 유대인」

었다. 죄로 인해 벌을 받고 있다는 '방랑하는 유대인'이라는 신화는 이후 그리스도교와 유대교 사이의 증오의 변증법 안에 뿌리를 내리고는, 긴 세월 동안 두 종교 간의 경계선을 표시하는 표지가 되었다.[10] 그런데 '유대인의 나라'라는 이 허구적 이념이 오늘날 이스라엘의 폭력적 패권주의를 정당화하고 있음은 물론이고, 이제는 역설적으로 반유대주의를 부채질하고 있다는 것이다.[11]

제국주의 시대 식민지에서 형성된 인종주의는 민족주의보다는 계급 이데올로기의 산물이었다. 영국의 경우를 보면, 인종주의는 본국 내부에서 존재해온 지배계급의 우월성이라는 관념이 자신들이 지배했던 대영제국에 속하는 전 계급에 확대 적용된 결과였다. 영국 귀족들이 아무리 다른 영국인들에 비해 우월하다고 할지라도, 이 다른 영국인들도 예속된 원주민들과 비교하면 귀족들 못지않게 우월하다는 생각을 하게 된 것이다. 즉 새로이 만들어진 인종질서가 새로운 신분질서 역할을 했던 것이다. 이렇게 해서 식민지에서는 우월한 혈통을 자랑하는 귀족만이 아니라, 부르주아, 프티부르주아들도 자본주의가 본국에 부여한 압도적인 권력을 배경으로 귀족 흉내를 낼 수 있었다.[12] 그 결과 인종주의는 노예제도를 정당화하는 이데올로기이자 동시에 식민지 세계에 있던 백인들이 신분 차이를 넘어 우월한 인종의 일원으로서 결속을 다지는 기제로 작용한 것이다.

인종주의가 탄생한 주된 배경이었던 노예제도 역시 인종주의의 계급적 차원 또는 계급과 인종의 연관성을 잘 보여준다. 먼저 노예는 인종질서의 산물이기 이전에[13] 계급질서의 산물이었다. 아메리카 대륙에 처음 들어간 유럽인들은 아메리카 원주민을 잡아다 일을 시켰지만, 혹독한 노동과 유럽에서 건너온 병원균 때문에 원주민 숫자가 참담하리만치 줄었다. 그 후 영국인들은 영국과 아일랜드에서 계약 노동자들을 데려왔다. 이들은 고작 대서양을 건너는 뱃삯을 빌린 것이었는데, 그 빚을 갚기 위해 플랜테이션으로 팔려가 수년 동안 뼈 빠지게 일해야 했다. 이들 가운데는 죄수도 있었고, 그저 신세계로 이주를 원하는 사람도 있었다. 계약 노동자들은 무보수로 일했으며 여러 농장주 사이에서 사고 팔리기도 했다. 대체로 17세기에는 계약 노동자가 노예보다 더 많았다. 고된 노동 때문에 계약 노동자들은 정해진 계약 기간을 채우지 못하고 죽는 경우가 허다했다. 플랜테이션 농장주들은 아프리카에서 수입한 노예로 그 자리를 메울 수 있었고, 이 노예들은 죽더라도 얼마든지 추가로 공급받을 수 있었다.[14] 그러다가 19세기 후반이 되면 아프리카로부터 노예공급이 끊기면서 인도, 중국 등 아시아 지역으로부터 '쿨리'라는 이름의 계약 노동자들이 공급되었다. 이들 역시 신대륙 정복 초기 유럽 출신 계약 노동자들과 마찬가지로 노예와 큰 차이 없는 조건에서 일해야 했다.

흑인만이 백인들에 의해 열등한 종으로 조작된 것은 아니다. '백인'이라는 범주 역시 서구인들 자신에 의해 자의적으로 만들어진 역사를 가지고 있다. 심지어 아직도 인종으로서 백인의 형성은 현재진행형이다. 연이은 이주의 물결이 실어다주는, 다양한 유럽 지역 출신의 이주민들은 하나의 백인으로 자동적으로 묶이

영국령 트리니다드토바고의 인도인 쿨리(1890년경)

기에는 서로 잘 알지도 친하지도 않았으며 차이점도 많았다. 아이슬란드인들은 원숭이나 다름없고, 본래 그들이 키우는 돼지처럼 더럽게 사는 걸 좋아한다고 여겨졌다. 아일랜드에서 새로 온 사람들에 대한 몇 가지 묘사에도 이런 시각이 반영되어 있다. '교양 없고', '미개하며', '짐승 같고', '게으르고', '거칠다'는 것 등이다. 19세기 중반에서 20세기 중반까지 이어져온 백인 형성의 역사를 보면, 백인, 흑인, 황인과 같은 인종적 범주는 유동적이고 불안정하다는 사실을 알 수 있다. 인종이라는 개념이 아주 엄격하고 분명한 생물학적 차이를 함축하고 있다는 점에 비추어보면, 참으로 기이한 일이다. 그래도 상대적으로 유럽 출신 이주민들 간의 차이점에 대해서는 관대한 대도를 보였다. 반대로 아프리카 출신자들은 절대적으로 구분했다. 미국 남부 여러 주들이 채택했던, 그 유명한 '한 방울 규칙'이 이를 잘 보여준다. 이에 따르면, 아무리 먼 조상이든 가족의 계보에 흑인이 한 명이라도 있으면 흑인으로 분류되었다. 그 결과 현재 미국에서 흑인으로 분류되는 인구의 4분의 3 이상은 조상 중에 유럽계 또는 백인이 있는 것으로 추정된다. 그리고 나머지 4분의 1의 경우에도 그중 일부는 아메리카 원주민을 조상으로 두고 있다.

2. 지배기제로서의 동성애담론

인종 이외 영역의 소수자에 대한 표상과 인식 역시 인종에 대한 관념과 마찬가지로 인류 역사에서 보면 극히 최근에 만들어진 새로운 발명품이다. 동성애자들의 예를 살펴보자. 19세기 말 이전에는 동성애라는 개념 자체가 존재하지도 않았다. 1869년 헝가리 언론인 칼 마리아 벤케르트가 이 단어를 처음 사용했다고 전해진다.[15] 물론 이전에도 동성 간 성적 행위를 죄악이나 범죄로 취급하는 말은 존재했다, 그러나 동성 간 성적 행위가 인간을 구분하는 기준이 될 수 있다는 생각은 19세기 말에서야 등장하였다. 원시사회에서는 성 행동에 대한 규제가 약했고, 특히 남성과 소년의 관계는 어느 지역에서나 대체로 용인되고 있었다. 계급사회가 도래하면서 남성에 비해 여성의 지위가 낮아지고 여성스러운 남성이 천시되는 경향이 나타났다. 반면에 남성과 소년 간의 성적 관계는 남성적 속성을 가졌다는 이유로 이성 간 관계보다 우월한 것으로 여겨지기도 했다. 여성들 간의 성적 관계 역시 결혼 및 가족제도에 지장을 주지 않는 한 인정되는 경향이 있었으며, 이를 처벌한 사례를 찾기는 힘들다고 한다.

동성애자 화형식(1482년 취리히)

유럽의 경우에도 근대 이전에는 동성 간의 관계가 비정상적이고 부자연스러운 것이라는 인식은 약했으며, 동성 간 성관계를 별도로 범죄로 규정한 사례를 찾아보기도 힘들다. 이 주제와 관련해 미셸 푸코는 근대에 들어서면서 성이 더 개방적이 되었는지 더 위축되었는지, 또는 소수자의 성이 더 인정받을 수 있게 되었는지, 또는 이전보다 더 탄압을 받았는지가 아니라 다른 측면에 주목했다. 즉 관리해야 할 주민의 수가 늘어나고 익명성이 강화되면서 근대 국가는 새로운 방식의 주민 관리기제가 필요했는데 성담론이 유용한 도구로 활용되었다는 것이다. 개인의 성은 이제 은밀한 사적 세계에서 불려나와 교회나 학교 등지에서 면밀한 통제 아래 놓이게 된다. 교회에서는 성과 관련된 언어에 대한 규제가 더 엄격해졌으며, 육체적 욕망에 대한 고백의 범위와 횟수가 늘어났다. "아주 조심스럽게, 그러나 아주 깊이, 아무리 사소한 것이라도 모든 것이 말해져야 한다." "모든 것을, 가능한 한 자주 말하는, 자기 자신에게 말하는, 그리고 다른 사람에게 말하는 거의 무한한 의무"가 강요되었다. 학교에서는 아동의 성적 욕망이 조숙하고 활발하다는 견해를 기반으로, 사춘기의 성이 성인의 성보다도 더 중요한 공적 문제가 되었다. 사춘기 청소년의 성에 대한 온갖 문헌이 쏟아져 나왔으며, 의학 분야에서는 특히 정신질환 영역에서 성적 방탕, 자위, 욕구불만, 부정한 성행위 등을 의학적 연구대상으로 삼게 된다. 형법에서도 사소한 성적 규범 위반, 미성년자에 대한 성범죄, 이전까지 대단치 않은 것으로 여겨졌던 성적 도착을 법의 대상으로 삼게 된다. 이렇게 성은 심판의 대상이자 관리의 대상이 되고, 성이 국가와 국가가 관리하려는 개인을 이어주는 중요한 고리 역할을 하게 된다. 성해방을 주창하는 담론 역시 성을 지배의 매개체로 삼는 국가의 전략에 일조하는 의도하지 않은 결과를 낳게 된다.[16]

한편 같은 시기 유럽의 영향력이 강화되고 있던 중동 지역에서는 아직 성애 대한 공적 관심이 증대되는 현상이 나타나고 있지 않았다. 그래서 동성애에 대한 사회적 제약도 약했다. 이러한 개방성 때문에 유럽의 동성애자 문인들이 중동을 찾았다는 기록도 있다. 1845-1846년 모로코 학자 무함마드 알 사피르가 파리를 방문했는데, 그는 그곳의 성적 관행을 보고 놀랐다고 한다.

> "파리 남성의 성적 유희, 로맨스, 구애 대상은 여성으로 제한된다. 소년이나 젊은 남성을 대상으로 하는 (성적인 행동을) 꺼린다. 그런 행동을 수치스러운 일로 여긴다."[17]

당시만 해도 중동 지역에서는 동성애자와 이성애자의 구분이 미약했던 것이다. 또한 사람들은 성인 남성이 10대 소년에게 호감을 느끼는 것을 자연스러운 현상이라고 여겼다. 종교 일반이 그렇듯이 이슬람 율법은 동성 간의 성관계를 죄악시했다. 다만 이에 관해 다양한 견해가 존재한 것도 사실이다. 더 중요한 것은 현실에서는 동성 간 성행위를 훨씬 관대하게 다뤘다는 점이다.[18] 이렇게 동성애도 용인했던 전통적인 성 인식에 변화가 나타난 것은 서구화 및 근대화의 산물이었다. 유럽과의 교류가 활발해

지면서 오스만제국은 일련의 근대적 개혁들을 시도하는데 특히 젠더와 섹슈얼리티 분야의 변화가 중요했다. 의학, 연극, 법 등의 분야를 중심으로 전근대적인 성담론이 자취를 감추고, 유럽의 성담론이 이를 대체하게 된 것이다.[19] 이제 이성애중심주의가 규범이 되고, 동성애 등 다른 모든 성적 욕망과 실천은 침묵을 강요당하게 된다. 1923년 터키공화국 탄생 이후 추진된 서구화정책은 다양한 성담론에 침묵을 강요하고 이성애만을 정상으로 간주하는 사고를 더욱 심화시켰다.

이러한 역사적 변화를 거친 끝에 현재 절반 정도의 중동 국가들에서 동성애는 불법이며, 심지어 이란, 이라크, 사우디아라비아, 카타르, 아랍에미리트에서는 사형에 처해질 수도 있다. 종교에 따른 차이도 찾아보기 힘들다. 수니파 무슬림, 콥트교, 마론파 등 종교나 종파를 막론하고 동성애에 대해서는 명확히 반대 입장을 표명하고 있다. 일반인의 인식도 크게 다르지 않다. 가족 구성원 중 동성애자가 있을 경우 명예살인을 통해 가족의 명예를 지키기도 한다. 2019년 2월, 21세의 알제리 의대생 아실 벨라타가 증오범죄로 추정되는 범행으로 살해되는 사건이 있었다. 기숙사 방에서 사망한 채 발견되었는데 벽에는 그의 피로 쓰여진 "그는 게이다"라는 문구가 적혀 있었다. 예상할 수 있듯이 정부나 언론은 사건에 대해 미온적인 태도를 보였다. 알제리에서는 섹슈얼리티에 관한 전통이나 이슬람 교리를 근거로 한 사회문화적인 규범을 존중한다는 명분으로, 동성애 행위를 불법으로 규정하고 있다. 형법 338조에 따르면, 동성애 행위에 참여하는 사람은 2개월에서 2년의 징역형에 처해질 수 있다. 2018년에는 수상 아흐메드 우야이야가 동성애 관련 질문을 받고 다음과 같이 답하기도 했다. "알제리는 자체의 전통을 가지고 있는 사회다. 우리는 보편적인 변화 추세에 휩쓸리지 않는다. 우리는 우리의 가치를 기반으로 나아가려고 한다." 이때 '우리의 가치'라는 것은 보다 관용적이었던 전근대의 전통보다는 근대 이후 서구화 과정에서 형성된 가치에 가깝다는 것을 짐작할 수 있다. 또한 알제리의 한 장관은 "세속주의자와 동성애자를 상대로 한 전쟁이 IS에 대한 전쟁보다 더 중요하다"고 말하기도 했다.[20] 이러한 정부의 입장과 알제리 사회에서 통용되는 규범을 고려할 때, 알제리의 동성애자들은 벨라타의 사례가 잘 보여주듯이 생명의 위협까지 받고 있다고 볼 수 있다. 알제리에서는 동성애가 범죄이기 때문에 이들을 지원하는 단체도 공개적으로 활동하지 못하고 있다. 이러한 조건에서 알제리에서 성소수자는 심한 두려움 속에 살고 있는 것이다. 커밍아웃한 이들은 거리에서 모욕을 당하고 물리적인 공격을 당하기도 하며 강간을 당하거나 살해되기도 하며 가족으로부터도 배척당하고 있다.[21]

3. 황화현상

황화(黃禍, Yellow Peril)는 황인종의 위험을 뜻하는데, 1세기 전 미국, 호주, 유럽을 휩쓴 중국인, 일본인에 대한 반감을 표현하는 용어로 등장했다. 황화론에는 백인 문명의 쇠퇴와 아시아의 팽창에 대한 우려가 담겨 있다. 당시가 서유럽의 전성기였다는 점을 떠올려보면 의아할 수밖에 없는데, 이러한 우려가 생겨나게 된 데는 다음과 같은 배경이 있었다. 19세기 중국인들의 대량 이주와 그에 따른 백인 노동자들의 위기의식, 일본 등 동아시아의 급속한 산업화, 황인종의 많은 인구수에 근거한 우려스러운 인구전망, 당시 백인들이 지배한 식민지를 향후 황인종이 장악할 것이라는 우려 등등. 러일전쟁에서 일본이 승리를 거두자 이러한 불안은 더욱 커졌다. 유럽의 몰락을 두려워했던 다음과 같은 종말론적 전망이 당시 유럽인들의 의식을 짐작케 한다.

"고귀한 백인 영웅들은 문명과 사회질서를 창조하고 오랫동안 지탱해왔다. 그러던 어느 날 이들은 혼혈인들로 구성된 중간층이 지도하는 평민들의 혁명에 의해 전복된다.

황화현상을 보여주는 삽화들

그러나 이들 중간층 또한 인종적으로 열등한 하층 신분들의 반란에 직면하게 된다. 이처럼 내적으로 허약해진 상태에서 유럽은 유럽 경계 바깥에서 게걸스럽게 먹어치울 자세를 갖춘 포식자들에 저항할 수 없는 손쉬운 먹잇감이 되어버린다. 마침내 반쯤 아시아적인 슬라브족의 지원을 받은 셀 수 없이 많은 황인종 떼거지가 침략하자 이에 맞서기 위해 백인종의 귀족들이 나서 최후의 항전을 벌인다. 그러나 이들 아리아인종의 영웅들은 비록 패배를 모른 채 전투를 치르지만, 결국에는 자신들이 죽인 시체들의 바다 속에 빠져죽고 만다."[22]

프랑스혁명과 1848년 혁명 그리고 러일전쟁 등 유럽의 경험이 이 종말론적 전망에 반영되어 있음을 알 수 있다. 황화현상은 이후에도 일본이나 중국에 대한 경계심으로 이어져왔지만, 코로나19 팬데믹 시기에 나타난 아시아인 혐오현상은 많은 아시아인들이나 아시아계 주민들에게 충격으로 다가왔다. 이들은 흑인이나 아랍인에 비해 상대적으로 백인들로부터 우호적인 시선을 받아왔다고 생각했던 것이 사실이다. 미국의 경우 아시아계 주민들은 소득 면에서 백인들을 능가하기도 했다. 전염병은 외부에서 들어와 개인뿐 아니라 사회에 타격을 가한다는 점에서 자신들에게 적대적인 외부 세력이 작용한 것으로 보게 되는 경향이 있다. 그리고 바로 아시아계가 그 역할을 떠맡게 되었다. 바이러스가 확산되기 시작한 초기 단계에 등장했던 '나는 바이러스가 아니다'라는 해시태그운동이나 미국에서 심화된 아시아인 대상 증오범죄가 아시아인이나 아시아계 주민들이 코로나19 팬데믹에 대응하는 희생양전략의 대상이 되었음을 비극적으로 입증해 주었다.

4. 만들어진 증오

많은 역사적 사례들이 증오현상의 부상에 국가가 중요한 역할을 한다는 것을 보여준다. 증오의 문화가 가장 두드러진 미국은 국내외를 막론하고 많은 이들을 미국의 적으로 만드는 전통을 가지고 있다. 내부적으로는 무슬림, 아랍인, 동남아시아인, 라티노 등이 신뢰할 수 없고 위험한 존재로 간주되었고, 이러한 낙인을 통해 이들을 법도 보호하지 않는 예외적인 존재로 만들어버렸다. 9.11테러가 처음은 아니었다. 테러에 대한 대응으로 도입된 대테러방지법 이전부터 인구의 상당수는 이미 제대로 인권을 보장받지 못했다. 그리고 이러한 양상은 미국이 선호하지 않는 민족 출신 이민자들의 시민권 획득을 금지했던 1790년 귀화법(The Naturalization Act) 이래 미국 역사에 지속되어온 전통이었다.**23** 한국의 경우에서도 증오와 국가정책 간에 존재하는 연관성을 찾아볼 수 있다. 이주민과 다문화에 대한 혐오는 2000년대 중반 다문화담론 탄생 이후에 본격화되었다. 다문화담론이 등장하기 이전에도 이주민에 대한 부정적 감정은 있었겠지만, 담론 형성 이전과 이후로 근본적 차이가 발생했으며, 혐오나 증오라고 부를 만한 적극적인 부정적 태도는 담론의 역사와 궤를 같이하였다.

2006년 언론이 대대적으로 보도한 입양아 출신 미국 미식축구 스타 하인즈 워드의 사례는 그 자체로는 한국사회의 현실과 무관한 것이었다. 그러나 그에 관한 뉴스는 한국인들에게 진지하게 생각할 거리를 던져주었고, 이러한 새로운 흐름은 다문화 관련 정책의 탄생을 자극하게 된다. 물론 여러 다른 요인들에 의해 조건이 성숙된 결과이기는 하지만, 이 사건 이후 한국에 다문화담론의 시대가 활짝 열린다. 하지만 정작 '다문화'라고 불린 관념과 정책은 캐나다에서 시작된 원조 다문화나 다문화주의, 다문화주의정책과는 상당한 차이가 있었다. 다문화 분야에서 흔히 들어온 얘기들이 있다. 퍼주기라는 인식, '다문화'라는 용어의 부적절함, 다양한 유형의 이주민들 가운데 다문화가정에 편중된 관심과 지원, 다문화담론과 정책이 낙인효과를 낳았다는 비판 등 굳이 엄밀한 근거를 대지 않더라도 널리 공유된 견해가 있다. 사실 서유럽과 비교해보면, 이주민들이 받는 대우는 전혀 더 인간적이지도 더 관대하지도 않다. 퍼주기 논란의 진실은 절대적인 관대함이 아니라 비효율적인 행정 탓이 더 크다. 실제로는 그렇지 않으면서 부당하게 토박이들의 반감을 사는 것이 문제인 것이다. 한 예로 다문화가정을 대상으로 하는 '다문화가족지원센터'와 한국인 가정을 대상으로 하는 '건강가정지원센터'가 '가족센터'로 통일된 이후에도 지원정책이 다문화가정에 편중되는 양상을 보여 불만을 사고 있다. 그런데 퍼주기 담론이 사실에 부합하지 않는다 하더라도 문제는 남는다. 즉 사회문제에서 이민문제가 차지하는 비중이 큰 시유럽 국가들이 잘 보여주듯이, 반이민정서나 행위는 이주민에 대한 반감 못지않게 이주민에 지나치게 우호적이라고 간주되는 다문화정책에 대한 반감에서 비롯되기 때문이다.

우리와 그들이 구분되었다는 것이 모든 것의 출발점이다. 널리 받아들여지고 있는 가치인 관용은 이렇게 구분된 그들에 대한 존중을 역설한다. 그러나 존중에 대한 담론 이전에 차이에 대한 담론이 있다. 이 차이담론은 토박이 개인들의 경험에서 귀납적으로 만들어진 것이 아니다. 다르다는 것은 위로부터 주어진 인식이다. 주어진 것을 통해 국민들은 차이를 자신의 의식 속에 새기게 된다. 이 차이는 현실에서 도출된 것이 아니라 상상된 것이다. 마치 그가 먼저 품게 되었던 우리의 일원이라는 의식이 그랬듯이 말이다. 그들에 대한 인식은 우리에 대한 인식보다 훨씬 더 인위적인 것이다. 같은 민족에 속한다는 사고는 그래도 같은 지역에 함께 거주한 오랜 경험과 같은 그럴듯한 근거들이 있다. 그에 반해 생전 보지도 못했고 심지어 지금도 매체를 통해서만 접해본 것일 수도 있는 다른 국가나 민족에 대한 관념은, 아직 기억이 생생히 살아있는, 극히 최근에 형성된 것이다. 민족적 타자에 대한 증오가 상상된 것이라는 평가는 특히 한국의 경우에 잘 부합한다. 반다문화카페나 불법체류자추방운동에 참여하는 이들이 지닌 반감은 타자와의 직접적 접촉에서 얻어진 것이 아니다. 오히려 그와 반대로 우리와 그들 간의 분리의 정도가 극단적인 양상을 띠고 있기 때문에 초래되는 것이다. 한국사회에서 이주민은 섬처럼 접근하기 어렵고, 우리와는 물과 기름처럼 섞이지 않는 관계에 있는 존재다. 우리 주변에서 우리 일상을 방해할 가능성이 있는 이주민을 찾기는 쉽지 않다.

왜 특정 집단에 대해 적대적 감정이 생겨나는가? 그리고 이러한 감정은 어떻게 만들어지는가? 이 과정은 온전히 그 감정을 가지게 되는 당사자 내부에서 전개되지 않는다. 선동의 결과일 수도 있고, 역설적으로 차이를 자주 거론하는, 타자들에 우호적이라고 여겨지는 담론에 대한 반작용으로 생겨난 것일 수도 있다. 우리가 아닌 이들에 우호적인 입장이 상당한 반감을 초래하는 것은 조금만 생각해보면 매우 인간적인 반응이라고 할 수 있다. 외집단에 우호적인 감정이 내집단의 동료들에게 어떻게 비칠지는 스포츠 경기를 떠올리기만 해도 쉽게 이해될 수 있을 것이다.

국가는 본성상 구분과 증오를 필요로 한다. '분할지배전략'이라는 고전적인 통치기법에서도 이 점을 확인할 수 있다. 이러한 국가의 주도성은 선거 국면에서 노골화된다. 이민을 받아들인 역사가 길고 이민자의 수가 많은 선진국의 경우 이민문제는 선거에서 중요한 사안으로 다루어진다. 난민수용이나 불법체류자 대책과 같이 직접적으로 이민과 연관된 사안뿐 아니라 치안, 안보, 고용, 종교 등 이민과의 연관성에 대해 의견이 엇갈리는 사안에서도 이민문제가 개입된다. 전통적으로 선거에서 중요한 역할을 하는 민족주의담론에 있어서도 종족적 타자로서 이민에 관한 이슈는 매우 유용한 자원으로 동원된다. 이러한 이민과 선거의 관계는 특히 대통령 선거에서 두드러진다. 이는 이민현상이 이민 송

출국과의 국가 대 국가관계, 출입국, 이주민 통합 등 국가의 법이나 중앙정부의 정책 등 전국적 차원에서 고려되는 사안이라는 점과 연관성이 있을 것이다. 전국 차원의 이슈 못지않게 지역 차원의 이슈가 중요한 역할을 하는 국회의원선거나 지방선거보다 이민 관련 이슈가 투표에 더 큰 영향을 미칠 수 있는 것이다.[24]

　초강대국이자 전 세계의 경찰을 자임하는 미국 대선에서는 냉전 시대 소련이나 탈냉전 시대의 이슬람 세력처럼 외재하는 악의 세력과의 투쟁과 함께 국내 유색인 이민집단 관련 이슈가 주요 선거이슈 중 하나로 부각되어왔다. 미국의 경우 이민정책은 대통령 선거 때마다 공화당과 민주당에 대한 표심을 가르는 매우 중요한 쟁점으로 작용했다. '의구심에 대한 합의'는 선거에서 이민이라는 주제를 중요하게 만드는 주요 기제 중 하나다. 크리스틴 바라는 '이민'이라는 주제가 정치적·법적인 장에서 다루어지는 방식 중 하나로 이 개념을 제시했다. 그가 사례로 들고 있는 프랑스의 경우 이민문제의 형성, 즉 이민이라는 주제와 관련된 지배적인 믿음과 이미지의 형성은 1974년 7월 새로운 외국인 노동자의 입국을 금지한다는 정책의 결과물이었다. 그렇다면 어떻게 외국인들, 특히 비유럽 출신 이주민들이 의심을 받는 존재가 되었는가? '의구심에 대한 합의'는 이민현상을 사회 '문제'로 간주하는 사고와 밀접히 연관되어 있다. 이러한 부정적인 사회적 합의의 부상은 이민현상을 사회적으로 가시적이고 민감한 주제로 만들며, 이민이라는 용어를 통해 지목하는 이주노동자, 이민, 불법 이민자, 미등록노동자에 낙인을 찍는 데 기여하게 된다.

이제 뉴스는 예전에 신앙이 누리던 것에 버금가는 권력의 지위를 차지한다. 이 의식에 참여하길 거부하는 경우 이단이라는 비난을 받기도 한다.[25] 일단 공식적인 교육 과정이 끝나면, 뉴스가 선생님[26]일 정도다. 어째서 대중은 계속 뉴스를 확인하는 걸까? 프랑스 작가 알랭 드 보통에 따르면, 그 이유는 더 큰 관심사들이 자기 자신에게만 초점이 맞춰진 불안과 의심을 삼켜버리게 함으로써, 우리를 사로잡는 문제로부터 도피하는 탈출구가 될 수 있기 때문이다. 보통은 묻는다. 뉴스가 만든 "그 수많은 흥분과 두려움은 어디로 향하는 것일까?"[27] 증오 및 혐오현상도 뉴스가 만들어내는 격한 감정의 하나이다. 한 예로 한국인들이 노조에 대해 가지는 혐오현상은 언론이 주연배우 역할을 한다는 것을 잘 보여준다. "MZ세대 상당수가 노사관계에 대해 '파업', '투쟁'을 떠올리며 부정적·대립적으로 보고 있다. 대규모 파업에 대한 국민인식이 부정적인 것으로 나타났다. 기업, 미디어, 정부가 만드는 노조혐오 및 노조무력화 시스템이 완벽하게 맞물려 돌아간다. 기업이 소스를 제공하고 미디어가 만드는 노조혐오 콘텐츠는 힘이 세다. 그게 사실인지는 중요하지도 않을 만큼."[28]

프랑스에서 이주민에 대한 전형이 만들어지는 과정은 언론이 기여하는 바를 잘 보여준다. 1980-90년대 이민에 관한 언론의 보도프로그램이나 TV영화가 부각시킨 것은 '방리유(banlieues)', 즉 파리, 리용, 마르세이유와 같은 대도시 외곽 지역이었다. 프랑스에서는 많은 수의 이주민들이 열악한 조건의 방리유에 살고 있다. 그러다가 1990년대 말이 되면 방리유를 대신해 '동네

제미마 이모 팬케이크 광고

(quartiers)'라는 표현이 많이 사용되었고, 그 이후에는 '도시 변두리(périphérie urbaine)'라는 표현이 이주민에 대한 재현의 수사학에서 바통을 이어받게 된다. 또한 이 과정은 열악한 조건에서 살고 있는 '개인'으로서의 이주민들이 아랍인을 가리키는 '버(beur)'라는 용어를 통해 열등하고 위험한 이민집단의 일원으로 인식되는 변화를 동반하였다. 언론이 주도적으로 만든 이러한 이미지를 바탕으로 이주민들은 치안불안과 연관 지어졌고, 언론은 범죄를 혐의자의 민족이나 종교와 연관시키는 경향을 보이게 된다.

증오는 이렇게 위로부터 만들어진다. 미국의 사회학자이자 페미니스트인 퍼트리샤 힐 콜린스는 여성혐오와 관련해 담론의 중요성을 언급한 바 있다. 그는 "인종, 계급, 젠더억압은 그것에 대한 강력한 이데올로기적 정당화 없이는 지속될 수 없다"고 했다. 유모(mammy), 이세벨(Jezebel), 가축 사육자인 노예 여성에서 팬케이크 가루 상자에 그려진 웃고 있는 제미마 이모(Aunt Jemima), 어디에나 존재하는 아프리카계 미국인 성매매 여성들, 오늘날의 대중문화에서 역시 어디에나 존재하는 생활보호대상자 어머니들까지, 아프리카계 미국인 여성들에게 적용된 부정적인 고정관념의 복합체는 흑인 여성에 대한 억압을 정당화하는 강력한 근거로 작용해온 것이다.[29]

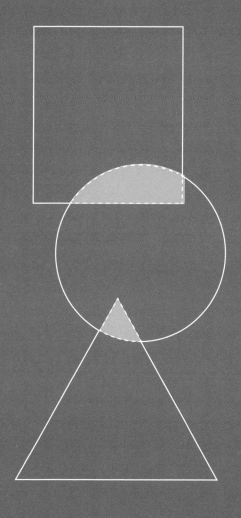

제7장

위계와 증오

*

당연하고 어쩔 수 없는 것이라고 생각해온 것들이 많다. 힘센 동물이 약한 동물을 잡아먹고 약한 이들은 항상 두려움에 떠는 자연처럼 말이다. 백인 앞에선 흑인이나 남성에 공격당할 수 있는 여성이 그렇고, 언제 해고당할지 모르는 임금노동자 역시 마찬가지다. 이 장에서는 증오의 구조적 원인의 하나로 위계현상을 다루고자 한다. 증오를 위계질서에 내재한 구조적 현상으로 보는 것이다. 위계와 유사한 용어에는 서열이 있고, 위계는 '위계질서'라는 용어의 의미처럼 그것이 지켜져야만 사회가 안정적으로 유지되는 질서의 한 기제로 여겨진다.

1. 위계에 내재한 증오

위계적인 관념의 사례는 인류 역사에서 흔히 발견되는 것으로 서구 근대의 인간관 역시 그 사례 중 하나이다. 신을 대신한 인간(Man)은 근대의 주연배우였지만, 모든 인간이 주연배우로서의 인간이 되지는 못했다. 마치 인류 내부에 자연적인 순위가 있는 것처럼, '존재의 거대한 사슬(Great Chain of Being)'이라는 관념이 형성되었다. 그렇지만 이렇게 인간집단 내부에 위계가 존재한다는 사고가 흑인 등 비백인과의 접촉에 따라 자동적으로 생겨난 것은 아니었다. 이러한 관념은 흑인, 아메리카 인디언 등 비백인을 접촉한지 2~300년이 지난 18세기 말에서야 체계화되었다.[1] 생물학적 차이 자체가 자동적으로 위계적인 관념을 낳지는 않았던 것이다. 타자를 열등한 존재로 생각하는 것은 최근 우리 사회가 강조하는 차이에 대한 무지, 거부감, 두려움보다 위로부터 주입되는 서열적인 세계관에 의해 형성된다.

한 TV토크쇼 프로그램에 출연한 한 여성 탤런트가 조연을 맡아온 자신의 경험을 언급하면서 '서열이 있으면 차별이 있다'는 말을 하는 것을 본 적이 있다. 그러면서 조연을 맡고서도 주인공

존재의 대사슬(1579년)

인 것처럼 행동했다면서 이 차별구조에 자신이 어떻게 대응했는지 얘기했다. 서열 중심의 한국 조직문화가 해외 인재들이 한국 사회에 적응하기 힘들게 하는 요인이라는 기사도 있다.[2] 최근 연구를 통해 필자가 다룬 외국인 유학생들의 인터넷 토론방 관련 인터뷰 자료에서도 이러한 한국사회의 특징을 확인할 수 있다. 외국인들이 한국사회의 문제점으로 지적한 내용을 보면, 매우 위계적이며, 끼리끼리 모이는 문화로 인해 외국인이 참여하기 어려운 구조라는 점이 지적되고 있다. 모든 외국인들을 동일한 집단으로 간주하는 경향도 언급되었다. 학생들이 유튜브 영상이나 영화에서 본 백인에 대해 그가 어떤 사람이든 극도의 호감을 보일 때마다 흑인인 영어교사는 극도의 충격과 두려움을 느낀다고도 했다. 표준적인 미국인으로 보이는 백인에게 끌리는, 체화되어 있고 무의식적인 반응에 구역질이 난다는 것이다.[3] 정규직 전환을 요구했던 학교 비정규직 파업이나 톨게이트 수납원 파업에 대해 "차별은 엄연히 존재한다"거나 "도둑놈 심보"와 같은 표현을 담은 인터넷 댓글도 위계가 수직적·절대적·이분법적·적대적 구분을 의미하며, 증오를 유발할 개연성이 크다는 점을 보여준다.[4]

인종주의에 대한 세계체제론자 이매뉴얼 월러스틴의 논의에서도 유사한 입장을 확인할 수 있다. 그에 따르면, 인종 개념 자체는 위계의 현실과 떼려야 뗄 수 없이 연결되어 있다. 위계는 소수의 사람들이 더 많은 돈, 더 많은 권력, 더 많은 모든 것을 요구할 때 자신들이 그럴 수 있는 특권을 부여받았다고 느낀다는 사실에 의해 특징지어진다고 한다. 이러한 특권을 정당화하려면

몇 가지 설명을 제공해야 하고 이렇게 하면서 우리는 인종주의 자가 된다는 것이다. 그리고 그렇기 때문에 인종주의는 사라지지 않는다는 전망을 내놓는다. 우리가 위계적인 체계 속에 있는 한 우리는 인종주의적 체계 속에 남아 있게 된다는 것이다. 인종주의는 주택, 교육, 수입, 사회적 평판 등의 측면에서 일부 사람들을 다른 사람들보다 더 우월하게 민드는 질서를 정당화하는 깃과 다름없다.[5]

좀 더 범위를 넓혀보자. 벨기에 사회학자 장 클로드 페이는 9.11테러가 발생한 이후 미국을 필두로 전 세계적으로 경찰국가화 경향이 나타나고 있다고 지적하면서, "폭력은 제국주의 질서의 초석"이라고 말했다.[6] 일견 동어반복 같아 보이지만 억압적이고 위계적이고 불평등한 제국주의체제의 속성과 그 체제 내에서 일상적으로 작동하는 억압과 폭력은 구분할 필요가 있다. 제국주의와 같은 불평등한 체제는 구성원 전체나 특정 집단에 대한 폭력을 내포하고 있으며, 증오는 이 체제의 필수요소로 존재한다. 그리고 이 불평등하고 억압적인 체제가 유지되는 한 증오는 사라질 수 없다. 이런 의미에서 9.11테러는 제국주의체제에 대한 저항이자 동시에 대테러전쟁을 명분으로 이 체제가 내포하고 있는 폭력성을 정당화하는 빌미로 활용되었다.

더 이전으로 가보면 제국주의 시대 일본의 사례가 위계와 증오 간의 관계를 확인시켜준다. 1905년 유럽에 속한 러시아라는 거함을 쓰러뜨린 후 일본에게 세계적인 제국은 불가능해 보이지 않았다. 이러한 시대적 배경은 일본의 엘리트들로 하여금 '상류

지향적 가치관'을 부추겼다. 더구나 이 가치관은 하류층을 비천하게 바라보는 태도를 동반했다.[7] 일본이 제국주의 질서의 윗자리를 점하게 되면서 에타, 히닌 등으로 불린 일본사회의 천민 또는 불가촉민 수백만 명이 차별과 증오의 대상이 된 것이다.

우리 근처로 시선을 돌려보자. TV나 후원광고에서 흔히 보게 되는 어려운 처지의 외국 아동의 모습에서 비참한 이미지와 증오의 관계를 생각해보게 된다. 위계질서의 반영이자 위계적 의식이 포함된 연민은 인간을 동등하게 간주하지 않으며, 상대의 존엄성을 훼손한다고 할 수 있다. 대중적으로 '빈곤 포르노'라는, 차별을 조장할 위험성이 있는 선정적 표현이 사용되는 이러한 비대칭적 관계는 인종주의, 증오, 증오범죄와 그리 멀리 떨어져 있지 않다. 누군가에 대해 스스로 자기 문제를 해결할 수 없는 존재, 스스로 문명과 진보의 길을 개척할 수 없는 존재로 여기는 것은 식민지배와 인종주의를 정당화하는 데 기여한 논리와 본질적으로 다르지 않다.

역으로 위계 없이 증오는 없다고 말할 수 있다. 위계 없는 사회를 꿈꾸어보기도 하지만, 인류 역사에서 그런 사례를 발견하기란 쉽지 않다. 계급구조 그리고 계급 간 갈등관계가 인류 역사의 주요 동인이라는 칼 마르크스의 이론이나 다양한 인간사회가 가지는 얼마 안 되는 공통점 중 하나가 친족 등 가까운 이들에게 권력을 세습하는 '네포티즘'이라는 인류학적 설명은 위계가 인간사회의 핵심 요소 중 하나임을 말해준다. 그러니 증오라는 현 시대 주요 사회현상을 위계라는 또 다른 사회적 요인과 결부시켜

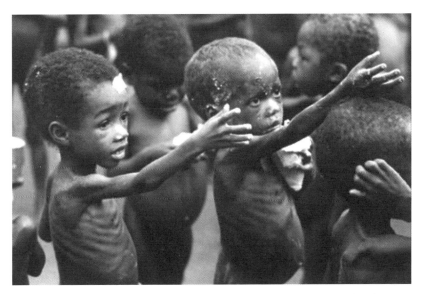

빈곤 포르노의 한 사례

보는 것은 이상할 것도 없고 그리 새로운 발상도 아니다.

위계는 곧 권력의 차이일 것이다. 권력의 성격은 다양하겠지만, 위계는 해당 사회의 핵심적 자원을 소유한 정도와 깊은 연관성이 있다. 그리고 이 권력이 증오의 뿌리가 된다. 스페인의 철학자 아델라 코르티나는 증오발언에 대해 다루면서 그것이 민주주의와 공존 불가능하다고 했다. 왜냐하면 증오발언이 '우리'와 '그들' 사이의 불평등관계에 기인하며, 동시에 이를 유지시키기 때문이라는 것이다. 그래서 증오는 모든 인간을 동등한 존재로 간주하는 민주주의 정신과 공존 불가능한 것이라고 했다.[8]

증오는 위계가 처한 위기의 산물이자 위계를 지키려는 시도이기도 하다. 또한 부당하다고 간주되는 위계에 대한 대응방식이기도 하다. 독일 사회학자 막스 베버에 따르면, 지배는 동의를 필요로 한다. 더이상 동의를 얻지 못해 정당성을 상실한 위계는 이를 지키려는 자들의 집착과 이를 인정할 수 없는 자들의 분노를 동시에 유발한다. 한국사회가 보여주고 있는 페미니즘에 대한 관심과 반감 역시 이러한 식으로 설명될 수 있다. 페미니즘은 이제 일부의 신조가 아니라 대중적인 정서가 되었다. 대략 2010년대 중반부터 수많은 여성들이 자신을 페미니스트라고 생각하고 선언하게 되었다. 국내 20대 여성 2명 중 1명이 자신을 페미니스트라고 인식한다는 조사결과도 있다.[9] 많은 사람들이 페미니즘을 받아들이게 된 배경에는 불합리한 현실 그리고 이 현실과 이들의 의식 간의 괴리가 놓여 있다. 1990년대 이래 법과 제도 차원에서는 차별과 폭력을 금지하는 등 성평등적인 체제가 갖추어지고 있지만, 가정과 사회의 현실은 그보다 더디게 진행되고 있다. 제도와 현실 간의 괴리, 의식을 따라가지 못하는 현실의 지체가 갈등과 증오, 분노를 낳고 있다. 게다가 기존의 위계와 구분을 복원시키려는 반동의 움직임도 나타나고 있다. 최근 보수정부로 정권이 교체되면서 도마 위에 오른 '성인지예산'의 사례와 같이 성평등을 지향하는 제도가 남성에게 상대적 박탈감과 역차별을 초래한다는 식으로 받아들여지기도 한다. 우리는 여기서 일자리를 빼앗고 부당한 복지수혜를 받는다는, 이민자들을 향한 고전적인 비난과 유사한 논리를 발견하게 된다.

행위가 구조에 의해 영향 받지만 기계적으로 결정되는 것은 아니며, 구조가 고정되어 있는 것이 아니라 행위를 통해 수정될 가능성이 없지 않은 것처럼, 위계라는 구조와 증오라는 의식 및 행위 간의 관계 역시 쌍방향적이다. 또한 위계가 증오를 초래하지만, 증오라는 의식과 행위가 나타나는 양상은 다른 많은 요인들에 의해 결정된다. 증오가 위계라는 구조를 새로이 만들어 내거나 기존 위계질서를 공고히 하는 기제로 작용하기도 한다. 여기서 현재 한국사회의 주요 특성 중 하나인 위계적 문화를 생각하지 않을 수 없다. 한국사회에 국한된 것은 아니지만, 현재 나타나고 있는 다양한 증오현상은 다음과 같은 오래된 위계현상을 배경으로 삼고 있다.

성과 가족 분야에서는 오래전부터 한국사회의 특성으로 주목받았던 유교문화 및 가부장제, 그리고 가족 형태의 다양화가 심화됨에도 불구하고 여전히 유지되고 있는 소위 '정상가족' 또는 '건강가정'과 기타 가족 간의 견고한 위계질서가 존재한다. 인종 분야에서는 한국 고유의 순혈주의에 대한 오랜 관심과 비판이 있어왔다. 근대 민족주의의 보편적 특성이면서 동시에 유라시아 대륙의 동쪽 끝자락에 위치한 지리적 조건으로 인해 상대적으로 종족 간 혼합이 적었던 역사적 배경이 더해져 배타적인 인식이 강했던 것이다. 이밖에도 인종주의가 강한 미국의 정치적·문화적 영향력이 컸던 점도 한국사회의 인종주의를 설명해준다. 한국 교회의 화려하고 위압적인 건축양식도 사회 전반에 존재하는 위계의 강도를 상징적으로 보여준다. 비단 종교집단만이 아니다. 권위주의는 현재 한국사회의 경제나 문화 수준에 조응하지 않는 적폐로 존재한다. 또한 극단적인 경쟁체제와 그것이 일상에 미친 영향은 결혼기피 현상 및 낮은 출산율의 원인 중 하나이면서 동시에 증오의 원인 중 하나이기도 하다. 위계질서와 그것이 초래하는 불평등이 납득이 가지 않을 경우 증오의 분위기가 형성되는 것이다.

2021년 4월에 발표된 「2021년 한국사회의 울분 조사」의 결과를 보면, 사회·정치적 사안이 일으킨 울분 16가지 가운데 울분을 가장 많이 느꼈다고 응답한 영역은 '정치·정당의 부도덕과 부패' 였다. 이로 인해 초래된 울분은 2018년 조사에서 5위, 2020년 조사에서는 3위를 차지했지만, 2022년에는 1위로 순위가 상승했다. '정부(입법·행정·사법)의 비리나 잘못 은폐', '언론의 침묵·왜곡·편파 보도', '개인·기업의 지배적 지위를 이용한 갑질', '직장·학교 내 따돌림·괴롭힘·차별·착취'가 그 뒤를 이었다.[10] 울분과 같은 사회 분위기를 낳는 원인은 대부분 권력이나 위계와 연관된 것이었다. 질문의 보기가 이런 요인들을 중심으로 구성된 측면도 있겠지만, 정치 및 언론 등 권력을 가진 집단에 대한 불만 그리고 갑질, 따돌림, 차별, 착취 등 일상의 권력관계에 대한 불만이 울분을 낳고 있는 것이다.

2. 약자를 향한 계급투쟁

"모든 차별은 불평등을 바탕으로 한다. 이 사회에서 남성과 여성은 동등하지 않다. 백인과 아프리카계 미국인은 결코 동등하지 않다. 차별은 인식의 문제가 아니라 구체적·물질적 현상이다."[11]

증오는 가진 자(집단, 사회, 국가)와 가지지 못한 자 간의 갈등이라는 현대사회의 본질이 표현된 것이다. 증오하는 자는 적어도 해당 사안에서 가진 자이거나 가지지 못한 자이다. 증오는 의식의 문제라기보다 존재의 문제이다. 외국인에 대한 혐오현상이 나타나는 것은 단지 외국인이어서가 아니라 이들이 가난하기 때문이다. 그래서 엄밀히 말하면, 외국인혐오증이 아니라 가난에 대한 혐오이다.[12] 프랑스의 극우파 지도자 장 마리 르펜의 사례가 여기에 해당할 것이다. 이주민에 대한 적대적 노선으로 정치적 입지를 다져온 그도 이웃에 사는, 대저택을 가진 아프리카 출신 부호와는 우호적인 관계를 유지했다는 얘기를 들은 적이 있다. 이 사례는 본질은 민족이나 인종보다 계급에 있다는 점을 말해준다. "그들의 출신은 증오하지 않아, 그들의 극빈을 증오하지." 미국과 러시아 간의 신냉전을 배경으로 삼은 전형적인 할리우드 영화 <피스메이커>에서 아제르바이잔-아르메니아분쟁 등 지역분쟁에 대해 등장인물들이 서로 주고받은 대사 가운데 일부다. 즉 인종 전시장이자 세계의 화약고인 발칸 인근 지역의 분쟁도 해묵은 민족 간 갈등만은 아닌 것이다.

　스페인의 철학자 아델라 코르티나의 논의는 이 점을 이론화한다. 그는 엄밀하게 얘기하자면 정치적 난민이나 가난한 이민자들에 대한 태도를 제노포비아라고 볼 수 없다고 했다. 거부와 혐오의 원인이 그들이 다른 민족과 인종이어서가 아니기 때문이라는 것이다. 그리고 그 근거로 외부에서 온 다른 민족이나 인종 출신 관광객에 대한 호의석 태노를 든다. 관광객과 난민 모두 그리스어로 외지에서 온 사람을 뜻하는 제노스(Xenos)이지만, 관광객을 대하는 태도는 제노필리아(Xenophilia), 난민이나 일반적인 이주민과 같이 외부에서 온 가난한 사람들에 대해서는 제노포비아(Xenophobia)의 모습을 보인다는 것이다.[13] 잘 훈련된 아프리카 출신 의사와 간호사, 좋은 날씨를 즐기러 스페인에 온 은퇴한 영국인들, 스페인에 축구 장비를 사러 오는 아시아인들이나 오일 달러를 가져오는 중동인들에게 혐오를 표하지는 않는다. 외국인이라고 무조건 혐오하지는 않는 것이다. 또한 플라멩코 대회에서 우승하는 집시들, 국내에 자동차 회사를 설립하고 현지 직원을 고용하며 레저센터를 세울 수 있는 외국인 투자자들을 자국 땅에 들어오지 못하게 거부하지는 않는다.[14]

　외국인 자체가 성가신 존재인 것은 아니다. 그들은 빈곤할 때, 성가시고 귀찮은 존재가 된다. 이득보다 혼란을 줄 것 같고, 유용한 자원이기보다 문제를 야기할 것 같은 사람들이 거부당한다. 그런 의미에서 문제의 본질은 인종, 민족 또는 외국인에 관한 것이 아니다. 인종차별주의자와 외국인혐오주의자가 많은 건 사실이지만, 대부분 그 차별과 혐오 안에 가난한 이들에 대한 증오를 담고 있다. 이런 의미에서 코르티나는 어떤 좋은 것도 나올 것 같지 않은, 가난하고 불우한 사람들을 향한 경멸과 무시, 공포, 거부를 뜻하는 '가난포비아(아포로포비아, Aporophobia)'라는 개념을 제안하였다. 이 용어는 1995년 지중해 지역에서의 혐오현상을 설명하기 위해 그가 만든 신조어이다. 이 용어는 이후 스페인어 사전에 실리게 되었는데 용어에 대한 설명은 다음과 같았

다. "가난한 사람, 자원이 없는 사람, 보호받지 못하는 사람에 대한 미움, 적대감, 혐오감." 그리고 그리스어 아포로스(aporos, 가난한 사람, 어려운 상황에 있는 골치 아픈 사람)와 두려움을 의미하는 포베오(fobéo)의 합성어라는 설명이 덧붙여졌다. 아무것도 돌려주지 못하거나 그럴 수 없을 것처럼 보이는 사람들에 대한 거부, 받은 만큼 돌려줘야 한다는 논리를 바탕으로 계약이 맺어진 세상에서 그런 능력이 결여된 사람들은 배제된다. 무언가 되돌려줄 만한 것을 가진 사람만이 그 세상에 들어갈 수 있기 때문이다. 그리고 모든 인간은 아포로포비아를 앓고 있다.[15]

이제 우리는 프랑스에서 발간된 『폭력 사전(Dictionnaire de la violence)』의 리스트에 빈곤이 한 자리를 차지하고 있는 이유를 이해할 수 있다.[16] 빈곤이 폭력적인 현상이라는 것이겠는데, 빈곤이 전쟁이나 범죄의 경우처럼 인간에게 가하는 폭력이라는 의미일 수 있고, 이때 빈곤이라는 폭력의 주체는 사회나 구조일 것이다. 그런데 증오 역시 빈곤처럼 사회의 핵심 요소로 존재하는 듯하다. 증오가 폭력의 한 형태라는 것은 말할 것도 없지만, 빈곤현상처럼 구조적이고 항구적인 현상이라고 할 수 있다. 이런 점에서 빈곤문제의 해결이 끝나지 않는 과정이듯이 증오의 해결도 사회의 영원한 과제인 것이다.

엄밀히 얘기하자면 일반적으로 정체성 때문이라고 생각하는 증오현상의 상당 부분은 정체성에서 비롯되는 것이 아니다. 증오의 원인이 빈곤이나 피지배적인 지위에 있는 경우, 이 원인은 비자발적인 것이며 증오의 대상이 되는 집단이 지닌 정체성과는 직접적인 관련이 없다. 다양성이나 다문화를 표방하는 기존의 교육은 정체성과 같은 수평적 차이를 염두에 둔 것이라 수직적 차이가 중요한 현실에 크게 유효하지 않다. 계급구조에 기인한 '이해관계의 정치(politics of interests)'와 문화적 차이가 배경이 되는 '정체성 정치(identity politics)'[17]는 제로섬 게임이나 상호 적대적인 관계에 있지 않다. 서로 밀접히 연관되어 있고, 그래서 연계해서 이해하고 실천해야 한다. 자본주의 세계체제에서 디양성담론은 불평등의 문제를 근본적으로 해결해주지 않는다. 다만 일시적으로 이전시킬 뿐이다. 그렇게 다문화와 인정담론에 가려져서 교정되지 않고 남아 있는 불평등구조는 직접적으로 이 구조를 타격하는 저항이 아니라 다문화주의나 페미니즘이라는 새로운 적을 향한 간접적인 보복을 낳고 있다.

이주민의 건강보험 무임승차론과 여성가족부 폐지 공약 그리고 장애인들의 시위와 청년 정치인의 학력에 관한 논란까지 2022년 대선을 전후해 한국사회는 더욱 직설적인 화법으로 기존의 혐오현상을 반복하였다. 혐오 또는 경멸과 같은 표현이 어울릴 이 사안들은 사회의 현재를 보여주는 지표이자 이전으로 돌아가려는 열망이며, 동시에 지금까지와는 다른 시대를 여는 과정에서 수반되는 진통이기도 하다. 일반적으로 혐오현상은 의식의 문제로 간주되는 경향이 있다. 그릇된 생각에서 비롯되었으므로 그래서 계몽을 통해 해결해야 한다고 생각한다. 그러나 위의 사례들은 여기에도 노사관계의 경우처럼 그 배경에 힘의 불균형이 존재한다는 것을 잘 보여준다. 이런 점에서 혐오 또는 증오현상과 계급적대 간에는 백짓장 한 장 정도의 차이밖에 없다. 혐오와 착취는 동전의 양면처럼 서로 연관되어 있으며 분리 불가능한 것이다. 노동자와 자본가의 계급투쟁과 유사하게 혐오의 장에 세워진 이들이 주로 다투는 것은 일자리나 복지를 둘러싼 사회경제적 지위 부분이다.

차이점도 있다. 경제적 계급 간 적대관계에서는 자본가의 착취는 보이지 않고 이 은폐된 구조를 폭로하는 노동자의 분노와 저항만 드러난다. 이와 달리 혐오현상에서는 '정상적이고' '우월한' 몸을 '가진 자'의 언어적·물리적 폭력이 부끄러운 줄 모르고 거침없이 드러난다. 낮은 지위를 가진 이들에 대한 공격이 전면을 장식하는 것이다. 위계와 서열을 부끄럼 없이 드러내며 미래로 부는 변화의 바람에 맞서 노골적으로 기득권을 지켜내려 한다. 우월한 몸과 능력을 가진 이들에 대한 반감도 있지만, 이는 대개 우월한 이들이 공격에 나설 때 나타나는 방어적인 성격의 것이다.

증오를 정당화하기 위해 실제의 권력구조가 뒤바뀌기도 한다. 힘없고 순종할 수밖에 없는 이주민이 괴물과 같이 큰 힘을 가진 위협적 존재로 둔갑한다. 언론에 보도되는 극단적 사건을 통해 여성들도 남성 못지않게 폭력적이고 위험한 존재로 만들어진다. 이동 자체가 목숨을 건 위험인 장애인이 다수자의 편안한 일상을 위협하는 존재가 되고, 심리적·물리적 폭력 속에서 숨죽여 사는, 성과 가족에 대한 폐쇄적 관념의 희생자인 성소수자들이 그 '성스러운' 질서를 위협하는 존재로 부풀려진다.

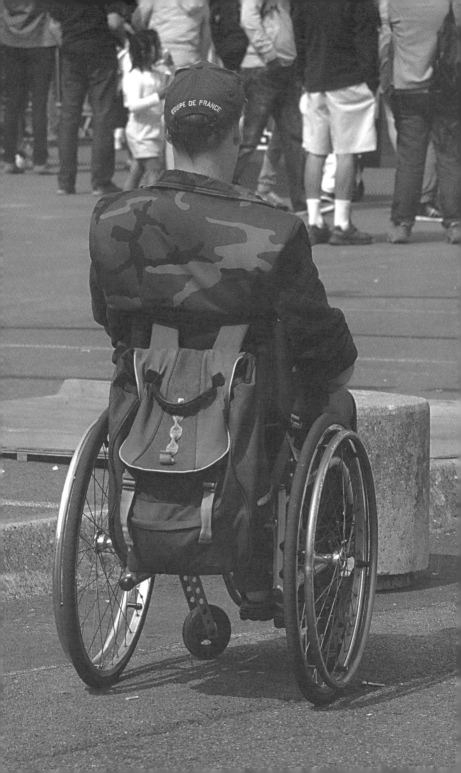

혐오나 차별의 감정과 그 표현은 우열을 가리는 것이 중요한 체제가 만들어내는 필연적인 결과물이다. 서로 다른 민족이나 성의 현실적 지위가 동등하지 않다는 것을 환기시키기 위해, 또는 도전받는 기존의 위계를 지키기 위해 투사가 된 양 타자를 열등한 존재로 만드는 일에 나서는 것이다. 이런 측면에서 보면, 증오나 혐오는 사회의 병리적 현상이라기보다 사회의 정상적 양상이다. 암세포처럼 내부에서 떼어내야 할 것도, 바이러스처럼 접촉하지 말아야 할 외부적 요인도 아니다.

혐오는 우리 모두에 의한 우리 모두를 향한 공격이다. 대부분의 사회 구성원들은 혐오에 동원되는 여러 잣대 중 적어도 어느 하나는 충족시키지 못한다. 그래서 혐오의 대상이 될까 두려움에 떤다. 혐오가 두려운 이들이 다른 한편에서는 동성애로 인해 사회가 걱정된다고 말하고, 이주민을 생각하면서 불쾌해한다. 과거와 달라진 여성들의 모습이 영 마뜩치 않으며, 장애인은 내 마음을 불편하게 한다. 노숙자는 더더욱 그렇다. 이렇게 혐오와 증오는 가진 자의 방어이기도 하고, 사회가 부여한 낙인을 지닌 이들의 자학이자 아편이기도 하다. 이렇게 우리는 모두 혐오체계의 덫에 걸려 있다.

따라서 우리는 혐오라는 오류를 응징하면서 동시에 그 오류를 범한 우리 자신을 성찰하는 까다로운 과제를 수행해야 한다. 갈라치기로 혐오를 조장하는 것에 대한 엄격한 태도와 이렇게 위로부터 만들어진 혐오에 감염된 이들에 대한 포용적 태도가 동시에 필요한 것이다. 또한 비판과 교정은 행위에 머물러서는 안

된다. 자본주의에 대해 얘기할 때 우리는 개별 자본가나 노동자의 사례보다는 자본과 노동 간의 구조적 관계를 거론한다. 자본가를 계몽시켜 선한 자본가를 만드는 것을 대안으로 생각하지는 않는다. 혐오에 대한 공격 역시 그 뿌리에 있는 불평등으로 향해져야 할 것이다. 볼테르는 『관용론』[18]에서 사람들이 자신의 형제를 미워할 것이 아니라 자신들의 영혼에 가해지는 폭압을 증오하게 해달라고 기도하라고 했다. 우리도 이러한 식의 교정을 필요로 한다.[19]

　여성가족부 폐지, 성범죄 처벌 강화와 같은 젠더이슈들과 함께 이주민의 현실에 대한 쟁점들도 마치 굿판을 연상시켰던 2022년 대선 정국의 희생양으로 동원되었다. 이제 한국사회에서도 이주민 관련 이슈가 대선의 쟁점으로 등장하고 있다는 불길한 징조였다. 2022년 1월 당시 보수 세력의 대표로 나섰던 윤석열 후보는 페이스북에 사실상 중국인을 겨냥한 이주노동자의 '건강보험 무임승차론'을 거론했다. 윤 후보는 SNS를 통해 "국민이 잘 차려놓은 밥상에 숟가락만 얹는 외국인 건보문제를 해결하겠다"면서 "외국인 건강보험 급여 지급 상위 10명 중 8명이 중국인이다. 가장 많은 혜택을 누린 중국인은 피부양자 자격으로 약 33억 원의 건보급여를 받았으나 10%만 본인이 부담했다"라고 주장했다. 그러나 흔한 레퍼토리 가운데 하나인 이 주장은 현실과 크게 다르다. 2019년 7월부터 이주노동자의 건강보험 가입이 의무화되었기 때문이다. 이들은 대부분 10만 원 내외의 보험료를 꼬박꼬박 내고 있다. 심지어 월평균 소득이 내국인보다 적은데도 불구하고 보험료는 평균 보험료를 낸다. 한국 정부가 자산과 소득을 정확하게 파악하기 어렵다는 이유로 이주노동자들에게 내국인 평균 보험료에 맞춰 납부하도록 하고 있기 때문이다. 게다가 보험료를 내고도 시간을 낼 수 없거나 언어문제 때문에 병원 이용이 내국인에 비해 훨씬 적은 것이 현실이다. 또한 외국인의 건강보험 피부양자 등록이 내국인보다 어렵게 되어 있어서 보험 혜택의 범위도 상대적으로 작다. 즉 내국인은 세대주와 동일 세대로 인정되는 범위가 직계존비속·미혼인 형제자매·배우자·배우자의 직계존속 등으로 폭이 넓지만, 외국인은 세대주의 배우자·미성년 자녀만을 동일 세대원으로 인정받기 때문이다. 따라서 당시 윤 후보는 "외국인 직장 가입자 중 피부양자를 많이 등록한 상위 10명을 보면 무려 7~10명의 (피부양자)를 등록했다"고 주장했지만, 이는 극히 예외적인 사례를 언급한 것이다. 여기서 우리는 유럽에서 많이 언급되는 또 하나의 반이민 논리를 접하게 된다.

시간이 제법 지났지만, 필자도 오랜 유학생활 동안 한 번도 병원에 가지 않았었다. 상대적으로 건강한 나이여서 그랬을 테지만, 언어문제나 본인 의료비 부담 등 나름의 사정이 있기도 했다. 현재 한국에서 이주노동자들의 현실과 오버랩되는 부분이다. 고국에서 가져온 이러저러한 약으로 자가 처방하며 버텼던 셈인데, 불행하게도 지금 한국에 사는 이주민들의 의료서비스 수혜 상황도 이와 크게 다르지 않은 것 같다.

3. 증오는 구분에서 시작된다

다문화담론이 등장한 후, '틀린 것이 아니라 다르다', 그래서 '다름을 인정하자'는 얘기를 귀에 못이 박히도록 들었다. 그런데 이 담론이 염두에 두고 있는 이주민 등 소수자들이 상당한 정도로 다르기는 한지 따져볼 필요가 있다. '우리' 집단 내부의 차이보다 '우리'와 '그들' 집단 간 차이가 더 현격한 것인가? 그들과의 차이는 우리 내부의 차이와 질적으로 다른 차이인가? 인종주의나 여성혐오 등의 주된 기제이기도 한 '구분'이나 '분류'를 비판적으로 바라보아야 하는 이유 가운데 하나는 그것이 자연 및 인간사회의 속성에 반한다는 점이다. 역사는 엄격한 구분이 자연과 마찬가지로 인간사회에도 어울리지 않는 방식임을 보여준다. 성, 가족, 민족 등의 사례들에서 이 점은 두드러진다.

인종차별의 경우에도 그 첫 단계는 구분이다. 구분에 이어 배제(Exclusion), 제한(Restriction), 선호(Preference)와 같은 기제가 작동한다. 이러한 구분은 오랜 역사를 가진다. 현대문명에 대한 비판으로 잘 알려진 이반 일리치는 서구인들의 사고에서 타자에 대한 인식의 변천을 다음 여섯 단계로 설명한 바 있다. 첫째, 야만인

(barbarian: 도움이 필요한 자), 둘째, 이교도(pagan: 개종할 운명을 가진 자), 셋째, 불신사(infidel: 독실한 일신교도인 무슬림), 넷째, 미개인(wild man: 중세 후기 무어인 등 문명화를 위협하는 존재), 다섯째, 원주민(native: 신세계의 원주민), 여섯째, 식민지배에서 벗어났지만 빈곤에서는 벗어나기 어려웠던 저발전 국가의 국민(underdeveloped people) 등.[20]

이러한 타자담론의 전통은 오늘날 타자성의 상징적 존재이자 차이담론의 근거로 활용되는 대표적 사례인 아랍, 중동, 이슬람에서 절정에 이른다. 이들에게는 특별, 신비, 야만, 폭력, 사악함과 같은 이미지가 덧씌워져 있다. 아랍예외주의 또는 이슬람예외주의는 이들을 특별한 존재로 구분하는 이데올로기를 통칭하는 개념이다. 주요 내용을 보면 다음과 같다. '아랍사회(베두인족)는 부족 차원의 연대가 강해 통합적인 국민국가를 형성하기 어렵다.' '아랍사회와 이슬람세계는 일상생활이나 정치에서 권위적인 문화(Arab authoritarianism)가 강해서 개인의 권리 보장이나 민주주의가 불가능하다.' '제정일치의 사회이기 때문에 세속적인 정치·경제·사회·문화가 발전하기 어렵다.' 결국 이 지역은 민족, 민주, 진보가 적어도 자력으로는 불가능하다는 결론에 이르게 되며, 소위 '국제사회'의 개입이 요구되고 정당화되는 것이다.

생물학적 결정론 또는 생물학적 환원주의는 인종주의부터 다른 민족이나 집단에 대한 편견에 이르기까지 지금도 강력한 힘을 발휘하고 있는 접근방법이자 이데올로기다. 이 오래된 전통에 대해 미국의 고생물학자 스티븐 제이 굴드는 설득력 있는 사회학적 시각을 담아 이렇게 말했다.

"생물학적 결정론이 되풀이해서 부상하는 까닭은 사회정치적인 것으로, 그리 멀리서 이유를 찾을 필요는 없다. 우선 사회적 프로그램에 대한 지출을 줄이려는 캠페인을 비롯해서, 사회적 비용을 절감하려는 정치적인 에피소드, 축복받지 못한 그룹의 사람들이 심각한 사회적 불안을 야기하거나 권력을 위협하는 시기에 엘리트 지배층의 불안감이 고조되는 것과 관련이 있다. 〔가지지 못한 이들의 상황을 더 힘들게 만드는 방향으로의〕 사회변화에 반대하는 어떤 주장이, 어떤 사람들은 상층에 위치하고 어떤 사람들은 하층에 위치하는 기존 질서가 그렇게 서열화된 사람들의 선천적이고 불변인 지적 능력의 정확한 투영이라는 주장을 능가

할 수 있을까?

경제라는 사다리의 가장 밑바닥에 위치한 인종이나 사회계층에 속하는 사람들의 어쩔 수 없는 IQ 수치를 끌어올리기 위해 애쓰거나 돈을 쓸 이유가 어디 있는가? 차라리 자연의 슬픈 운명을 받아들이고 엄청난 액수의 연방준비은행 준비금을 절약하는 편이 바람직하지 않을까?(그렇게 하면, 부자들을 위한 세제우대 조치를 보다 쉽게 유지할 수 있다!) 당신이 살고 있는 고급 주택지에서 불리한 처지에 있는 사람들이 소수이고, 그들의 의견이 대변되지 않는다고 고민할 필요가 있겠는가? 그들의 처지가 현실의 사회적 편견이나 그 부산물 때문이 아니라 능력이 낮고, 일반적으로 부도덕하며, 생물학적으로 타고난 것이라면 말이다."[21]

증오는 분류에서 비롯되지만, 분류에서 배제되는 집단도 동일한 운명에 처하게 된다. 19세기 말에서 20세기 초 중동부 유럽에 거주하던 유대인들이 겪은 비극은 근대 민족국가의 형성 과정에서 주류에 속하지 못하는 많은 소수민족에게 부과된 운명의 한 극단적 사례였다. 그러나 또 다른 경우도 있다. 구분과 분류 과정에서 그 어디에도 속하지 못하고 배제되는 경우다. '기타'로 분류되는 개인이나 집단이 있는 것이다. 베네딕트 앤더슨은 민족주의 현상을 다루면서 모두가 어느 하나의 정체성에 속해야 한다는 관념과 분류가 어려운 집단(기타, other)에 대한 불관용정책을 이야기한다.[22] 이 집단은 종족이나 종교가 많아서 '기타(Others)'에 묶인 집단들과도 다르다. 식민국가의 '분류하는 정신'조차 어느 집단으로도 분류하기 어렵다고 판단한 복합적인, 또는 흐릿한 정체성의 소유자들이 모여 있는 곳이다. 이 '기타'에도 속하지 못하는 '기타'는 이후 점점 더 그 수가 늘었을 것이다. 멀리서 찾을 것도 없다. 일본에서 차별을 경험한 재일 코리안들이 한국에서조차 내국인도 외국인도 아닌, 분류되지 않은 존재로서의 차별을 경험하는 아이러니가 변하지 않은 분류의 문화와 그것이 낳는 문제를 보여주고 있다.

이분법적 사고, 즉 복잡하고 연속적인 실체를 천재와 바보, 백과 흑과 같이 둘로 분할하려는 갈망[23]은 사회성원을 주류와 비주류로 구분하는 것을 넘어서 비주류 내부를 양호한 것과 불량한 것으로 구분하는 또 다른 이분법을 낳기도 한다. 특히 9.11테러를 전후한 이슬람 테러리즘의 부상은 이주민이나 이주 배경을 가진 이들을 구분하는 관행을 확산시키는 계기로 작용했다. 당시 프랑스에서는 축구 스타 지네딘 지단 등 학문, 스포츠, 사업, 예술 등에서 성공한 아랍인, 그리고 건달이나 테러리스트라는 극단적으로 대비되는 두 전형이 형성되었다. 이미 1989년에 발생한 최초의 베일 또는 히잡 착용에 관한 사건을 계기로 "통합에 성공한 아랍인"이라는 전형이 언론을 통해 제시된 바 있다. 이 소수의 뛰어난 사람들은 자신의 동료 대다수를 유전적 이유로 모자라고, 게다가 잘못되었으며, 위험한 이슬람주의자나 테러리스트로 낙인찍는 데 효과적인 대조군 역할을 하였다. 예를 들

재일교포의 송환(1960년)

어 프랑스 경찰은 대부분 백인인데, 여기서 몇몇 비백인의 존재 역시 인종차별이 없음을 보여주는 알리바이 역할을 할 뿐이다.[24] 이때 이 소수의 통합된 비백인의 존재는 성공한 극소수의 연예계 스타들처럼 통합에 실패한 다수와 대조된다. 더 나쁘게는 이분법적 사고를 통해 이 소수의 존재가 다수를 저평가하고 문제 집단으로 만드는 데 기여한다. 프랑스에서 나타나는 인종주의의 수사학이 이를 잘 보여준다. 첫째, 질서 대 무질서, 안전 대 치안 불안, 타인에 대한 존중 대 폭력, 법의 수호자 대 일탈, 법치국가 대 무법지대. 둘째, 페미니즘과 남녀공존 대 가부장제 전통과 억압의 상징인 히잡. 셋째, 온건 이슬람 대 급진 이슬람, 계몽사상 대 몽매주의, 합리주의 대 광신주의, 근대성 대 시대착오적 전통, 내부에 머무는 좋은 종교성 대 과시적인 종교적 표현과 정치적 이슬람의 공격적 경향, 프랑스식 보편주의 대 영미식 공동체주의, 국민통합과 공생 대 분열, 은둔과 종족적 게토 등등.[25]

두 세계로의 구분은 공간적으로 표출되기도 한다. 히틀러 집권기 독일에서 유대인에 대한 증오가 공간 분리의 형태로 나타난 것이 대표적인 사례다. 그런데 공간적 구분에서 시작된 비극의 희생자였던 유대인들의 나라 이스라엘은 나치의 거울상과 같은 모습을 보이고 있다. 이스라엘 정부는 2019년 팔레스타인 무장단체 하마스의 해상침투 봉쇄를 명분으로 지중해를 메워 6m 높이의 철조망을 설치하였다. 콘크리트 지하장벽도 함께 설치했다. 이로 인해 '천장 뚫린 감옥'으로 불리는 가자지구는 하늘길을 제외한 모든 통로가 막히게 되었다.[26] 이는 경제적 질식과 함께

벽돌담장으로 구분된 바르샤바 유대인 게토

이 지역으로 향하는 구호(救護)가 어려워짐을 의미했다.

> "인종계약은 문명적 공간과 야만적 공간을 구분하면서
> 공간을 인종화한다. 당신이 현재와 같은 모습인 이유는 부
> 분적으로 특정한 종류의 공간 출신이기 때문이며, 그 공간
> 이 그와 같은 특성을 띠는 이유는 부분적으로 그곳에 바로
> 당신과 같은 자들이 거주하고 있기 때문이다."[27]

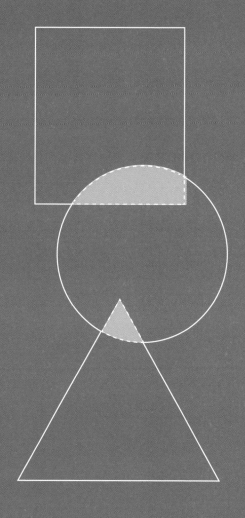

제8장

계몽과 관용의 한계

*

이 장에서는 다음과 같은 논지를 펴고자 한다. 먼저 증오담론과 증오비판담론이 지닌 유사성을 강조한다. 실제 원인이 아닌 집단을 공격하는 희생양전략이 증오현상의 핵심 기제이듯이 증오현상에 대한 비판도 보다 근저에 있는 원인보다 행위자에 초점이 두어지는 측면이 있다. 이 경우에는 희생양전략과 달리 완전히 무고한 것은 아니지만 사회 전체의 문제를 특정 개인이나 집단에 대한 단죄를 통해 피해가는 점은 유사하다고 할 수 있다. 증오를 비판하는 담론이 지니는 구분하는—좋은 시민, 소양을 갖춘 시민과 나쁜 시민, 잘못된 생각을 가진 이들을 구분하는—경향이 특정 집단을 사회에 해악인 존재로 간주하는 증오담론의 구분과 닮아 있는 점도 살펴본다. 또한 양자 간의 내적 연관성에 대해서도 다룬다. 관용의 상징인 서구와 이 서구가 불관용의 대상으로 간주하고 있는 이슬람 테러리즘 간의 구조적 관계가 그 예가 될 수 있다. 증오현상에 대한 비판과 해결책이 지닌 문제점도 살펴본다. 증오현상에 대한 주된 대응은 계몽적 방식일 것이다. 그런데 이러한 접근이 기대하는 효과를 내지 못하는 측면이 있다. 나아가 인정과 포용을 주창하는 담론과 정책이 역설적으로 증오를 야기하는 측면에 대해서도 검토한다.

1. 지배적인 대응

증오를 해결해야 하는데 도리어 악순환이 거듭되는 경우가 있다. 한 가지 원인을 찾는다면, "증오를 품은 사람들은 유별난 사람이야", 역으로 "나는 그런 생각을 가지지 않았어", "나는 외국인이나 동성애자를 절대로 미워해본 적이 없어"라는 식의 대응 탓이다. 이러한 대응은 사람을 편하게 만든다. 나는 아니니까. 실은 우리 모두의 감정이고 우리 모두의 문제이건만, "나는 아니고 쟤가 그랬어"라며 책임을 모면해보려는 식이다. 아니면 그 갈등으로부터 내가 자유로워지기 위해서거나. 때문에 증오현상에서는 증오를 표현하는 바로 그 사람들을 비난하는 양상이 두드러진다. 그들을 향한 손가락질은 너무나 많다. 손가락질을 해야지 그렇지 않고 주저하면 자신도 위험해지기 때문이다. 증오하는 마음을 가진 사람에게 증오로 앙갚음을 하려는 경향이 생기는 중요한 이유다. 이러니 당초 증오현상이 보인 방식들과 같은 점이 많을 수밖에 없다. 정리하자면, 외국인혐오나 동성애혐오와 같은 증오현상에 동참하지 않으면 의심받고 소외될 위험에 처한다는 사정이 증오에 대한 비난에서도 유사하게 나타나는 셈이다.

게다가 비난에 그치지 않고 편향된 생각을 바로잡아야 한다는 각오가 동반된다. "지금 시대가 어느 시대인데 여성에 대해 그런 생각을 갖고 있어", "외국인들에게 어떻게 그런 생각을 가질 수가 있어", "세계화 시대인데 어떻게 다른 민족에 대해 배타적인 감정을 가지지?", "장애인들에 대해 어떻게 그런 생각을 가질 수 있어" 하는 식이다. 우리는 여기서 또 하나의 문명화프로젝트라고 할 만한 광경을 목도하게 된다. 요즘 흔히 하는 말로 '정치적으로 올바르지 않은 사람들'에 대한 태도가 제국주의 시대 유럽이 다른 나라를 지배하거나 일본이 한국을 지배하면서 피지배 사회의 성원들을 민족성에서 비롯된 근원적 문제점을 안고 있는 존재로 간주하면서 "뜯어고쳐야 돼" 하는 것과 닮아 있다. 발터 벤야민이 전한 100년 전의 상황도 이와 크게 다르지 않다.

> "파시즘이 승산이 있는 이유는 이에 대항하는 세력이 (역사는 늘 그랬다고 잘못 생각하는, 그리고 기술만이 아니라 인간 자체가 발전하는, 필연적인 과정이라고 생각하는) 진보의 이름으로 파시즘을 대하기 때문이다. 파시즘이 어떻게 20세기에도 가능한가라는 놀라움으로 대하는 한 파시즘을 이길 수 없다."[1]

인종주의의 예를 들어보자. 이 허구의 관념에 대한 지배적 사고는 인종주의가 태도의 문제이므로 백인과 같은 인종주의의 주체들이 지닌 편견을 없애는 교육을 통해 해결해야 한다는 것이다. 다른 시각도 존재한다. 예를 들어 일부 마르크스주의자들은 인종주의의 본질이 노동자계급 분열을 통한 자본주의체제 유지가 목적이라는 점에서 노동자계급이 분열을 극복하고 연대함으로써 해결 가능하다고 생각한다. 가장 대표적인 인종주의의 피해자인 흑인들 중 일부는 마르크스주의자들과는 조금 다르게 자본주의보다 유럽인들이 시배하는 체제가 인종주의를 낳은 것이기 때문에 자본주의체제에 대한 노동자계급 전체의 투쟁이 아니라 흑인 주도의 반백인, 반서구 투쟁이 필요하다고 생각한다.

차이에 대한 인정, 다양성 존중, 관용, 통합, 다문화주의 등이 증오현상에 대응하는 주류 담론의 키워드이다. 프랑스의 경험에서 차용한 '톨레랑스' 또는 관용, 캐나다 등 다문화주의를 표방한 국가들의 경험과 연관된 차이 및 다양성담론이 한국의 '다문화' 또는 '다인종·다민족' 상황을 관리해가는 데 적절한 조절기제로 여겨져 왔다. 아래에서는 이 모범답안이 지닌 한계를 따져본다.

2. 편견 때문이라는 이데올로기

틀린 것은 타자가 아니라 우리이며, 이러한 우리의 시각은 교정되어야 한다는 생각이 일반적이다. 예를 들어 배타적인 민족주의는 21세기를 사는 사람들에게는 맞지 않는 병리현상으로 간주된다. 시대의 흐름에 맞지 않은 고루한 사고로 뭉친 무지몽매한 인간들의 종교쯤으로 여겨진다. 민족주의에 대해서도 이해하기 어려운데 하물며 인종주의적이라고 간주되는 사고는 합리적 인간이라면 가질 수 없는 것으로 생각한다. 자동적으로 위험하며 시급히 교정해야 한다는 생각이 뒤따라 나온다. 이러한 계몽의 접근방법이 거의 유일한 해법으로 간주된다.

계몽은 특정 시기를 가리키는 개념이자 사회를 변화시키려는 운동으로서의 성격을 지닌 개념이다. 이미 18세기부터 "계몽의 시대", "계몽된 시대"와 같은 표현을 통해, 그리고 "이성의 시대", "비추어진 시대", "빛의 시대", "비판의 시대", "회의의 시대"와 같은 개념들과 함께 쓰이면서 대중화되었지만, 그 의미가 명확하지는 않은 개념이었다. 오늘날 지배적인 정의에 따르면, '시대 개념'으로서의 계몽은 17세기 후반기에 등장하여 18세기에 절정

계몽주의 시대 『백과전서』 권두화

에 달했던 유럽의 정신운동을 나타낸다.[2] 이 정신운동을 통해 독일의 사회학자 막스 베버가 말한 세계의 '탈마술화'가 도입되면서 근대 세계가 열리게 된 것이다. 탈마술화의 목표는 그동안 존재해온 전통 세계로부터 인간을 해방하는 것이었다. 다시 말해 자율적 인간의 이성에 의한 비판적 검증을 견딜 수 없는 모든 권위, 교의, 질서, 제도, 인습으로부터의 인간해방이었다. 이것들은 계몽주의자들이 제시한 자연법사상에 부합하지 않는 것들이었으며, 따라서 미신, 선입견, 오류 등으로 간주되었다.

어원적으로 계몽은 인간의 시야를 가렸던 덮개를 걷어치우는 것을 의미한다. 우리의 시야와 인식을 가렸던 것들, 오랫동안 유지되어온 견해나 태도 중에서 더 이상 따를 수 없는 것들을 버리고, 새로운 지식이나 기술, 경험이 인도하는 새로운 방향을 받아들이는 것이 계몽일 것이다. 계몽을 주창한 근대 서구사상은 교회와 왕족이 지배하는 세계를 넘어서고자 했다. 기존의 인식, 주류의 인식을 넘어서는 것은 현대사회에서도 중요한 가치로 남아 있다. 현재 한국사회에서 증오현상에 대응하는 일반적인 시각 역시 증오를 선입견이자 오류에서 기인하는 것으로 보고, 이 굴레에서 벗어나게 하는 계몽이라는 처방이 가장 유효한 것으로 간주된다. 그러나 구세계나 전통적 사고와 질서가 완전한 무지의 산물이며 그래서 청산되어야 한다는 시각이 과도한 것처럼, 증오현상 역시 무지몽매의 산물이라고 단정하기는 어렵다.

계몽의 존재 이유 중 하나는 편견의 존재일 것이다. 편견은 달리 말해 잘못된 생각인데, 사실 쉽게 고쳐지지 않는 견해는 무수

반유대주의가 담긴 프랑스 선거 포스터(1889년)

히 많다. 아마도 다른 나라나 다른 나라 사람에 대한 생각 가운데 편견이 가장 많을 것이다. 잘 몰라서 생긴 편견도 있나. 유대인이나 흑인에 대한 편견이 가장 잘 알려진 사례다. 세계지배의 음모를 가진 자들, 신의 아들 예수를 죽인 자들, 기독교도를 해하려는 사탄의 동맹 세력, 고리대금업자, 수전노, 신의 없고 사악한 자들, 매부리코를 가진 족속 등이 지금까지 이어져오고 있는 유대인에 대한 부정적 사고의 주요 내용들이다. 흑인에 대해서는 원숭이와 교배하는 짐승류의 존재, 성기가 큰 호색한, 죄의 상징인 검은색 피부를 가진 존재, 노예가 되는 것이 마땅한 존재 등의 표상이 긴 생명력을 보여준다. 아시아인에 대한 편견도 없지 않다. 특히 아시아 여성에 대한 편견이 잘 알려져 있다. 대체로 '얌전하다, 순종적이다, 날씬하다, 피부가 좋다, 똑똑하지만 잘난 체하지 않는다, 한 남자만 사랑하고 가족 중심적이다' 같은 것들이다. 이러한 전형은 '옐로 피버(yellow fever)'라는 태도를 동반한다. 이 단어는 본래 앞서 언급했던 황화현상을 의미하는 '황화열'을 뜻하지만, 비아시아 남성, 특히 백인이 아시아 여성에 대해 느끼는 통제 불가능한 이끌림을 가리키는 속어로도 쓰인다. 이를 가리키는 다른 이름도 있다. '아시안 페티시(Asian fetish)', '아시안 성애(Asiaphile)' 등이다.[3]

한국의 경우를 보면, 외국인 범죄가 증오를 유발하는 편견들 가운데 대표적인 소재다. 통상 우리의 관심 대상인 이주노동자보다는 이들 주변에 존재하는 범죄조직에 의한 것이 강력범죄 등 한국사회의 안전을 해치는 주된 유형이다. 범죄의 피해자 역

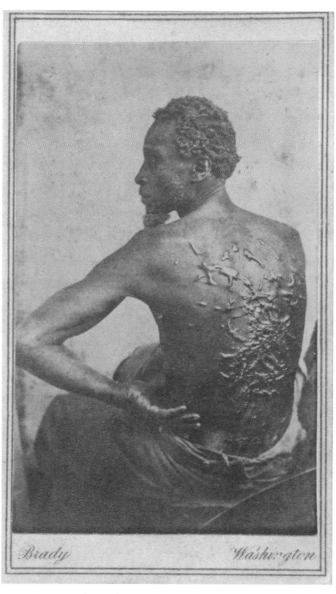

고든(Gordon), 남북전쟁 당시 도망쳐 참상을 폭로한 흑인 노예(1863년)

시 내국인이기보다 범죄자들과 같은 부류거나 이들과 같은 국가 출신 이주민인 경우가 많다. 지난 2016년 국정감사 당시 경찰청이 제출한 통계자료에 따르면, 조선족을 포함한 국내 거주 중국인 전체의 범죄율은 외국인 중 평균 수준이다. 10만 명당 범죄자 검거 건수가 2220명으로, 4837명의 러시아, 4678명의 몽골 등에이어 7번째이다. 한국인의 10만 명당 범죄율 3495명보다도 낮은 수준이다.

2021년 상반기 자료를 바탕으로 집중단속에서 검거된 주요 사례를 좀 더 살펴보자. 2018년 7월부터 2019년 12월까지, 필리핀 마닐라에서 국내외 스포츠도박 사이트를 운영해 총 1조3000억 원 상당의 부당이익을 취득한 조직원 60명이 검거되었다. 마약류를 유통하고 상대 조직원들을 폭행한 구소련 지역 조직원등 53명도 검거되었다. 이렇게 대부분 국제적 차원의 조직범죄였다. 또한 경찰청 국가수사본부가 2021년 4~6월 집중단속을 통해 외국인 범죄자 391명을 검거했는데, 이 중 34%인 133명은 5개 범죄조직에 속한 '조직성 범죄자'로 나타났다. 범죄 유형으로는 마약사범(46.8%)이 가장 많았으며, 그 다음으로 출입국사범(18.7%), 도박사범(18.4%), 금융범죄·대포물건사범(4.9%) 순이었다.[4]여기서 출입국사범의 경우가 통상 거론되는 이주노동자에 해당하는 사례일 텐데, 이는 일반 범죄와 달리 국제이주민의 입국 및 체류에 관한 법률 자체의 특성에 기인하는 것이라서 치안문제의 표현으로 간주하는 것에 신중을 기할 필요가 있다.

그런데 외국인 범죄 하면, 무엇보다 먼저 조선족을 떠올리게 된다. 한국인들이 금쪽같이 생각하는 같은 민족 출신인데 역설적으로 이들에 대한 인식은 대체로 부정적이며 편견이 강하다. SNS와 유튜브 등에선 조선족을 공포의 대상으로 묘사하거나 조선족 괴담을 소개하는 영상을 쉽게 찾아볼 수 있다. 이러한 부정적 시각이 아무런 근거 없이 존재하는 것은 아니다. 최근 몇 년간 조선족이 범죄자였던 잔혹사건이 사람들의 인식에 강하게 남아있는 탓이 가장 크다. 2012년에는 오원춘, 2014년에는 박춘봉이 각각 여성을 토막 살해하는 끔찍한 범행을 저질렀고, 2021년에는 대림역 인근 골목에서 조선족 황모씨가 또 다른 조선족을 살해한 사건도 있었다. 그러나 조금만 차분히 생각해보면 이들에 대한 한국인들의 부정적 인식은 근거가 약하다는 것을 알 수 있다. 한국이 싫은데 온 사람은 드물 것이다. 고국을 떠나는 게 썩 내키지 않는 일임을 고려하더라도 말이다. 한국이 어쩔 수 없이 오게 된 유일한 선택지는 아니었을 것이기 때문이다. 한 가지 덧붙이자면, 1992년 윤금이씨 살해사건이나 2002년 미군 장갑차에 의한 여중생 압사사건으로 그 실체가 드러난 한국인 대상 주한미군의 범죄가 재중동포들이 한국에서 저지르는 범죄 못지않게 빈번하고, 성폭력이나 신체폭력이 주를 이루는 등 심각한 양상을 나타냄에도 불구하고, 이들의 범죄는 외국인 범죄로 인식되지 않는 경향이 있다. 외국인 범죄에 대한 한국인들의 사고가 인종질서를 반영해 매우 선별적이고 편파적인 성격을 띠는 것이다.

위의 논의처럼 객관적 근거를 토대로 한 설득은 이주민 등 타자에 대한 부정적 태도에 대응하는 전형적인 방식이다. 그런데 왜 이 글에서는 계몽을 문제 삼으려 하는가? 무엇보다 백약이 무효인 것이 또한 이 사안이기 때문이다. 논리적인 설득에 한계가 있다. 그러므로 다른 종류의 설명이나 대응도 준비해야 한다. 유럽의 경우도 계몽 개념을 갖고 행해진 남용에 대한 경계가 있었다. 계몽담론은 주눅들게 해서 지배하는 방식으로 쓰일 수 있고, 잠재적 범죄자나 문제아로 만들어 순응시키는 양상을 띨 수 있기 때문이다. 한국사회에 적용해보면, 이미 과도한 한국인의 순응성을 더 강화시키는 또 하나의 기제가 될 수도 있는 것이다.

편견이라는 용어는 계몽적인 접근을 정당화하는 전가의 보도와 같은 것이다. 그런데 사실 편견은 누구나 항상 가지고 사는 존재의 필수 구성요소이자 상당히 많은 사람들이 공유하는 당대의 상식이기도 하다. 따라서 편견을 버릴 것을 강요하는 것은 편견만큼이나 사회에 해가 될 수 있다. 상식, 즉 문제없는 생각을 극복하는 것은 매우 힘든 과업이며, 계몽과 함께 또 다른 접근방법을 요구한다. 문제없음을 문제화하는 것이 필요하다. 편견에 대한 접근은 현실의 다양성, 견해의 다양성을 인정하고, 기존 인식을 문제시하는 문제의식을 가지는 행위를 동시에 필요로 한다.

미국 작가 잭 런던의 『강철군화』에서 어니스트는 목사들에게 다음과 같이 말한다. "여러분의 머리는 기존 질서를 지지하는 교리들로 가득 차 있습니다. (…) 그러니 여러분의 밥그릇과 보수에 충실하십시오. 여러분의 설교."[5] 이 말이 보수주의자나 인종주의자들에게만 해당되는 것은 아니다. 그에 맞선 이들, 이 책의 주제와 관련해서는 반인종주의자들에게도 해당된다. 계몽적 접근 역시 이제는 기존 질서가 되어버린 근대성의 핵심 요소라는 점을 상기하자.

수준 이하의 시민은 없다. 그게 사회의 수준이다. "남자들은 나를 가르치려든다", "가르치려 들지 마라"라는 페미니스트의 말을 다른 소수자문제, 그리고 증오를 품은 이들에게도 적용해볼 수 있다. 이 말의 핵심은 주체, 자아를 존중하라는 것이다. 우리에겐 이와 관련된 많은 경험이 있다. 특정 종교를 믿는 이를 사이비, 이단, 광신도 등으로 간주해 그를 구해주고자 한다. 그러나 쉽지 않다. 게다가 역효과가 나기도 한다. 외부의 비판은 박해로 여겨지고, 자신의 생각은 더 강해지고 숭고해진다. 가정이나 학교 등에서 이에 해당하는 보다 일상적인 많은 사례들을 찾을 수 있다. 모든 정상적이며 지배적인 위치와 사고는 문제점을 안고 있다. 사회적으로 인정받은 신앙이 주는 안락함, 성공이 주는 안락함, 정치적으로 올바름이 주는 편안함은 세상에 선을 긋는다. 그리고 선 밖의 존재들에 대해 섣부른 사고를 가지게 된다. 여기서 교정을 시도하는 이가 교정을 필요로 하는 역설이 생겨난다. 소수의 선각자들이 자신의 믿음을 다수에게 전파하는 식의 방식은 지식과 정보가 광범위하게 공유되는 시대에 부합하지 않는다. 진정한 문제는 지식과 정보 밖에 존재한다.

증오현상이 구조적 요인에서 기인한다는 점을 인정한다면, 다른 집단을 바라보는 부정적 태도에 대한 대응방식 역시 잘못된 인식을 교정하는 지적인 과정이나 선하지 않은 태도를 교정하는 윤리적 차원의 훈육으로 충분치 않은 것이다. 소수자와 관련된

한 보고서가 전하는 다소 신중한 현장의 분위기도 이와 크게 다르지 않다. "사회적 소수사에 대한 한국인의 인식 연구에서도 교육을 활용하는 방법이 필요하기는 하나, 성인기에는 일방적 '계몽'이 아니라, 관련 실무 담당자, 공공 영역 종사자 등을 대상으로 공적 영역에서 '제도적 차별'이 발생하지 않도록 하는 것이 중요하다고 지적한다."[6]

어떤 개인이나 집단이 사회로부터 생각이 잘못되었다는 강한 비난을 받게 되면, 어떤 태도를 보일까? "네, 잘못 생각했습니다"라며 자신들의 생각을 바꿀까? 그런 기대를 저버리는 경우도 적지 않을 것이다. 또한 자신의 생각과 사회 일반의 생각에 너무 큰 차이가 있을 경우에는 자신의 생각을 바꿔 세상에 조화시키기보다는 자신을 비난하는 세상이 잘못되었다고 주장함으로써 자존감과 정체성을 지키려 할 수도 있다. 독일의 스킨헤드족을 교화시키기 어려울 것 같고, 역으로 섣부른 훈육은 이들의 믿음을 더욱 강화시키며, 이들 세계의 결속력을 더 높이게 될 수도 있다는 생각을 하게 된다. 이러한 점을 고려할 때, 증오의 마음을 가진 이들을 이해할 수 없는 사람들로 간주하고 구제의 대상으로만 접근할 경우, 이들은 더욱 자기 내부에 갇혀 극단적인 방향으로 나갈 수도 있다. 정작 필요한 것은 이들이 잘못을 인정하고 자신의 생각을 포기하지 못하게 하는 원인을 생각하는 것이다. 이와 함께 다수를 문제 있는 사람으로 만드는 데 신중해야 한다. "우리 누구나 문제가 있다"라는 성찰적 분위기가 적절한 경우도 있지만, 다수를 주눅들게 하고 자기검열에 빠지게 만드는 것은 다수가 주체가 되는 민주사회를 만드는 길에 역행하는 것이다.

계몽이 가지는 한계를 의식해야 한다. '작은 백인'은 유럽이나 미국에서 주류사회에 속하지만 그 속에서 낮은 지위에 있음으로 인해 자신의 불행과 불안을 자신보다 더 어려운 처지에 있는 이들을 공격함으로써 잊으려는 사람들을 의미한다. 작은 백인 현상은 의식의 문제에서 비롯된 것이 아니기 때문에 교육이 근본적 해결책이 될 수는 없다. 구조적인 해결이 필요하고 작은 백인과 주류 백인 간의 격차를 해소하는 것이 필요한데, 이 구조가 바뀌기는 매우 어렵다. 또한 이성적이기 어려운 상황에 놓여 있는 사람들을 대상으로 한 이성적 해결책의 한계도 생각해야 한다. 더 정확히 말하면, 특정인만이 아니라 인간은 누구나 어떤 상황에서 이성적이기 어려울 수 있다. 증오는 온전한 이성의 영역에 있지 않다. 논박 가능하지만 나름의 논리를 가지고 있는데다 경험에 의해 뒷받침되는 감정이다. 특히 우열이 있는 현실에 뿌리를 내리고 있어서 설득만으로는 교정되기 어렵다. 예를 들어 유럽 출신과 아프리카 출신 간의 극단적 위계질서가 존재했던 아메리카에서 인종주의적이지 않는 것이 얼마나 어려운 일이었을까 하는 생각을 해볼 수 있다. 증오에 대항하는 전선은 개인의 견해가 아니라 집단들 간에 적대적인 경쟁구조를 만드는 체제를 대상으로 형성되어야 한다.

『대디북—엄마도 몰랐던 아빠의 이야기』라는 책에서 아빠에게 던지는 200개의 질문 중 이런 것이 있다. "어린 시절 아빠가 살던 동네는 어떠했나요?"[7] 이 책과 연관 지어 답해보면 다음과

같다. "외국인은 있기는 했지만 아빠의 생활권 밖 어딘가에 있어 만날 기회가 없었고, 성소수자는 우리 속에 있었지만 존재하지 않는 걸로 생각했었지." 지금의 청년들은 한 세대 전보다 소수자 또는 타자와의 접촉, 그리고 이들의 존재에 대한 인식이 비교할 수 없을 정도로 커졌다. 설사 타자나 소수자에 대한 반감이 있더라도, 그건 이전 세대와 달리 무지나 무경험에서 비롯되는 것이기보다는 각박한 현실이 강요하는 것이다. 젊은 세대가 보이는 태도에 대한 상투적 우려와 일방적 교정의 시도가 크게 유효하지 않은 이유다.

3. 다양성담론 및 차이담론 비판

미디어에서 연예계 스타들이 아프리카 빈민을 이야기하는 모습을 자주 접한다. 참 쉽다는 생각이 든다. 경제력이나 문화수준에서 어마어마한 격차가 있는 사람들과 친밀감을 느낀다는 게 가능할까 싶은 의구심에서다. 이주민이나 전쟁이나 빈곤에 처해 있는 이들을 연구하는 것이 업인 필자도 이들이 나와 동급의 인간이 아니라는 생각을 떨쳐버리기가 너무 어렵다. 예전에 필자가 속해 있는 학과에 아프리카에서 유학을 와서 박사학위를 취득한 부부와 알고 지낸 적이 있다. 출신 국가는 원래 벨기에 식민지였기 때문에 토착어와 함께 프랑스어를 구사했다. 게다가 20여 년 전 새로운 정권이 들어서면서 갑자기 영어화정책을 펴는 바람에 영어도 유창하게 할 수 있다. 국제학술지에 논문을 게재하는 등 학문적 활동에 어려움이 없어 필자보다 나은 점이 많았다. 그런데도 1,300만 정도의 인구에 국민소득은 한국의 10분의 1도 안 되는 가난한 아프리카의 소국 출신보다 내가 모자라다는 것을 인정하기가 어려웠다. 필자가 유독 그런 것일 수도 있겠지만, 과도한 우월의식을 가지게 된 원인 중 하나는 이 사회나 세계가 매일같이 어떤 위계, 그것이 인종이든 성이든 또 다른 어떤 것이든, 위계질서가 있다는 점을 환기시키기 때문이라고 생각한다. 홍수로 불어난 강물을 거슬러 올라가는 것만큼 이렇게 몸에 밴 생각을 고치기는 어렵다.

또 다른 사례는 필자가 가진 생물학적 인종주의를 보여준다. 유럽에 거주했던 경험으로 유대인을 식별할 수 있다는 생각을 했었다. 그러다가 최근 접한『만들어진 유대인』이라는 책을 읽고 내게 있는 편견을 다시 바라보게 되었다. 이 책은 유대인이 팔레스타인에서 흩어져 나와 세계 여러 지역에 존재하게 된 단일민족 유대인이라기보다, 기독교 신자들과 마찬가지로 유대교를 받아들여 신자로 살아온, 생물학적으로 매우 다양한 사람들의 집합체라는 주장을 펼쳤다.[8] 물론 이 주장을 받아들이지 않더라도 외모만으로 그 사람이 어떤 민족 출신자인지를 알아내는 것은 매우 어려운 일이다. 후천적으로, 사회적으로 어떤 경험이나 조건이 어떤 사람들에게 유대인적 분위기를 가지게 할 수는 있다. 그렇지만 이들을 접한 경험도 일천한 필자가 유대인을 식별할 수 있다고 생각한 것은 분명 섣부른 것이었다.

현재 한국사회에서 다문화, 다양성, 관용에 관한 얘기는 지배적 담론의 반열에 있다. 항상 놀라는 것은 오래되어 익숙해졌는데도 다문화담론은 항상 새로운 것으로 환대를 받는다는 사실이다. 차이에 관한 얘기도 절대적인 지위를 부여받고 있다. 틀린 게 아니라 다른 것이며, 다른 것을 인정해야 한다는 믿음은 신성하다. 다르다는 건 당연한가 하는 의문이나 인정이 정확히 어떤 것인지, 어느 정도 수준이 되어야 하는 것인지 등에 대해 따져보지는 않는다.

다양성담론은 주로 문화적 측면에 관한 것인데, '문화다양성' 개념이 등장한 것은 1990년대부터였고, 초기에는 유네스코의 역할이 컸다. 유네스코는 1993년부터 문화 관련 문제들이 무역 영역에서 다뤄지는 데 기여했고, 2001년 '문화다양성에 관한 보편적 선언'을 제안했으며, 2005년에는 '문화다양성 보존 및 증진을 위한 협약'을 채택했다. 이때 다양성 개념은 현실의 다양한 양상들과 관계되어 있다. 문화 영역에서 행위자 및 작품의 다양성, 출신 지역 및 종족, 성별, 연령, 견해, 언어, 종교의 다양성, 그리고 산업구조의 다양성과 지역, 국가, 세계 등 다양한 수준에서의 의사결정 등을 함축한다.[9]

현대사회를 사는 사람들이 당연히 가져야 할 신조가 되어버린 다양성담론이지만, 비판적 시선이 없지는 않다. 차별과 구분을 낳는 구조적 요인은 그대로 두고 이 집단에서 저 집단으로 혜택을 옮기는 분배 차원의 접근으로서의 한계가 있다는 점을 지적하거나,[10] 특정 개인의 상황은 개선될 수 있지만 인종주의를 낳는 구조에는 어떠한 타격도 입히지 않는다는 비판이 있다. 교육 등 다양성 인정을 목적으로 한 시도들이 다양성의 다양성, 즉 다양성 개념과 연관된 소수 집단 내부의 다양한 현실에 대한 고려 없이 해당 집단에 대한 획일적인 인식을 낳을 수 있다는 지적도 있다. 그런가 하면 다양성은 주로 문화적 다양성을 의미하는데, 이주 분야의 경우 정작 문화적 요인은 현실에서 그리 중요하지도 중요하게 다루어지지도 않는다는 점에서, 다양성을 인정하자는 것이 이들에 대한 차별을 없애자는 것과 별 차이가 없는 형식적 논의라는 비판도 있다.

나아가 다양성담론이나 차이담론이 가지는 우쭐함을 버릴 필요가 있다. 지배자가 피지배자에 우호적인 정책을 펴는 것은 그것이 우선 자신들에게 이득이 되기 때문이다. 남북전쟁 중이던 1863년 링컨이 내린 노예해방령은 남부연합군을 이기기 위한 것이었고, 유럽인들의 노예제도 폐지는 이제 아프리카 자체를 지배할 필요 때문에 아프리카인들을 신대륙에 공급하는 대신 현지에서 활용하기 위해서였다. 한국사회가 이주민을 받아들인 것도 다문화정책을 펴는 것도 우선 우리 자신을 위한 것이다. 이러한 자기중심적인 측면 자체가 문제인 것은 아니다. 사실 개인이든 사회든 타자에 대한 반응은 상당 부분 자기중심적일 수밖에 없다. 필요한 것은 타자, 피지배자, 소수자에 대한 주류사회의 대응에 씌워진 도덕적 허울을 벗기는 것이다. 기업이 이익을 챙기려고 친환경을 허위·과장하는 '그린 워싱'이나 정치적·상업적 목적으로 성소수자 인권옹호를 활용하는 '핑크 워싱'과 같은 일종의 '다양성 워싱'의 측면을 한국의 다문화·다양성·차이·관용담론에서도 찾아볼 수 있다.

이미 '다문화'라는 용어가 등장했을 때부터 이런저런 문제점이 제기되었다. 그리고 실제로 그렇게 되었다. 이 용어의 사용이 생각하기에 따라서는 그 무엇보다 심각한 문제를 낳았다고 볼 수도 있다. 왜냐하면 타자와의 관계를 부자연스럽게 만드는 기제

마틴 루터 킹 흉상 위 「노예해방선언문」을 바라보는 오바마 대통령(2010년)

가 바로 낙인이나 타자화이기 때문이다. 용어의 낙인효과는 대상의 실제를 보지 못하는 환상적 인식의 뒷면이기도 하다. 다문화담론과 정책으로 선주민과 이주민 사이가 조금은 가까워진 것이 사실이다. 하지만 이주민들은 한국사회를 접하면서 보다 다문화적이 되었지만, 이들과의 접촉 과정에서 선주민들은 문화적으로 별다른 영향을 받지는 않은 것 같다. 우리에게 다문화직인 측면이 커졌다면, 그것은 이주민과의 관계 밖에서 이루어진 것이다. 이전부터 진행되어온 세계화의 산물로 여행이나 정보 등을 통해 다른 지역의 영향을 더 크게 받게 된 것이다. 당초 기대했던 한국 내부에서의 세계화라는 '글로컬리제이션'의 전망은 실현되지 않았다고 볼 수 있다. 의도와 달리 다문화주의가 낙인, 구별 짓기, 타자화의 기제가 될 수 있다는 문제점은 프랑스 작가 피에르 테바니앙의 지적을 떠올리게 한다. 그에 따르면 타자에 대한 두려움은 문화를 통해 완화시켜야 하는 인간의 자연적 성향이 아니라 문화에 의해 형성된 것이다. 따라서 이 두려움, 거리감, 편견 등은 기성문화를 통한 계몽이 아니라 두려움을 낳는 기성문화를 해체하는 반문화를 통해서만 극복될 수 있다.[11] 우리의 다양성담론도 두려움이나 거리감을 줄이는지 또는 정반대의 효과를 내는지 따져볼 필요가 있다.

4. 반인종주의담론 비판

인종주의에 대한 기존 대응의 한계를 살펴보자. 인종주의를 극복하기 위해 제시된 담론과 정책의 역사를 보면, 1950년 유네스코가 '인종과 인종적 편견에 관한 선언'을 발표하면서 인종주의에 대한 대항담론이 본격화되었다. 당시 여론은 모든 형태의 인종차별 철폐에 대해서 호의적이었다. 유네스코를 비롯한 UN기구들이 그러한 투쟁의 선봉에 섰다. 그런데 1960년대부터 1980년대까지 미국과 영국의 인종주의 반대 진영에서는 '편견+권력=인종주의'라는 공식이 널리 퍼져 있었다. 유네스코의 입장을 비롯한 주류 반인종주의담론은 인종주의를 개인적 편견의 결과로 간주하였다. 이러한 인식의 논리적 귀결로 인종주의 현상에 대해 정치적 설명을 제시하지 않고, 이를 심리적·문화적 차원의 논의로 대체하였다는 비판이 제기되었다. 대응방안 역시 개인의 심리 차원이나 사회의 문화 차원에서의 대응이었다.[12] 계몽의 방법, 즉 사실에 입각해 흑인들이나 다른 소수민족들에 대한 신화를 뜯어고침으로서 무지를 교정하는 방식은 한계를 보였고, 비판에 직면하게 된다.

또한 '인종'이란 단어가 사회적 금기로 확고히 자리 잡으면서 공공의 영역에서 추방되자 인종주의는 변형된 형태로 표출되었다. 특히 인종이란 단어가 '문화'라는 단어로 대체되면서 문화적 차이를 존중하자는 호소는 차이로 인해 공존이 불가능하다는 논리로 변질되었고, 차별의 근거로 활용되는 역설적 결과를 낳기도 했다. 지배적인 사고와 달리 인종주의에 대한 해결책은 계몽이 아니라 개개인들이 경험을 통해 인종주의가 무용하다는 것을 느끼는 것이다. 인종주의가 자신에게 정말로 필요 없게 될 때에만, 즉 자신에게 현실적으로 별다른 도움이 되지 않고 자신의 문제를 해결하고 자신이 살고 있는 세상을 이해하는 데 아무런 도움이 되지 않을 때에만 인종주의는 포기될 것이다.[13]

마찬가지로 다양한 증오현상에 대한 해결책은 증오 그 자체에 대한 치유나 증오범죄에 대한 응징보다는 사회경제적 조건 등 관련 현실의 변화에서 찾아져야 한다. 왜냐하면 인종주의는 상당 부분 인종질서에서 우월한 위치에 있는 집단의 불안과 죄책감의 왜곡된 표현이기 때문이다. 인종적으로 열등한 위치에 있는 집단이 겪는 부당한 대우에 대한 죄책감, 이들에 비해 자신들이 누리는 과도한 혜택이 사라질 수 있다는 불안감과 같은 감정들이 역으로 이들에 대한 멸시와 공격적 태도로 나타나는 것이다.

인종주의에 대한 대응에서 주의할 점은 인종주의를 암이나 바이러스 등 병리학적 현상에 비유하는 것이다. 이것은 인종주의의 거울상이라고 할 수 있다. 열등하고 비정상적인 것으로 간주하고 구분, 격리해야 한다고 보는 인종주의의 인간관과 유사한

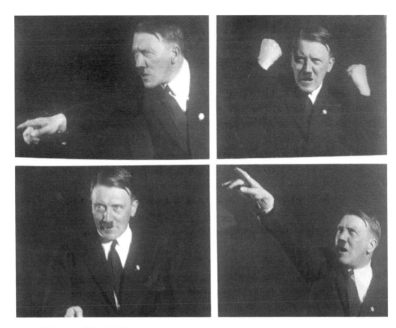

히틀러의 과장된 제스처

구조를 가진 것이다. 히틀러의 수사는 질병, 감염, 부패, 전염병 같은 용어로 가득했다. 그는 유대인들을 세균이나 해충으로 묘사했다.[14] 인종주의자에 대한 스테레오타입, 즉 고정된 이미지를 가지는 것이나 인종주의적 태도를 선천적인 요인으로 설명하는 것은 인종주의의 기제를 닮은 것이다. 심지어 계급, 직종, 학력과 같은 사회적 요인으로 인종주의 현상을 설명하는 것조차 집단의 평균적 모습에 있어서 차이를 나타낼 뿐 특정 개인에 기계적으로 적용될 수 있는 것이 아니다. 특정 집단을 잠재적 인종주의자로 간주하며, 나아가 이들을 대상으로 예방이나 감시 프로그램을 시도하는 것도 근거가 박약할 뿐 아니라, 그 자체로 인종주의를 만들어낼 수 있을 만큼 위험하다. "누가 인종주의자인가"라는 질문에 답하기는 쉽지 않다. 인종주의자는 고립되어 존재하는 것이 아니라 전반적인 인종주의적 사회 분위기가 산출하는 극단적 사례일 뿐이다. 편견이 있다고, 다문화사회에 살 준비가 덜 되어 있다고 토박이 한국인들을 쉽게 평가하고 개조하려고 하지 않는 태도, 즉 다수에 대한 배려가 소수에 대한 배려 못지않게 중요하며, 전자를 통해 후자가 가능할 수 있다.

5. 관용담론 비판

관용은 다양성, 차이와 함께 이주민 등 소수자담론의 주요 키워드이자 유력한 공존의 방법론으로 여겨져 왔다. 그런데 의아하게도 문제 삼을 여지가 없어 보이는 관용담론과 이 개념을 해법으로 상정하는 정책에 대해 다양한 지적이 있어왔다. 인도의 경제학자 아마르티아 센은 관용에 기초한 기존의 '다문화주의'가 사실은 '다원적 단일문화주의'이며, 관용은 사회적으로 소외감과 박탈감을 느끼는 사람들에게는 오히려 부정적인 영향을 줄 수 있음을 지적하였다.[15] 프랑스의 작가 피에르 테바니앙은 더 극단적으로 관용이 반인종주의의 덕목이 아니라 인종주의에 속하는 덕목이라는 견해를 제시했다.[16] 관용이 지배자가 피지배자의 차이를 과도하게 부각시킴으로써 질적으로 서로 다른 존재로 인식되게 할 수 있고, 이러한 점이 인종주의와 닮아 있다는 의미다. 물론 관용이 인종주의의 덕목이기는 하지만 그 자체로 인정되어야 하고 나아가 인종주의 극복의 필요조건으로 인식되어야 한다며 완곡한 태도를 보이기는 한다. 그래도 관용이 인종주의의 구성요소라는 점은 곱씹어봐야 할 대목이다. 인도네시아 출신 문화연구자인 이엔 앙은 호주 정부의 다문화주의담론, 특히 문화적 다양성을 찬양하는 수사와 관용 논의가 현실에서 호주 거주 아시아인들이 경험하고 있는 불안정한 상황을 은폐하는 기능을 수행한다고 비판하였다.

보다 본격적으로 관용담론을 비판한 것은 미국의 정치철학자 웬디 브라운이다. 그의 논의를 따라가 보자. 관용은 권력을 가진 이들의 담론이다. 그리고 권력 작용으로서의 관용담론의 주된 기능은 탈정치화이다. 이때 탈정치화란 불평등, 종속, 주변화, 사회갈등과 같이 정치적 분석과 해결책을 필요로 하는 문제들을, 한편으로는 개인적인 문제로, 다른 한편으로는 자연적·종교적·문화적인 문제로 이해하려는 시도를 말한다. 관용담론은 사회적 갈등을 정치 영역과 분리시킴으로써 문화 차이로 인한 갈등에 한정시킨다고 한다. 집단 간의 갈등을 종교적·종족적·문화적 차이에 대한 각 집단의 태생적 적개심에서 기인하는 것으로 여긴다는 것이다. 또한 관용담론은 차이를 가진 집단을 향한 적대 행위를 줄이고 모든 차이를 존중하지만, 이와 동시에 기존의 지배와 위계질서를 안전하게 보존하려는 시도라고 평가한다.

이 책의 논지와 관련해서는 관용담론이 지배하는 현대사회가 이민, 소수민족, 혼혈아 등 종족적 소수자와 관련해 이들에 대해 관용적인 사람과 관용적이지 못한 사람으로 나눈다는 지적이 중요하다. 웬디 브라운은 관용의 대상이 될 수 있는 소수자와 그럴 자격이 없어서 '불관용정책'의 대상이 되는 소수자로 나누기도 한다는 지적도 덧붙인다. 관용이 교육되어야 한다는 이들은 불관용을 차이에 대한 '신천적'이고 '원시적'인 반응으로 간주한다. '관용교육'의 레토릭은 적개심과 불관용을 제대로 교육받지 못한 이들의 편협함과 연결시킨다. 여기서 '편견'과 '무지'가 결합한다. 동유럽이나 아프리카 등지에서 벌어지는 종족갈등을 묘사할 때, "야만적인 피의 복수"나 "뿌리 깊은 구원" 같은 자극적 표현을 사용한다거나 무슬림들의 폭력을 전근대적 감성의 발현으로 평가하는 저널리스틱한 접근이 가능해진다. 우리는 이러한 서사 속에서 서구인들은 원주민들보다 계몽되었기 때문에 좀 더 합리적이고 평화적이며, 바로 이러한 점 때문에 관용의 실천이 가능하다는, 전형적이고 친숙한 오리엔탈리즘을 발견할 수 있다.[17] 웬디 브라운의 논의는 관용적 태도 자체에 어떤 문제가 있다고 얘기하는 것이 아니라, 관용을 강조하는 담론이 표면적으로 보이는 것과는 다른 부정적 역할을 수행한다는 점을 지적하는 것이다.

구 유고슬라비아 출신 철학자 슬라보예 지젝 역시 유사한 문제의식에서 관용과 차이에 대한 존중을 주장하는 담론과 유럽에서 이 담론을 주도하는 '진보적인 자유주의자들'의 문제점을 지적한다. 그에 따르면 이들의 태도는 인종주의적인 극우파의 입장과 크게 다르지 않다. 이들 역시 까다로운 조건이 충족된다는 전제하에서만 타자와 차이를 받아들인다는 것이다. 자유주의자들은 말한다. "타자, 좋습니다. 나는 그들을 존중합니다." "그러나 그들이 나만의 공간을 너무 침범해서는 안 됩니다. 그 순간, 그들은 나를 불편하게 합니다." "나는 약자를 위한 적극적 우대조치를 전적으로 지지합니다. 그러나 나는 시끄러운 랩뮤직을 들을 준비가 전혀 되어 있지 않습니다."

　관용담론이 내거는 조건을 충족시키는 것이 전혀 쉬운 일이 아니라는 점에서 문제는 발생한다. 문제가 없어야 한다는 조건, 즉 합법적 체류자에 한정하고, 위험하지 않고, 주류사회 성원들의 삶에 불편을 주어서는 안 되고, 주류사회 성원의 일자리문제를 악화시키지 않아야 하는 등의 조건이 걸림돌이 되는 것이다. 이렇게 되면 결과적으로는 앞서 우리가 살펴본 안전과 안락을 내세우는 증오담론과 차이가 없게 된다. 앞서 제2장에서 살펴본 대구 이슬람사원이나 한국이슬람교에서 추진한 연천의 캠핑장을 둘러싼 갈등의 경우, 주민들은 외국인의 존재 자체에 대한 반대가 아니라 소음, 냄새 등을 근거로 자신들의 일상이 침해된다는 점을 반대의 근거로 제시했다. 그러나 동시에 이들은 외국인에 대한 태도를 묻는 또 다른 조사에서 질문을 받는다면, 아마 외국인이 자신의 이웃이 되는 것에 반대하지 않는다고 답할지도 모른다.

6. 성급한 피해자 만들기:
이주배경 청소년의 사례

이주현상이 사회에서 중요한 비중을 차지하는 국가들의 경우, 10대 중반에서 20대 초반의 이주 배경을 가진 소위 '이주배경 청소년'이 실업과 배제를 가장 심하게 겪는 집단이다. 이주민에 대한 부정적 시각이나 범죄행위의 대상이 되는 것도 대부분 이민 1세대가 아니라 이들의 자녀 세대다. 이러한 상황에서 이주배경 청소년들은 자연발생적으로 전개되는 집합행동(collective action)이나 테러리즘과 같은 극단적 현상의 주역이 되기도 한다. 국제 이주민을 받아본 경험이 일천한 한국사회의 경우, 이주배경 청소년이나 청년이 이와 같은 저항운동의 주체는 아니다. 한국사회에서 이주배경 청소년문제는 주로 복지 차원에서, 그리고 사회문제의 예방 차원에서 다뤄지고 있다. 또한 입시(入試)가 큰 부분을 차지하는 한국적 특성과 청년들의 사회 진입이 어려워진 최근 상황이 반영되어, 학교생활이나 진로문제, 그리고 그 배경이 되는 가정환경과 주변의 시선 등이 이들에 관한 주된 논의주제가 된다. 하지만 이렇게 적응의 어려움을 강조하는 접근방식은 보편주의적 접근을 어렵게 하는 결과를 낳을 수도 있다. 예를 들어 학생이나 직장인 그리고 지역사회 주민 등 일반적인 사회성원의 일원으로서 이들의 지위와 역할에 대한 논의가 발붙이기 어려워지는 것이다.

최근 이 주제를 다룬 주요 조사결과를 통해 드러난 이주배경 청소년의 현실은 우리에게 보다 섬세한 인식을 요구하고 있다. 먼저 「2018년 전국다문화가족 실태조사」 결과를 보면, 15세 이상 다문화가족 자녀 중 니트족, 즉 비재학·비취업 청소년의 비율은 10.3%였다.[18] 이 비율은 2018년 당시 15–29세 청년층의 실업률인 9.5%나 2017년 한국경제연구원의 보고서가 추정한 청년 니트족의 비율 21.2%와 비교해볼 때 결코 높지 않았다. 이주배경 청소년들의 부적응을 입증하는 것으로 가장 많이 언급되는 지표인 학업중단율 역시 전체 학생보다 근소하게 높은 수준을 보이는 정도이고(2017년의 경우 전체 0.87% 대 다문화학생 1.17%), 이조차도 다문화학생의 경우 이주배경 특성상 유학·출국 등이 많다는 점이 작용한 것으로 부적응 관련 학업중단율(0.32%)은 오히려 전체 학생의 비율(0.47%)보다 낮은 것으로 나타났다.[19]

동일한 조사의 2차 분석결과를 보면, 소위 '다문화 청소년'들은 학교생활에서 친구들과 큰 어려움이 없었고, 집단 괴롭힘, 피해 경험비율 또한 지속적으로 감소하였다고 분석했다. 그러나 학년이 올라감에 따라 학업성적에 대한 주관적 평가 및 만족도는 부정적으로 변했고, 학교공부에 어려움을 느끼는 비율도 증가했다. 삶의 만족도, 우울과 사회적 위축도 연령에 따라 증가한 것으로 나타났다. 비행경험은 고등학교 진학 이후 상승하지만

낮은 수준이며, 가족의 지지는 비교적 높은 수준이 안정적으로 유지되고 있었다.[20]

탈북청소년을 대상으로 또 다른 연구에서는 조사 대상자의 절반 이상이 학교생활과 공부에 별 어려움이 없다고 응답하기도 했다. 학교생활 중 가장 어려운 점을 묻는 질문에 62.9%가 별 어려움이 없음을 선택했고, 학교공부 중 가장 어려운 점에 대해서는 54.2%가 별 어려움이 없음을 선택했다. 어려운 점이 있다고 한 응답 중에는 학교 수업 따라가기가 23.7%로 가장 많았다. 다음으로 친구 사귀기(4.4%), 남한 말 알아듣기(2.5%), 학교생활규칙 지키기(1.8%)가 뒤를 이었다. 학교공부 중 어려움이 있다고 한 내용을 보면 책 내용 이해(11.7%), 숙제나 과제(9.0%), 선생님 수업내용 이해(7.1%), 생각을 글로 표현하기(6.8%) 순이었다.[21]

세대 개념은 신중하게 사용되어야 한다. 이 개념의 남용 가능성과 유해성 때문이다. 이는 무엇보다도 이 개념이 일반적으로 함축하고 있는 정형화된 이미지 때문이다. '이민 2세대' 개념의 경우에도 이를 통해 학력문제, 언어문제, 빈곤문제 등을 강조하는 경향, 그리고 이 개념이 지칭하는 대상에 대한 단일한 이미지에 유의해야 하는 것이다. 스테레오타입, 즉 부정적이고 본질주의적인 이미지에 대한 비판의 일환으로 이주배경이라는 조건이 함축하고 있는 긍정적 측면을 강조할 필요가 있다. 알프스산맥과 지중해의 경계에 있는 지역의 경우 새들의 종이 매우 다양하다는 한 영상물의 내용이 생각난다. 경계는 종다양성이 크고 그래서 이 지역이 생태적으로 풍요롭다는 얘기였다. '경계인' 또는 초국적 존재로서 이들이 지니고 있는 생산적·혁신적 측면은 다양성에 대한 인정담론의 적절한 근거가 될 수 있다. 경계인으로서 이주민에게는 토박이에게서는 찾기 힘든 긍정적 측면이 존재한다.

그러나 적어도 지금까지 2세대 개념은 이러한 측면보다는 범죄, 부적응과 같은 어두운 면을 환기시켜왔다. 사회의 불안요소이자 테러와 같이 일반 국민들에게는 낯선 극단적 폭력의 주체를 떠올리게 한다. 이와 함께 통합의 어려움이라는 평가가 늘 따라붙는다. 이주배경 청소년이 겪는 어려움으로는 언어 습득, 부모의 케어에서 제기되는 어려움 등이 강조된다. '이주배경' 개념역시 주류사회 성원과는 질적으로 다르며, 취약하고 동시에 위험을 내포한 존재라는 의미를 함축하고 있다. 또한 거주국 성원으로서의 정체성을 어느 정도 가지고 있는지에 대한 관심이나의구심도 이주배경 주민을 대하는 흔한 방식이다. "본인은 어느 나라와 더 가깝다고 느끼나요?", "출신국과 한국이 스포츠 경기를 한다면 어느 나라를 응원하겠습니까?"와 같이 별 생각 없이 일상에서, 설문조사에서, 인터뷰 등에서 이주배경 청소년들에게 던지는 질문은 맥락에 따라서는 전쟁과 같은 극단적 상황에서 이들을 적으로 간주하는 행태와 유사한 의미를 가지는 행위가될 수 있다.

한국사회의 경우에도 학업부진, 학업중단, 학교 밖 청소년 등의 용어가 이주배경 청소년의 취약함을 표상하고, 테러리스트들을 환기시키는 담론이 위험한 존재로서의 이주배경 주민을 표상하곤 한다. 당연히 이러한 표상을 뒷받침해주는 근거는 얼마든시 찾을 수 있다. 그것의 정도나 추세와 무관하게 '외국인'으로 간주된 사람들이 개입된 범죄가 그저 언론을 통해 주기적으로 전해지는 정도만으로도 이들에 대한 기존 인식은 굳건해진다. 부족한 존재라는 이미지 역시 주기적으로 지면을 장식하는 학업 중단율, 무능하고 무책임한 이주민 부모 관련 뉴스만으로도 충분히 재생산된다. 예를 들어 출생국에 대한 소속감이 한국에 비하여 높게 나타난다는 연구결과[22]는 이들의 다름과 특수하고 복합적인 정체성을 확인시켜준다.

통합의 어려움을 부정하기는 어렵다. 1980년대부터 유럽에서 전개된 열띤 이주 논의의 배경도 바로 이주배경을 지닌 이들이 겪는 실업과 배제현상이었다. 이주배경 학생들의 경우 학업성취도는 성공적인 통합의 핵심 요인 중 하나라고 할 수 있다. 그런데 2006년 5월에 발표된 15세 학생의 성취도에 관한 OECD의 국제 비교 프로젝트 연구결과에 따르면, 이주배경 학생들과 이주와 연관이 없는 학생들 사이에 매우 큰 학업성취도의 차이가 존재했다. 이주배경 학생들은 사회경제적 지위, 언어문제 등을 통제하더라도 다른 학생들보다 불리한 상황에 놓여 있었다는 것이다.[23]

2008-2009년, 22,000명의 샘플을 대상으로 프랑스 국립인구연구소가 수행한 이주민들의 통합과 관련된 조사 '경로와 기원(Trajectoires et Origines)'은 고용, 종교, 가족, 교육 등 다양한 영역을 포괄하는 조사였는데, 학교가 통합정책의 약한 고리인 것으로 드러났다. 연구결과에 따르면, 통합은 이주민 후예들의 일부에게서

제대로 작동되지 않았다. 이주배경 청년 중에도 특히 남성의 통합이 문제였다. 이들은 매우 이른 나이에 사회적 배제를 경험한다. 심지어 초등학교나 중학교 시절부터 적응에 어려움을 겪는다. 이주배경 남학생들의 20%가 중학교를 마치지 못했고, 이 비율은 전체 평균보다 2배 이상 높은 수치였다. 이러한 이주배경 남학생들의 대거 탈락현상의 원인으로는 여학생들에 비해 가족의 통제가 덜한 점이 제시되었다. 여학생의 경우에는 학교에서의 성취가 권위적이며 성차별적인 가족으로부터 해방의 가능성을 열어주는 전략으로 고려되었다고 해석되기도 했다. 당연히 이러한 이른 학업실패는 이후의 직업적 경로에도 큰 영향을 미쳤다.

이러한 객관적 실태는 이주민에 관한 인식의 문제와 분리될 수 없는 것이다. 이 조사는 통합이나 정체성의 문제가 이들 자신의 문제라기보다 이들을 바라보는 외부인들의 문제임을 보여주었다. 왜냐하면 2세대의 98%가 "나는 프랑스인이라고 생각한다" 또는 "나는 프랑스가 고향처럼 느껴진다"라는 진술에 '그렇다'고 답했다. 그러나 이들을 대하는 다른 사람들의 시선은 이것과 차이가 컸다. 즉 프랑스 국적 취득자를 포함해 아프리카 지역을 배경으로 가지고 있는 이주민들의 50% 이상이 사람들이 자신을 프랑스인이라고 생각하지 않는다고 답했다.[24]

그러나 이주배경 청소년을 향한 부정적 표상에 대해 그 반증이나 반론 역시 충분히 존재한다. 먼저 이들이 위험하다는 인식은 사회적으로 만들어진 측면이 크다. 모든 외국인이 불법체류를 할 가능성을 가지고 있다는 인식은 일부의 불법적 경우를 보다 많은 외국인의 잠재적 불법성으로 확대 해석하는 방식을 취한다. 또한 법적 문제를 보다 애매한 '정당성' 문제로 연결시키는 방식이 적용되기도 한다. 법적으로 문제가 없는 경우에도 외국인의 존재는 정당하지 않을 수 있다는 것이다. '경범죄(petty crime)'는 불법체류와 함께 이주민에 대한 부정적 표상을 뒷받침해주는 핵심적 무기다. 실제로 심각하지 않음에도 불구하고 '외국인'으로 간주되는(사실 많은 경우 이들은 국민이다) 이들이 범하는 경범죄는 매우 민감하게 받아들여진다. 일상 대화나 소문에서 관심 있게 다뤄지고 부풀려지면서 이주민이나 이주배경 청소년들에게 낙인이 부여된다. 주로 미디어를 통해 확산되는 대중의 치안불안 감정에는 상당 부분 비합리적인 측면이 존재한다. 특히 일탈행위를 이주와 연관 지을 때에는 상당한 신중함이 요구된다. 왜냐하면 여론의 관심을 끄는 사건은, 만일 그것이 주류사회 청년들의 행위였다고 하면, 대부분 경미한 비행으로 다루어질 가능성이 높기 때문이다. 반면 이주배경 청소년이 연루되는 경범죄는 이들이 프랑스사회에 덜 익숙하고 요령이 없어 더 쉽게 포착되는 '사회적' 성격의 범법행위인 경우가 많다.[25]

최근 프랑스, 독일, 벨기에, 미국 등지에서 발생한 이주민 관련 테러의 주역은 상당수가 청년 또는 청소년이다. 절망적인 삶의 물질적 환경과 일상에서 반복적으로 겪게 되는 참을 수 없는 모멸감 등이 이들이 극단적인 행동을 저지르게 되는 배경이 된다. 2005년 프랑스 대도시 외곽에서 발생한 폭력사태 이후 주기적으로 나타나 이제는 다문화담론의 대표적인 레퍼토리가 된 유비(類

比), 즉 한국에서도 유사한 사건이 나타날 수 있다는 경고는 보다 신중하고 책임감 있는 태도를 요구한다. 사실 한국의 이주민 1.5세대 및 2세대는 아직 이러한 폭력과 연관된 어떤 의미 있는 양상도 보이고 있지 않기 때문이다. 저항하는 유럽 이주민사회 10대의 모습을 확인하려는 시도는 허황되고 매우 정치적인 것이다.

역으로 이주배경 주민에 대한 주류사회의 반감 역시 아직 한국사회의 의미 있는 현상은 아니다. 어떤 집단에 대해 사회 구성원들이 가지고 있는 관념이 증오의 시발점이 된다. 그런데 이러한 관념이 항상 증오현상을 유발하지는 않는다. 사회적으로 문제가 되는 것은 대부분 증오 대상이 되는 집단의 현실이 익숙한 관념과 일치하지 않고 양자 간 괴리가 어느 정도 이상으로 커지게 될 때다. 여성, 성, 장애인, 외국인, 하층민 등이 일반적으로 기대하는 것과 다른 모습을 보이는 때 증오를 유발할 수 있다는 얘기다. 즉 일반적 인식과 달리 통합의 실패만큼이나 통합의 성공이 주류사회의 반발을 야기할 수 있다.

이러한 논리를 적용해보면, 한국의 이주배경 청소년은 증오의 대상이기보다는 경멸의 대상이다. 자신의 자리를 위협하는 존재라기보다는 불편한 존재인 것이다. 물론 이 불편함 역시 상당 부분 피상적 인식의 산물이지만 말이다. 현재 이주배경 청소년들이 사회적 관심을 끄는 집단이 아닌 것은 이들의 현실이 고전적인 이미지에 잘 부합하기 때문이다. 즉 일반 국민에 비해 불리한 위치에 있고, 그로 인해 어려움을 겪고 있다고 느끼고 있는 것이다. 이러한 상황에서 이들에 대해 다수자가 하는 얘기들은 별 의미가 없는 경우가 많다. 다수자를 불편하게 만들지 않는 불평등한 현실을 교정하려는 진지한 욕구에서 나오는 것이 아니기 때문이다. 가장 선량한 개입조차 그저 불평등이 어느 선을 넘지 않도록 관리하는 것을 목적으로 한다. 이주배경 청소년에 대한 담론에 항상 따라붙는 프랑스 이민 2세대들의 얘기와 이러한 전철을 우리는 밟아서는 안 된다는 문제의식과 각오가 이러한 관리의 시각을 잘 보여준다. 현실을 변화시키려는 의지가 담기지 않은 형식적 관용이자 상황이 더 나빠지지 말아야 한다는 하한과 위계질서가 사라져서는 안 된다는 상한 사이에서 적정한 선을 유지하는 줄타기인 셈이다.

이러한 맥락에서 이주배경 청소년들이 겪는 어려움만이 아니라 성취의 측면을 드러낼 필요가 있다. 스위스 이주배경 청소년들의 장애 극복방법에 관한 연구에서 바데와 피비[26]는 잠재력, 동기를 주는 원천들, 역량 강화, 개인적인 도전 등 2세대가 지닌 긍정적 요소에 주목해야 한다고 했다. 이주배경 청소년들의 경우, 학교에 충실하라는 부모의 요구가 강하고, 자신들의 잠재력을 믿어주는 교사가 존재하며, 주변 사람들이 다소 무책임하게 '평범한' 진로를 권할 때, 이를 넘어서려는 도전의식이 존재한다는 점에 주목해야 한다는 것이다. 다음의 표현들은 2세대가 가지고 있는 긍정적 환경의 일단을 보여준다. "공부를 잘하면 이주배경이라는 장애가 더 이상 작용하지 않는다." "내가 악기도 돈도 없는 상황이었는데 선생님이 내가 음악수업을 들을 수 있도록 기타를 사주었어요." "아빠는 항상 괜찮은 학위를 딸 수 있게 격려했어요."27 역설적으로 이웃이나 교사 등이 부여하는 부정적 이미지가 동기를 유발하는 역할을 수행하기도 한다. 그가 이루어내는 성취가 주변의 편견이 틀렸음을 보여주는 징표가 될 수 있기 때문이다.

또한 부모 세대와 달리 2세대는 새로 이주한 나라와 출신국가 간의 역사적 관계에 대한 관심이나 콤플렉스가 미미하다. 반대로 이들은 거주하는 사회와 친숙하며, 충분하지는 않지만 보편적인 교육제도가 이들의 통합에 기여한다. 그 결과 이주사회에서 자신의 꿈을 펼치려는 욕구가 강해지고, 역으로 가정에서 접하던 출신국가의 문화로부터 멀어지게 된다. 다만 일부는 이 특수한 자산을 계층상승전략에 동원하기도 한다. 학교, 동네와 또래집단, 미디어 등의 영향으로 주류사회에 동화되면서 이제 가족은 더 이상 모델이 아니게 되고, 준거집단으로서의 역할도 약화된다. 보다 어려움이 많은 1.5세대의 경우에도 성인기에 이주한 1세대보다는 해당 사회에의 적응이 쉬운 편이다. 그러나 1.5세대는 입국 시 나이, 즉 모국에서의 양육 및 교육기간 그리고 출신국가에서 받은 교육의 정도, 새로 거주하게 된 지역의 특성 등에 따라 출신국가나 새로 정착한 나라에의 소속감에서 차이가 있다. 즉 1.5세대 내부의 다양성이 큰 것이다. 새로운 사회에서 자란 기간의 차이(nativity gap)가 성취도나 정체성 측면에서 차이를 만드는 것이다.

이민 2세대는 1세대보다 나은 성취를 보이지만, 토박이들에 비해서는 낮은 지위에 있다는 것이 일반적 생각이다. 그러나 2

세대의 지위는 국가나 시기에 따라 달라져 또래의 토박이들보다 더 나은 사회경제적 지위를 차지하기도 하고, 반대로 이민 2세 대가 토박이에 비해 사회경제적으로 열등하다는 연구결과도 있다.[28] 시기와 지역에 따라 매우 다양한 양상이 존재하고 특히 같은 이주민이라도 출신국가에 따라 큰 차이를 보이므로 사회경제 적 통합에 있어서 이주민과 비이주민의 차이를 일반화하기는 매우 어렵다.

제9장

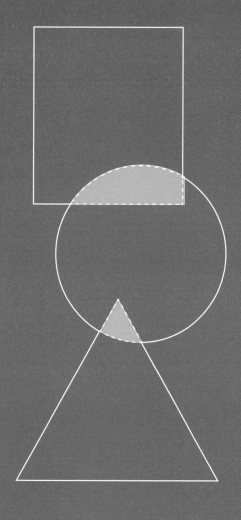

증오와의 공존

*

"저는 자본주의가 구조적 위기를 겪고 있다고 생각합니다. 이 위기로부터 역사상 한 번도 결코 실존한 적이 없었던 것인 새로운 극, 즉 인종주의적인 위계적 체계나 아니면 상대적으로 평등주의적인 체계로 변형될 것입니다."[1]

30년 전에 내놓은 세계체계론 주창자 이매뉴얼 월러스틴의 두 가지 전망 중 후자는 요원해 보이고, 전자의 우려는 어느 정도 현실이 된 것 같다. 당시 함께 대담을 나눈 프랑스 마르크스주의자 에티엔 발리바르 역시 전자와 관련해 차별, 증오, 폭력의 문제가 핵심적인 사회 이슈가 될 것이라고 했다. 이는 현재 상황에 잘 부합하는 전망이다. 그리고 이러한 상황에 대처하는 데 평등과 자유와 같은 원칙을 주장하는 것만으로는 충분하지 않다고 덧붙였다. 그러한 익숙한 대응방식이 지닌 한계를 강조하는 이 책의 입장과도 일맥상통하는 부분이다.

한국의 경우, 이제 이주민 등 소수자를 바라보는 시각의 보완이 필요하다. 이주정책의 시발점은 인구나 경제 등 우리의 자체

문제 해결이었지만, 이제 도구주의적 사고의 관성에서 벗어나야 할 때다. 큰 그림은 국가에 의해 만들어지지만, 실제 이주민과 선주민의 공존은 시민들에 의해 일상 곳곳에서 그 성패가 결정된다. 이주민이 불편한 존재가 되는 것도 고급 인력이 떠나는 것도 결국 일상에서 우리가 필요한 매뉴얼대로 생활하지 못하기 때문일 것이다. 증오현상을 다룰 때 기존 대안들이 큰 힘을 발휘하지 못한다면, 새로운 대안을 생각할 필요가 있다. 새로운 대안은 의식이 아닌 현실을 향하는 것이어야 할 것이다. 증오의 화살이 그것이 생겨난 원인이 아니라 타자로 향하고 있는데, 증오에 대한 대응도 동일한 방식을 따라서는 안 될 것이다. 해결이 어려운 만큼 다차원적인 접근이 요구된다. 증오의 외적 표현에 대한 제도적 차원의 명확한 대응, 증오현상의 구조적 원인의 규명과 대응, 증오정서에 대한 이해와 관리 등 비난에 만족하지 않는 신중한 태도가 필요하다.

1. 제도적 대응

법적·제도적 장치를 갖추는 것은 증오현상에 대응하는 일차적 요건이다. 차별, 혐오발언, 증오범죄와 같이 특정 집단에 대해 사회적으로 형성된 증오가 동기가 되는 행위는 공적인 개입에 의해 일정 부분 완화될 수 있기 때문이다. 혐오표현방지법이나 포괄적 차별금지법에 대한 열망 속에는 이러한 기대가 들어 있다. 법 제정이 늦어지면서 소수자들의 고통이 더욱 심해지고 있다는 호소는 국가를 향한 것이다. 차별이나 증오범죄에 대해 온당하고 강력한 대응이 필요한 이유는 누구나 납득할 수 있는 것들이다. 모든 법이 그런 역할을 하듯이 해당 행위가 매우 잘못된 것이며, 그에 상응하는 처벌이 따른다는 인식을 심어주어야 하기 때문이다. 특별히 증오범죄라는 개념이 법률에 도입되어야 하는 이유는 그렇지 않을 경우 증오가 범죄의 동기라는 점이 고려되지 않아 결과적으로 증오범죄의 존재 자체가 인정되지 않기 때문이다. 법은 잘못에 상응하는 대가를 치르게 하면서 동시에 모두에게 올바른 길을 환기시키는 교육효과가 있다.

한국은 OECD 회원국 가운데 일본과 함께 차별금지법이 제정되어 있지 않은 예외적인 국가다. 한국에서는 '장애인차별금지 및 권리구제에 관한 법률', '남녀고용평등과 일·가정 양립 지원에 관한 법률', '양성평등기본법', '고용상 연령차별금지 및 고령자 고용촉진에 관한 법률', '기간제 및 단기간근로자 보호 등에 관한 법률'과 같은 개별적 차별금지법이 제정되어 시행되고 있다. 개 별 영역별로 차별을 규율하는 이러한 법들과 일반적 차별금지법 인 국가인권위원회법이 존재하지만, 이 법들만으로는 차별문제 를 개선하기 어려운 실효성의 한계가 있다. 이 때문에 포괄적 차 별금지법 도입의 필요성이 제기되어온 것이다. 개별 사유에 근 거한 차별금지법만으로는 관련 법률 간 불일치로 인한 혼란이 발생할 수 있다는 점, 차별의 중첩성과 복합성을 다룰 수 없다는 점 등의 한계가 있으며, 국가인권위원회의 '권고'는 법적 구속력 이 없다는 점에서 차별행위에 대한 금지를 규제하는 법률로 충 분히 기능하지 못한다는 비판이 있어왔다.[2] 이러한 배경에서 통 합적 성격의 차별금지법 제정을 주장하는 목소리는 점점 더 커 져왔다.

포괄적으로 대응해야 할 필요성은 차별 및 증오현상이 지니 는 속성을 반영하는 것이기도 하다. 차별과 증오현상은 다양한 대상을 가진다. 그런데 이 현상은 표적이 되는 대상이 행한 어떤 잘못 때문이 아니라 차별이 가져다주는 이점이나 증오를 표출하 는 이가 겪는 문제에서 비롯된다. 증오의 유형과 대상은 유동적 이다. 이 집단에서 저 집단으로 옮겨 다닐 수 있다. 한국사회의 경우, 현재는 여성과 성소수자에 초점이 맞추어져 있지만, 시간이 지나면서 다른 집단이 부각될 수도 있다. 본질은 하나이며 그것이 표현되는 방식이 다를 뿐이다. 이것이 다양한 대상으로 향해진 증오가 가진 공통점에 초점을 맞추는 포괄적 접근이 필요한 이유 중 하나다. 모든 개개의 인권은 보편적이며 분리 불가능하고 상호의존적인 것과 마찬가지다. 그러나 이러한 근거와 관련 현실의 시급성에도 불구하고 차별금지 사유에 성적 지향이 포함되어 있다는 점을 들어 종교계 등 보수단체가 반발하면서 법안 제정이 미뤄져왔다.

그러다가 장혜영 정의당 의원이 2020년 6월 29일 차별금지법안을 대표 발의하였고, 6월 30일에는 국가인권위원회가 국회에 '평등 및 차별금지에 관한 법률(평등법)' 제정을 요구하는 의견을 냈다. 이후 21대 국회에서 차별금지에 관한 네 개의 법률안이 상정되었지만, 제대로 심되지 않고 있다. 이런 가운데 조속한 법안통과를 요구하는 시민사회의 행동이 이어지고 있다. 정의당에서 발의한 '모두를 위한 차별금지법'에 관한 기자회견 내용은 차별의 구조적 성격을 강조하고 있다.

> "차별의 가장 나쁜 점은 차별을 통해 구조적으로 취약해진 개인의 삶을 마치 처음부터 그 개인의 문제처럼 보이게 만든다는 것입니다. 인천국제공항 비정규직의 정규직화를 둘러싼 아우성은 서로를 이해하지 못하는 철없는 청년들 간의 갈등이 아니라, 가파른 불평등의 절벽으로 떠밀린 청년들의 두려운 외침입니다. 포괄적 차별금지법은 이 두

려움을 감싸 안는 사회적 안전망입니다."

차별금지법과 마찬가지로 혐오표현금지법을 제정하려는 시도가 있어왔다. 2018년 2월 김부겸 의원이 대표 발의한 '혐오표현 규제법안'은 반대에 부딪혀 철회되었다.[3] 표현의 자유는 필수불가결한 기본법이며 모든 다른 기본법이 존재하기 위한 필수 요소다. 그렇지만 표현의 자유가 무조건적이지는 않다. 몇 가지 측면에서 제한될 수 있다. 그러나 이 제한은 법에 의한 것이어야 하고, 정당한 목적을 추구하기 위한 것이어야 하며 그것이 꼭 필요한 경우에 국한되어야 한다. 증오를 부추기는 행위를 막기 위한 표현의 자유의 제한 역시 마찬가지다. 이와 관련된 내용이 헌법과 법률에 명시적으로 언급되어야 한다.

이 분야에서 앞서 나가는 나라들의 경우를 보면, 증오를 부추기는 행위를 금지하는 법적 장치는 다수의 국제법에 토대를 두고 있다. 따라서 이러한 국제법의 기반이 되는 원칙들을 고려하는 것이 중요하다. 혐오발언을 규제하는 국제적 장치에는 '제노사이드의 방지와 처벌에 관한 협약', '모든 형태의 인종차별 철폐에 관한 국제협약', '시민적·정치적 권리에 관한 국제조약' 등이 있다. '제노사이드 방지와 처벌에 관한 협약'에 따르면, 제노사이드란 국민적·인종적·민족적·종교적 집단을 전부 또는 일부 파괴할 의도를 갖고서 집단 구성원을 살해하는 것과 집단 구성원에게 중대한 육체적·정신적 위해를 가하는 행위로 규정되어 있어, 혐오발언도 제노사이드의 하나로 간주된다. 시민적·정치적 권리에 관한 조약에 따르면, 혐오발언도 차별, 적의, 폭력의 선동이 될 민족적·인종적·종교적 증오를 고취하는 행위의 하나로 금지되고 있다. 시민권과 정치에 관한 국제협약(PIDCP) 20조에 따르면, 증오를 자극한다는 것은 특정 집단에 속한 사람들을 대상으로 한 차별, 적대적인 행위나 폭력이 일어날 수 있는 명백한 위험을 창출할 수 있는 표현을 의미해야 한다.

한국의 경우 현행법상으로는 특정할 수 있는 개인을 향한 욕설 등 모욕이나 명예훼손 표현만 처벌될 수 있을 뿐 특정 집단 전체를 대상으로 하는 경우에는 처벌의 대상이 되기 어렵다. 이런 이유로 혐오표현금지법 제정이 필요하며, 유엔이나 유럽 국가들에서는 관련 법률이 이미 제정되어 있다. 그러나 중동이나 아프리카 일부 국가들의 경우처럼, 혐오발언에 대한 대응이 이제 조금씩 신장되고 있는 언론의 자유를 위축시키는 결과를 낳기도 하는 탓에 법 제정 논의에서 주의가 요구된다.

중동 지역에서는 미디어, 인터넷, 심지어 국가정책에도 혐오발언이 만연해 있다. 혐오발언의 주요 주제로는 반유대주의, 이슬람혐오증, 기독교 등 다른 종교에 대한 증오와 박해 등을 들 수 있다. 혐오발언의 주요 영역인 성, 인종, 종교 중 종교가 차지하는 비중이 큰 것이다. 이와 함께 소수민족, 이주민, 난민, 여성 등이 공격의 대상이 된다. 그런데 혐오발언금지법이 언론 자유를 침해하는 측면이 있기도 하다. 예를 들어 요르단에서는 혐오발언 관련법 개정이 언론 자유를 더욱 위축시킬 수 있다는 우려가 제기된 바 있다. 2015년 사이버범죄법 개정안의 경우, 혐오발언에 대한 정의가 명확하지 않고 지나치게 광범위하다는 문제점이 지적되었다. 자국민을 보호한다는 명분으로 언론의 자유를 침해할 수 있다는 것이다.[4] 아프리카 국가들의 경우에도 국제법에 명시되어 있지 않은 부적절한 제한의 사유가 혐오발언 등 증오를 담은 표현을 방지하는 법률에 등장하고 있다. 중동이나 아프리카 사례가 보여주는 이와 같은 우려에도 불구하고, 표현의 자유와 혐오발언에 대한 대응이 양립 불가능한 것은 아니다. 다만 어떤 것은 표현의 자유 차원에서 허용되어야 하고, 어떤 것은 혐오발언이나 혐오표현으로 금지되어야 하는지를 가르는 기준이 선험적으로 주어진 것은 아니며, 특정 시대와 사회의 조건과 수준에 따라 가변적인 측면이 있다.

2. 구조적 해법

"KKK(또는 맥도날드나 와이어하우저사, 미국 정부)를 악마화하는 것은 적절하지 않은 일이며 오해를 일으킬 수 있고 따라서 해롭다. 왜냐하면 조직에서 잔학행위의 충동이 나오는 게 아니라 조직을 통해 그 충동이 더욱 커지는 것이기 때문이다. KKK를 없애고 싶은 마음이 아무리 굴뚝같아도, 그 단체를 없애는 것으로 잔학행위를 끝내지는 못할 것이다. 따라서 그 행동이 파괴적이라면 그 단체를 없애거나 축소하는 것도 나쁜 생각은 아니다. 그러나 정말 한숨을 돌릴 수 있었을까? KKK단은 와해되었지만 애초에 그들의 폭력을 촉발한 충동은 사라지지 않고 그대로 남아 있었다. 폭력이 일어나게 한 사회적 조건도 그대로였다. 한 집단의 특권이 다른 집단에 대한 착취에 기초하고 있다면, 특권층 집단은 그러한 특권 중 일부를 잃어버리는 데 대해 위협을 느낀다."[5]

인종주의는 바로 이 우월한 집단의 불안과 죄책감의 왜곡된

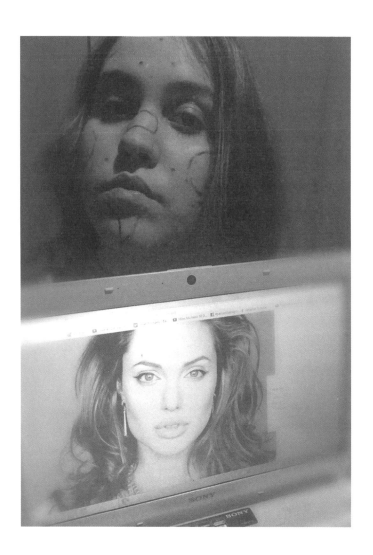

표현이다. 인종주의를 이렇게 이해한다면 대안은 인종주의로 표현되는 감정을 낳은 착취구조에 교정을 가하는 것이다. 법적·제도적 대응 마련과 함께 증오현상의 배경이 되는 요인들에 대한 개입이 필요한 이유다. 불평등이 심화되고 사회적 배제를 겪는 사람의 수가 늘어나서는 증오현상의 물결을 막아낼 수 없다. 역으로 증오의 배경이 되는 사회경제적 조건이 변화되면 그동안 위력을 떨쳤던 것들이 더 이상 힘을 발휘하지 못하게 된다. 증오가 사라지지 않는 건 그것을 낳은 원인이 사라지지 않기 때문이다. 따라서 위계질서와 같이 그 배경이 되는 요인에 화살을 돌려야 한다.

어떤 집단을 우월하거나 열등하다고 여기는 위계의식에는 미학적 요소가 반영되어 있다. 외모지상주의는 한국사회를 특징짓는 중요한 시각일 것이다. 그런데 남성보다 힘이 약한 여성의 몸, 장애인의 몸, 유색인종의 몸, 성소수자의 신체적 특성, 노인이나 아동의 약한 몸 등 드러나거나 드러나지 않은 신체적 특성은 혐오나 증오의 근거로 작용한다. 그리고 희고 크고 강한 몸은 아름다운 것으로 간주된다. 그렇다면 아름답거나 추한 것에 대한 구분이 없다면, 위계도 사라지는가. 아비뇽의 한 갤러리에서 시든 채소를 주제로 한 전시회 그림들을 본 적이 있다. 세상에 추한 건 없다는 메시지를 주는 듯 했다. 나이가 드니 추한 것에 대해 이전과는 달리 생각하게 된다. 거부감이 줄고 추하다고 생각하는 사물이나 사람을 나라는 인간과 견주어보게 된다. 나이는 선악과 미추의 구분을 넘어서라는 종교의 가르침이 더 잘 이해되게 하는가 보다. 이 책에서 다루는 주제와 연관지어보면, 인종주의나 경멸의 주된 근거 중 하나가 바로 미학적인 것이다. 어떤 인간을 바라볼 때 미추를 넘어서는 것은 그 인간의 존엄성을 인정하고 그에게 감정이입함으로써 연민을 느끼는 것이다. 그것은 위계질서가 우리에게 가르쳐준 경멸과 거부의 고리를 끊는다.

증오현상은 위계의 산물이자 위계 극복이 불가능하다는 표현이다. 혁명의 실패, 변화 불가능성의 표현이라고 할 수 있다. 아랍세계 이슬람주의자들의 반서구, 반기독교, 반여성은 자본주의식 발전과 사회주의 혁명 양자 모두의 실패를 배경으로 나타난 현상이다. 이슬람주의가 정치권력은 아니었지만 이데올로기적 헤게모니를 장악했던 것은 시기적으로 아랍사회주의나 아랍민족주의와 같은 급진적 시도가 힘을 잃은 이후였다. 제1차 세계대전과 유럽 사회주의혁명의 실패에 뒤이어 등장한 파시즘 역시 전쟁문화의 연장이자 실패한 혁명의 산물이었다. 이로부터 증오의 극복이 혁명전통의 복원, 즉 사회의 혁명적 변화에 대한 민중의 요구를 제대로 반영하는 것이라는 생각을 할 수 있다. 혁명은 위계질서의 전복이며, 증오현상이 발흥하는 현실은 역설적으로 이 전복을 새로이 구상하는 계기가 될 수도 있다.

증오는 전체로서의 집단을 향한다. 그러나 이 집단은 저마다 다른 개인성을 지닌 사람들로 이루어져 있다. 그럼에도 증오는 이 개인성, 개별성, 개성을 무시한다. 미국영화 <나의 작은 시인에게>(2018)은 주인공 여성이 보이는 집착을 범죄로 묘사하는 것에 초점이 맞춰져 있지만, 이 영화가 보여주는 또 다른 면이 있다.

즉 여교사는 자신이 가르치는 한 아이의 천재성을 지키려고 아이를 유괴하는 극단적 선택을 하게 되는데, 결국 주변 사회에 의해 이러한 시도가 좌절된다. 사회가 구성원들이 지닌 고유의 특성을 지우려하는 이유는 지배를 용이하게 하려는 것이다. 개성은 분노와 저항을 가능케 하며 권력을 가진 이들은 권력에 주눅들지 않는 개성 있는 자들의 존재를 용납하지 않는다. 개성과 정체성을 잃고 획일화된 개인이나 집단은 지배하기 용이하면서 동시에 쉽게 증오와 폭력의 대상이 된다. 이주민이나 권위적인 가정의 여성과 같이 개별성을 인정받지 못하는 이들 역시 쉽게 증오나 혐오의 대상이 된다. 극도의 위계질서나 경쟁사회에서 수치화되고 사물화되고 동질화된 사회 구성원은 증오의 대상이자 동시에 증오를 부추기는 권력에 이용당한다. 이러한 시각에서 보면 증오에 대한 근본적 대응 중 하나는 개성과 존엄성의 회복일 것이다.

사이비종교의 사례도 우리 모두의 문제라는 점에서 증오현상과 공통점이 있다. '사이비종교'라는 표현에는 종교가 갖추어야 할 요건을 갖추지 못했다는 의미가 담겨 있다. 그런데 신흥종교나 사이비종교는 당대 사회현실의 가장 적나라한 표현이다. 현재 우리 사회에 신흥종교가 번성하고 있는 것은 현재의 종교, 현재의 정치, 현 사회체제가 심각한 위기에 처해 있다는 것을 보여주는 징표인 것이다. 기성종교의 상업화와 부패가 이러한 분위기에 적응하지 못하거나 이로부터 벗어나 종교 본래의 정신을 찾아나가는 새로운 종교운동이 출현하는, 보다 직접적인 배경이다. 그러나 이와 함께 민주화 이후 시대의 이데올로기적 공백 상태나 양극화의 심화 그리고 능력과 노력에 상응하는 인성을 받지 못하는 데서 느끼는 박탈감과 같은 요인들이 기성종교와는 다른 종교운동이 번성하는 사회적 배경이라고 할 수 있다. 일반 사회에서 중시하는 것과는 다른 가치나 삶의 방식을 주창하는 종교운동에 열정적으로 참여하는 것은 지나치게 경쟁, 성공, 돈을 숭상하는 사회에서 더 이상 버틸 수 없다는 반증이거나 그러한 사회를 적극적으로 벗어나려는 시도이다. 따라서 이 현상을 이해하는 데 병적인 측면에 초점을 맞추거나 특정 집단의 문제로 몰아가는 것은, 사실 우리 모두가 결부되어 있는 문제를 외면함으로써 면죄부를 받으려는 것이다. 어떤 신흥종교나 사이비종교가 병적인 양상을 보인다면 그것은 우리 사회의 어떤 측면이 병들어 있어서다. 한국사회나 한국의 기성종교가 건강하다면 사람들이 병적인 것을 따르지 않을 것이기 때문이다.

> "베트남인을 같은 인간이라고 여기지 않았어요. (…) 그들은 '국', 그러니까 동남아 것이거나 빨갱이였고, 그래서 그렇게 취급해도 괜찮다고 여겼죠."[6]

베트남전쟁에 참전한 한 미군 병사의 말인데, 전쟁 상황에서 병사들이 인간을 살상하는 어려움을 이겨낼 수 있게 하는 이데올로기의 역할을 잘 보여준다. 이것이 예상할 수 있고 익숙한 내용이라면, 미군과 대적했던 공산주의 세력인 베트콩들의 태도는 낯설게 다가온다. 베트콩 진영은 여성을 동등한 존재로 여겼으며,

베트남인과 미군

그럴 경우 전쟁 중에서도 미군이 초래한 것과는 다른 상황이 만들어진다는 것을 보여주었다. 아넷의 분석에 따르면, 베트콩이 강간을 저지르지 않은 원인이 효율적인 문책 시스템에만 있는 것은 아니었다. 그가 보기에는 베트콩 여성이 군사작전에서 중요한 역할을 수행했다는 사실, 그리고 남자들과 함께 동등하게 싸우는 여성이 존재한다는 사실이 다른 여성에 대해서도 성적 모욕과 학대를 가하지 못하게 했다.[7] 전쟁 상황에서 여성들이 흔히 직면하는 폭력이 불가피한 것은 아니라는 희망을 주는 사례다.

빌헬름 라이히는 인성이 세 개의 상이한 층으로 구성되어 있다고 했다. 인성의 표면층에서 평범한 인간은 수줍어하고, 예의 바르며, 인정이 많고, 책임감이 있고, 양심적이다. 이 표면층은 잔혹하고, 가학적이며, 음란하고, 욕심과 시기심이 많은, 철저하게 충동으로만 구성되어 있는 두 번째 층, 곧 중간 성격층에서 태어난다. 이 두 번째 층은 프로이트적인 의미에서는 '무의식' 또는 '억압된 것'을 의미한다. 도착(倒錯)이 지배하는 두 번째 층을 지나 인간의 생물학적 하부구조로 깊이 들어가면, 우리는 그곳에서 생물학적 핵심인 세 번째 층을 발견하게 된다. 좋은 사회적 조건이 주어진다면, 인간은 이 가장 깊은 핵심에서 근본적으로 정직하고, 부지런하고, 협동적이며, 사랑을 하는 동물, 정당한 이유가 있을 때 합리적으로 분노를 표출하는 동물이 될 수 있을 것이다.

그리고 라이히는 이러한 인간의 인성구조가 사회적·정치적 영역의 세 가지 층에 부합한다고 했다. 즉 인성의 표면층에 나타나는 사려 깊음이라는 특성, 즉 스스로를 통제하고 인내하는 것에 몰두하는 특성에 대한 옹호를 자유주의의 윤리적·사회적 이상에서 발견할 수 있다. 자유주의는 '인간 속의 야수성', 즉 '이차적 욕구'나 프로이트적 '무의식'을 억압하기 위해 윤리를 강조했다. 가장 깊숙이 도사려 있는 세 번째 층, 즉 심층의 '자연스런 사회성'은 자유주의자들에게는 낯선 것이었다. 진정 혁명적인 모든 것, 진정한 예술과 과학은 모두 인간의 자연스러운 생물학적 핵심에서 나온다. 따라서 진정한 혁명가나 예술가, 과학자 등은 지금까지 대중들에게 편승하거나 대중들을 일방적으로 교정하려 하지 않았다. 자유주의 그리고 진정한 혁명을 파시즘과 비교해보면, 차이를 발견하게 된다. 파시즘의 핵심은 본질적으로 표면층이나 심층이 아니라 이차적 욕구를 갖는 두 번째의 성격층을 구현한다. 파시스트의 심리 상태는 권위를 갈망하는 동시에 반역적인, 노예 상태에 있는 '소심한 인간'의 심리 상태와 동일하다.[8]

라이히의 논의를 접하고 우리의 논의를 생각해보면 증오를 품은 상태, 증오를 억제하려는 시도, 증오가 근본적으로 극복되는 단계 등 세 가지 상태를 떠올릴 수 있다. 두 번째 층의 야수성을 낳는 것은 소시민적 상태이며, 이것은 우리의 논의에서 강조하고 있는 사회적 요인이 작용한 결과다. 증오를 낳는 두 번째 층의 마음은 나치 독일의 국민들처럼 일부 개인이나 집단, 계층에 국한된 것이 아니라 그 시대의 심리이며 대다수가 공유하고 있는 정서이다. 증오의 극복은 자신과 다른 정체성을 가진 이들과 연대하고 부당한 사회체제에는 분노할 수 있는 상태로의 이행에 다름 아니다.

3. 위드 증오

이탈(Exit), 항의(Voice), 충성(Loyalty)과 같은 경제학자 앨버트 허쉬만의 개념을 적용해보면, 증오에 대한 대응으로 피하기, 비판하기, 수용하기 등의 방법을 생각해볼 수 있다. 수용도 중요한 선택지 중 하나다. 유사한 시각에서 우사미 유리코[9]는 미운 감정을 없애기보다 사랑하는 방식, 존재를 인정하는 방식, 그리고 그 미운 감정의 원인 찾기를 제안한다. 미운 감정을 두려워하지 않게 되면 인간관계가 편해진다는 것이다. 인간관계가 힘든 것은 미운 감정이 존재해서가 아니라 미운 감정을 없애려 하기 때문이다. 이러한 시각을 증오현상에 대한 대응에 반영해본다. 즉 특정 집단에 대한 적대감을 솔직히 표현하게 하고, 이러한 감정 상태를 인정하는 식으로 대응하는 것을 생각해볼 수 있다. 가르치려 드는 계몽적 방식에 신중하고, 이해할 수 없다는 평가를 내리는 것을 삼가는 것도 중요하다. 충분히 이해하게 되면, 쉽게 무시할 수 있는 견해나 마음은 생각보다 많지 않다.

성, 인종, 민족 등의 측면에서 자신과 다른 정체성을 가진 타자에 대한 태도는 자신과 동일한 정체성을 가졌다고 여기는 사람들을 대하는 것보다 어색하고 부정적일 수밖에 없다. 이는 자연스러운 감정이며, 쉽게 사라질 수 없는 현상이다. 따라서 이 점을 고려하면 100% 개방적 태도를 기대하는 담론은 과욕이고, 더 나아가 인종주의를 강화할 수도 있다. 실제 현실에서는 어떤 사회도 절대적 조화의 상태에 있을 수 없다. 한 사회에서 갈등은 합의나 조화를 보조하는 필수 요소이다. 독일의 사회학자 게오르그 짐멜은 인간 간의 상호작용이 조화와 갈등, 매혹과 거북함, 사랑과 증오 등과 같은 모순적 요소들을 수반한다고 말했다. 짐멜은 또한 사회의 외양과 사회의 실재를 구분했다. 이방인을 포함한 사회 구성원 모두에게 부정적 효과를 나타내는 갈등관계들이 있다. 그러나 이 관계를 분석해보면 그것이 잠재적으로 긍정적 측면을 가지기도 한다고 했다.[10] 어디나 존재하는 갈등의 편재성, 통합기제로서의 갈등이라는 관념을 갈등의 한 형태인 증오현상에도 적용할 수 있을 것이다.

이러한 시각을 적용하면, 증오현상에 대해 박멸이 아니라 관리의 접근방법이 효과적일 수 있다. 이는 현실을 고려한 차선책이기도 하다. 끔찍한 일이기는 하지만 증오와 함께 살기가 불가피하기 때문이다. 낯선 집단에 대한 거부감은 인류의 탄생 이래 인간사회에 보편적 현상이었다. 따라서 급한 마음을 버려야 한다. 증오는 불완전한 우리 속에 있고 떼어내기는 어렵다. 증오와 함께, 그러나 우리가 위험하지 않게 사는 방법을 찾는 것도 증오의 한 치유법이 될 수 있다.

증오의 유형은 다양하지만, 공통점은 굉장히 강하고 오래 지속된다는 데 있다. 해결방법도 거의 없어 보인다. 그냥 안고 지내야 한다는 생각이 들 정도다. 너무 심한 정도로 분출이 안 되도록 혐오발언이나 증오범죄와 같이 겉으로 표출되는 증오를 법으로 엄격히 규제하는 정도나 가능할 뿐, 증오의 마음을 어떻게 할수는 없다는 비관적인 생각마저 든다. 무리하게 이 마음을 제거하려다 사회가 더 권위적이 되거나 극단적인 형태의 반발을 유발할 수 있다. 그런즉 코로나19 팬데믹 상황에 비유해 말해보자면, 집단면역을 해법의 하나로 생각해보자는 것이다. 격리와 함께 집단면역을 시도함으로써 증오에 대한 이해와 면역력을 확보하는 것이다. 또한 다수를 문제가 있는 사람으로 간주하는 것에 신중해야 한다. '우리 누구나 문제가 있다'라는 시각은 성찰을 자극하는 의의가 있지만, 억압의 기제로 악용될 수도 있다. 성과 인종 영역을 필두로 항상 자신의 언행을 경계하는 것이 미덕인 시대가 되었지만, 이것이 과도할 경우 감시와 자기검열의 문화를 낳을 수도 있다.

타자에 대한 이해와 함께, 타자에 대해 그릇된 인식을 가지고 있다고 비난받는 사람들에 대한 이해도 공존에 필요한 요소다. 증오가 초래할 수 있는 위험을 예방하기를 원한다면, 비난과 경멸에 그치지 않고 증오를 품은 당사자의 감정과 판단을 진지하게 고려해야 한다. 증오는 가벼운 감정일 수도 있고, 비합리적 반응일 수도 있다. 여러 감정 중 하나인 증오는 무언가에 의해 비중 있는 사회현상으로 변형된다. 그리고 누군가가 증오의 주범역할을 맡게 된다. 증오는 무언가에 대한 열망, 충족되지 못하거나 길을 잘못 든 사랑의 표현이다. 따라서 증오를 품은 이가 열망한 것은 무엇인지 물어봐야 한다. 우리는 증오의 표출이 현 질서에 만족하지 못하는 이들이 택할 수 있는 유력한 방법인 세계에 살고 있다. 체제에 순종하고 주류 담론을 수용하는 것과 그에 극단적으로 반대 의사를 표하는 것 사이의 대안이 마땅치 않다는 점은 누구나 동의하는 현 세계의 모습이다. 이렇게 생각하면 극단적 대응의 하나인 증오의 표출도 현실을 비판하는 방식 중 하나라는 것을 인정할 수 있을 것이다.

증오에 대한 대응방법은 즉자적 본능으로서의 선악이분법을 거스르는 것이어야 한다. 문제를 보이는 사람들을 대할 때 쉬운 구분의 유혹을 이기고 더 생각하는 것이 필요하다. 우리가 이 책에서 주목했던 것 중 하나는 '구분'이었다. 구분은 인간을 전체로서가 아니라 어느 한 요인을 근거로 행해진다. 그러나 피부색, 종족 또는 민족에의 소속, 성별, 계급, 나이, 신체의 정상성 여부 등 인간 집단을 구분하는 기준을 모두 합친다 해도 현실의 인간을 충분히 재현할 수는 없다. 전체는 구성요소의 합 이상이다. 소수자를 배려하는 적극적 우대조치와 유사하게 '나쁜' 마음과 행동을 가진 이들을 배려하는 적극적 우대조치를 생각해볼 수 있다. 이는 문제를 보이는 자녀를 더 생각하는 부모의 마음과도 같다.

증오현상의 문제가 해결되는 상태가 갈등의 부재 상태는 아니다. 대안은 비폭력적 대응, 비폭력적 상태라는 차선책을 추구하는 것이다. 여러 종교들의 공통점 중 하나는 평화와 사랑의 메시지일 것이다. 불교의 자비나 기독교의 사랑이 그렇고, 단군사상도 평화, 홍익인간 이념을 표방하고 있다. 세계의 주요 종교들은 각기 그 나름의 방식으로 "네가 당하고 싶지 않은 일을 남에게 하지 마라"는 황금률을 정립했다.[11] 이러한 종교의 가르침은 타자를 증오하는 이들에게도, 동시에 이들을 대하는 다른 사람들에게도 적용될 수 있다. 어려운 일이지만 증오의 감정마저도 이해하는 것이 필요하다. 그러나 사랑과 자비만으로는 한계가 있다. '사랑만이 증오를 극복할 수 있다'고 하더라도 사랑만으로 증오에 대처하기는 어렵다. 개별 인간의 감정을 바꾸는 데 성공했다고 하더라도 증오를 그 내부에 각인한 제도는 다시 차례차례 증오를 재생산해낼 것이기 때문이다. 그러므로 증오를 치유하는 것은 우선 이 증오를 끝없이 재생산하는 제도의 해체로 향하는 저항이다.[12]

4. 보편주의적 시각

인정해야 하는 것은 다름만이 아니다. 같음에 대한 인정 역시 중요하다. 즉 인간이 지닌 다양성과 동질성 양자 모두에 대한 감수성이 요구되는 것이다. 모든 인간을 동등한 존재로 존중하는 것, 이것은 성차별에 반대하는 투쟁이나 인종차별에 반대하는 투쟁 모두가 공유하는 지향점일 것이다. 또한 민족이 아니라 계급, 의식이 아니라 존재라는 계급적 차원에 대한 관심과 유물론적 시각이 요구된다. 보편주의(universalism)는 맥락에 따라 다양한 의미를 지니는 다의적인 개념이다. 또한 사회과학 분야나 정치 영역에서는 매우 논쟁적인 개념이기도 하다. '보편적 복지'라는 용어를 통해 보편주의 개념이 가장 명시적으로 적용되고 있는 사회복지 분야에서 이 개념은 복지국가의 역사와 궤를 함께한다. 1940-1980년대 스칸디나비아 국가들의 사회정책을 뒷받침해준 대표적인 논리였으며, 제2차 세계대전 종전 직후 영국이 도입한 연금제도나 의료보장제도 역시 보편주의가 적용된 대표적 사례다. 당시 영국에서 보편주의적 제도의 도입을 이끈 동력은 바로 이전 구빈법이 남긴 빈민들에 대한 낙인이라는 유산으로부터 탈

피해야 한다는 당위였다.[13] 물론 북유럽이나 영국의 보편적 복지는 사회주의와 자유주의라는 양대 이념의 절충안이기도 했으며, 시민권의 측면에서는 사회권을 촉진시킨 주된 수단이었다.

보편주의의 주된 계기 중 하나였던 낙인에 대한 관심은 한두 세대가 지난 후 이주 분야의 논의에서도 그대로 반복되었다. 보편주의의 당위성을 뒷받침하는 주된 근거로 작용한 것이었다. 또한 보편주의 복지국가가 계급, 성, 지역 간의 불평등을 해소한다는 목적을 달성하기 위한 수단이었듯이, 유럽, 특히 프랑스의 공화주의적 통합모델이 대표적인 사례인 보편주의적인 이주민 정책은 인종 및 민족 간 불평등 완화를 목표로 제시했다. 보편주의적 접근의 근거는 인간으로서의 보편성에 있다. 모든 사람에게 공통적으로 존재하는 것에 근거를 두는 것이다.

그러나 예상할 수 있듯이 이주 영역에서 보편주의의 실현은 매우 어려운 과제다. 인간이 보편성과 함께 문화적 특수성을 지니기 때문이다. 그리고 평등은 이러한 문화적 차이를 근거로 유보되곤 한다. 이주민 역시 시민 또는 주민으로서 보편적 정책의 대상이 되어야 하지만, 최근 유럽의 무슬림 이주민의 사례가 잘 보여주듯이 일부 이주민에 대해서는 정책이 문화적 기반이 작용하는 이주민의 생활양식에 개입하고 또한 이를 근거로 인간으로서의 보편적 대우를 유보하는 양상이 나타나기도 한다.[14]

이주 영역에서 보편주의적 접근은 특수주의와 쌍을 이룬다. 이주민정책 또는 이주민 통합의 영역에서 보편주의 대 특수주의의 구도는 동화주의 및 공화주의 모델과 다문화주의 모델을 구

분하는 주된 기준이다.[15] 통합정책의 두 가지 유형을 구분하는 주된 기준은 바로 출신 민족이나 문화를 중시하는가 또는 그보다는 인간, 국민, 주민으로 간주하는가이다. 물론 어떤 정책이 보편주의적 성격을 지닌다고 해서 반드시 동화주의를 지향하는 것은 아니며, 다문화주의 또는 다원주의 모델에서도 보편주의적인 정책이 있을 수 있다. 다문화주의의 바탕에 있는 대표적 개념인 '인정의 정치'가 그 사례가 될 수 있다. 보편주의는 모든 인간을 보편적 가치를 실현할 수 있는 잠재력을 지닌, 합리적인 행위자로 간주하는 인정의 정치와 모순되지 않는다.[16] 그만큼 어떤 정책이 보편주의적인지 아닌지를 판단하는 것은 어려운 일이며, 때로는 적절하지 않을 수도 있다. 이주 논의, 더 폭넓게는 소수자 논의의 주된 쟁점 중 하나인 평등 대 다양성의 이분법 역시 계급과 비계급적인 정체성이라는 양대 요소를 상정한 것이다. 이를 이주민정책이나 이주민을 대하는 태도에 적용해보면, 보편주의와 특수주의는 '보이지 않는 통합'과 '구별 짓기'라는 서로 다른 접근방식으로 나타난다.[17] 보편주의는 이주민 및 그 자녀들을 대상으로 한 정책이 보다 포괄적인 틀에서, 그리고 드러나지 않게 진행되어야 함을 의미한다.

1950-70년대 영국의 사례는 갈등을 줄이는 요소들의 일단을 보여준다. 당시 영국으로 온 이주민들이 경험한 끔찍한 인종주의는 세 가지 요인, 즉 친숙함, 계급투쟁, 인종차별 반대운동 덕분에 도전을 받았다. 유색인과 백인이 이웃해 살게 되면서 가장 조야한 형태의 편견은 살아남기가 힘들었다. 더 중요한 요인은

계급투쟁인데, 노동자들이 투쟁에 나서고 요구사항을 관철하기 시작하자 지배자들과 언론이 퍼뜨리는 특정 집단 희생양 삼기를 좀처럼 받아들이지 않게 되었다. 노동자들은 파업 과정에서 자신의 진정한 적이 누구인지 깨닫게 되면서 태도가 바뀐다. 마지막으로 1970년대부터 인종차별 반대운동이 중요한 구실을 했다. 차별받는 사람들은 평등한 대우를 요구했고, 백인 사회주의자들과 노동조합 활동가들은 노동계급을 약화시키는 인종주의에 도전했다.[18]

코로나19 팬데믹에 대한 대응에서처럼, 다문화가족 구성원들이 겪는 경제적 어려움과 사회관계의 어려움을 해결하기 위해서는 한국사회의 오랜 관행과 일상을 바꾸는 근본적 변화가 요구된다. 예를 들어 이주민들과의 관계에서 유지해왔던 거리두기 관습을 깨고 먼저 다가가는 노력이 필요하다. 정책 역시 이주민들을 멀리했던 분야를 찾아내는 일종의 '인종영향평가'를 일상화해야 할 것이다. 사회진출을 앞둔 이주배경 청소년들은 지역인재 등 국민을 대상으로 하는 적극적 조치의 대상으로 적극 고려할 수 있을 것이다. 이와 동시에 코로나19 중증환자에 대한 대응처럼 제도적 차별이나 증오범죄와 같이 즉각 대응해야 하는 문제점도 있다. 제도적 차별은 이주민들의 힘겨운 통합의 의지를 꺾을 수 있고, 갈등의 분출은 오랜 기간 서서히 진전되는 이주민과의 관계를 단숨에 역전시킬 수 있기 때문이다.

증오가 경험 부족 때문이라는 인식은 증오에 대한 해법으로 접촉의 확대를 요구한다. 관련 조사결과도 이 점을 잘 보여주고 있다. 여성가족부의 '2021 국민 다문화 수용성 조사' 결과에 따르면, 한국인의 다문화 수용 점수는 52.27점으로 2018년 조사에 비해 0.54점 하락했다. 세부 항목 중에선 '교류의지'에 관한 항목의 점수가 38.76점으로 가장 낮았다. 지난 조사에 비해서도 3.72점 떨어졌다. 외국인을 배척하는 '고정관념'이나 '차별인식' 등은 줄었지만, 실제 교류하고 싶은 생각은 별로 없다는 얘기다.[19] 형식적 관용, 접촉의 부재가 종족적 타자들과의 관계가 진척되지 못하는 원인 중 하나인 것이다.

5. 책임 있는 소수자담론

"빈곤 탈출에 6세대가 걸린다. 그런데 이들에게 빈곤의 딱지를 붙여 빈곤을 영원한 것으로 만들지 말라."

프랑스의 한 전철역에서 보았던 포스터 문구다. 성급한 태도가 일을 그르친다. 이 책에서 다룬 증오는 오래전에 시작되었고 사라지지 않고 있다. 쉽게 교화시킬 수 있다는 생각은 그렇게 되지 않을 때 무서운 증오로 변질될 수 있다. 증오는 빈곤처럼 구조에 의해 재생산되는 것이다. 위계적이고 위험한 현실에서 매일 자양분을 얻는 증오를 극복하기란 불가능해 보일 정도로 어려운 과제라는 점을 잊지 말아야 한다. 한국에서는 얼마 전 트랜스젠더가 학내 반발로 대학 입학을 포기한 사건이 있었다. 아직 멀었다는 한탄과 함께 나와 우리는 어느 것까지 받아들일 수 있는지 진솔하게 되물어보는 계기가 되었다. 일본의 철학자 나카지마 요시미치는 차별에 관한 논의가 어려운 이유를 서로 대립되는 다음의 두 명제를 통해 설명한다.

개인의 쾌감이나 불쾌감을 통제해서는 안 된다.

다만 불쾌감을 무제한 표현하도록 내버려둬서는 안 되며, 모종의 방법으로 통제해야 한다.

이 딜레마에 대한 현대사회의 답변은 바로 '모든 사람은 설령 타인에 대해 불쾌감을 느꼈다 하더라도 전혀 불쾌감을 느끼지 않은 듯 행동해야 한다'는 규칙이다. 그런데 이 인간관계의 상식에 대해, 그는 사회적으로 불리한 입장에 놓인 그룹의 구성원들을 그 그룹의 일원이라는 이유로 일괄적으로 불쾌하게 여기는 감정만은 개인 내면의 문제일지라도 그대로 방기해서는 안 되며 제한을 두어야 한다고 말한다.[20] 이들에 대해서는 차별의 감정조차도 용납되지 않는 것이다. 물론 숨길 수는 있을 것이다. 그러나 사회적으로 용인되지 않는 감정을 숨긴 채 가식적으로 사는 것이 이상적인 해결책이라고 할 수는 없다.

이러한 어려움을 통해 보건대, 우리는 공존이나 관용 등 상투적 담론조차 그 사용에서 신중을 기할 필요가 있다. 관성적으로 내뱉기보다 해당 맥락에서 가장 적절한 개념은 무엇인지 신중히 검토해야 한다. '우리 편 편향(myside bias)'은 자신의 견해와 태도에 우호적인 방식으로 증거를 평가하고, 생성하며, 가설을 검증할 때 나타나는 편향이다. 그런데 심리학자 키스 E. 스타노비치에 따르면, 우리 편 편향은 일반적 인식과 달리 보수주의 이념, 낮은 지능, 새로운 경험에 대한 낮은 개방성을 가진 사람들이 보이는 특성만은 아니다. 교육수준, 지능 등 인지적 성숙도가 높은 사람들도, 개방성이나 공감능력, 인지욕구가 높은 사람들도 일반인들과 마찬가지의 편향을 보인다. 우리 편 편향은 이상과 같은 심리적 요인보다는 자신이 보유하고 있는 신념의 강도와 연관성이 있다고 한다. 즉 우리 편 편향은 어떤 신념을 가지고 있느냐가 아니라 얼마나 강한 신념을 고수하는지에 좌우된다는 것이다.[21] 강한 신념은 편견과 선택적 친화성이 있다.

개인적으로 필자는 외국인으로서 살아본 경험을 통해 외국인과 이주민이 더 이상 나와 관계없는 세계의 존재들이 아니게 되었고, 지방대학에서 일하면서 지방대생들의 문제가 남의 일이 아니게 되었고, 최근에는 장애도 남의 일만은 아니게 되었다. 그리고 그리 특별한 문제를 안고 있지 않은데도 아내와 딸의 삶과 일상은 여성이 처한 위험과 차별에 민감하게 반응하도록 만들었다. 그리고 이렇게 소위 소수자나 약자로 간주되는 집단에 이해가 걸린 사람이 되면서, 이주민, 여성, 지방민, 장애인에 관한 얘기를 듣는 것이 부담스러워지고, 그에 대해 얘기하는 것도 조심스러워졌다. 관련된 용어를 입에 담는 것 자체가 고통스러울 때도 있었다. 그러면서 지금까지 별 생각 없이 떠들었던 노동자, 하층민, 빈민과 같은 계급적 범주에 대해서도 지금 내가 경험하는 어떤 집단에의 소속감이 주는 민감함을 적용해보게 되었다. 그 결과 내가 속하지 않은 집단에 대해 얘기하는 것도 조심스러워지고, 예전에 우쭐한 마음에서 내뱉었던 호의와 결의의 말들이 부끄러워졌다.

사회 내의 인종주의, 성차별 등을 해결하기 위한 방법을 얘기하면서 정치철학자 누스바움은 인종적 두려움과 증오를 억눌러서 막을 수 있는 비이성적 충동으로 생각하지 말자고 했다. 그는 나쁜 감정도 마찬가지로 그 속에는 나름의 근거가 있다고 했다. 따라서 증오의 기반이 되는 사실이나 가치와 관련한 잘못된 믿음을 없애거나, 더 좋게는 그러한 믿음을 습득하지 않으면, 사람들의 감정이 바뀔 것이라고 생각했다. 그리고 성급한 태도를 경계해야 한다고도 했다. 즉 믿음의 변화에 따라 감정도 변한다는 관점을 지닌다고 해서 그러한 변화가 쉽고 빨리 달성되리라 생각한다면, 이는 어리석은 일이라는 것이다.[22] 한국은 관련 경험이 일천한 상황이라 더욱 다양한 장치들이 필요하다. 마법 같은 해결책은 없다. 극단적 사건과 평균적 실태를 뒤섞는 것은 시민들에게 공존에 대한 부정적 전망을 심어줄 수 있고, 한국인들의 근본적 문제점을 거론하는 자기혐오를 자극할 수 있다. 따라서 매 순간 섬세한 구분이 필요하다. 이와 함께 증오를 품은 이를 유형이 아닌 복합적이고 구체적인 인간으로 바라보아야 할 것이다.

에필로그

우리 일상은 증오현상의 불쏘시개가 될 재료들로 넘쳐난다. 다양한 연금 간 형평성문제는 복지수급자로서 빈민에 대한 증오를 낳기도 하고, 부족한 일자리문제는 청년과 노인, 남성과 여성 등을 가리지 않고 구직이 힘든 이들 모두에게 상호 적대감을 불러일으킨다. 안전을 위협하는 주거조건은 남성과 여성뿐만 아니라, 외국인과 내국인, 빈민과 중산층까지 증오의 무대로 불러들인다.

범위를 넓혀 세계를 보아도 증오는 막을 수 없어 보인다. 이미한 세기 이상 국가 간 격차를 벌려온 자본주의의 불균등한 발전양상은 비참한 빈국과 모든 것이 과잉상태인 부국 간의 정상적관계를 불가능하게 만들어버렸다. 착취와 구호라는 부국의 이중적 태도에 빈국의 민중들은 부국으로의 이주와 부국을 겨냥한 테러리즘이라는 양극단의 선택으로 대응한다. 정체된 세계자본주의체계 속에서 국가 간 경쟁은 격화되고, 이 싸움에서 이기기 위한 무기는 역사의 창고에서 찾아낸 해묵은 원한 같은 것뿐이다.

어쩔 수 없는 구조가 증오의 싹을 틔운다면, 복수와 응징의 문화가 이 싹에 물을 붓는다. 최근 한 OTT플랫폼에서 학교폭력의 희생자가 복수에 나서는 드라마가 방영되었는데, 시청자들은 그에게 격한 응원의 박수를 보내는 것 같다. 전쟁을 치르고 있는 나라의 지도자가 보여주는 결사항전 모습이나 이를 닮은 한국 대통령의 대북 강경발언도 이러한 시대조류에 잘 어울린다. 이 책은 증오나 증오에 대한 대응이 만들어내는 이러한 열기를 가라앉히는 데 일조하고자 기획된 것이다. 열기의 현장 속에서 쓴 것이 아니라 호소력은 덜하겠지만, 쌓인 감정을 구조와 사회라는 같은 곳을 함께 바라보며 풀 수 있으리라는 기대가 있었다.

아울러 이 책은 두 권으로 기획된 '증오의 사회학' 시리즈 가운데 첫 번째 책으로, 증오현상의 측면에서 한국 사례가 중동, 유럽, 미국 등 여타의 지역과 크게 다르지 않다는 것을 보여주고사 했다. 두 번째 책에서는 이러한 보편성과 함께 한국사회가 지닌 특수성에 초점을 맞추고자 한다. 일종의 한국사회론 또는 한국인론이 되겠다. 물론 보편성과 완전히 구분되는 특수성은 없을 것이다. 그보다는 세계적 차원 또는 세계 어느 지역에서나 관철되는 원리가 한국사회에서 유독 강하게 전형적이거나 극단적 모습을 띠는 점을 드러내고자 한다. 나아가 이러한 한국사회의 특성과 증오현상 사이의 상관관계를 따져볼 것이다.

이제 다소 개인적인 얘기로 첫 권을 마무리하고자 한다. 필자가 유럽으로 유학을 떠날 당시 한국사회에서는 유럽의 선진사상에 대한 관심이 커지고 있었다. 필자도 그런 걸 공부할 거라 생각하고 떠났다. 그러나 막상 호기심을 끌었던 것은 유럽사회의 우아한 측면보다 그 이면의 어두움이었다. 무슬림을 가리키는 프랑스어 '뮈쥘멍(musulman)', 아랍어로 북아프리카를 의미하는 '마그렙(Maghreb)', 노숙자의 프랑스어 표현인 '성자브히(sans abris)'와 같은 단어들이 이 그늘의 배역들이었다. 그렇지만 이 그늘은 민주화에 매진하고 있던 당시 한국 민중들의 세계처럼 희망을 품고 있었다. 이주민공동체, 평등, 정체성, 통합을 추구하던 건강한 시도는 정체된 토박이들의 중산층 문화보다 빛나는 것이었다.

그러나 귀국한 해에 발생한 9.11테러가 상징적으로 보여주었듯이, 비주류 세계의 분위기는 점차 희망에서 절망으로 바뀌었고, 필자가 다루는 소재도 테러리즘, 전쟁, 증오와 같은 것들로 바뀌게 되었다. 그늘진 곳의 어두운 모습을 다루게 된 것이다. 이 깊은 어둠이 동트기 직전의 것인지 빠져나오기 어려운 긴 터널 속의 것인지 아직은 알 수 없다. 다만 21세기 한국사회의 운명이 첨단 테크놀로지나 대기업들 못지않게 증오의 진창에 내몰린 대다수의 사람들에게 달려 있다는 생각을 다시 한 번 되새겨본다.

주

들어가는 말

1 천선영, 2022, 『어쩌다 서로에게 괴물이 되었을까』, 정한책방.

1장

1 『중앙일보』, 2022년 7월 4일자.

2 http://www.mediatoday.co.kr/news/articleView.html?idxno=303336, 2022년 11월 9일 검색.

3 Christina Steenkamp, 2009, "Xenophobia in South Africa: What Does It say about Trust?", *The Round Table* 98(403), pp. 439-447.

4 엄한진·최영미, 2016, 「한국 인종주의의 성격 규명과 반인종주의 담론 모색」, 한국연구재단 인문학국책사업 결과보고서.

5 나카지마 요시미치, 2015, 『차별 감정의 철학』(김희은 옮김), 바다출판사, 27쪽.

6 스테판 에셀, 2011, 『분노하라』(임희근 옮김), 돌베개.

7 2018년 가을, 부유세는 낮추고, 유류세·자동차세는 올리는 반민중적인 조세정책이 촉발시킨 프랑스 국민들의 저항운동은 50년 전 68혁명 때와 마찬가지로 프랑스 국경을 넘어 신자유주의 반대운동에 불을 지폈다.

8 우에노 치즈코, 2012, 『여성 혐오를 혐오한다』(나일등 옮김), 은행나무.

9 카롤린 엠케, 2017, 『혐오사회』(정지인 옮김), 다산초당.

10 제러미 월드론, 2017, 『혐오표현, 자유는 어떻게 해악이 되는가?』(홍성수·이소영 옮김), 이후.

11 데니스 맥셰인, 2016, 『증오의 세계화』(황승구 옮김), 글항아리.

12 나인호, 2019, 『증오하는 인간의 탄생』, 역사비평사.

13 베네딕트 앤더슨, 2018, 『상상된 공동체: 민족주의의 기원과 보급에 대한 고찰』(서지원 옮김), 길, 243쪽.

14 에밀 뒤르켐, 2001, 『사회학적 방법의 규칙들』(윤병철·박창호 옮김), 새물결, 53-56쪽.

15 엄한진, 2014, 『이슬람주의: 현대 아랍세계의 일그러진 자화상』, 한국문화사, 310쪽.

16 엄한진, 2015, 「시리아 난민사태와 국민국가체제의 상대화」, 모심과 살림연구소 웹진.

17 어빙 고프만, 2018, 『수용소: 정신병 환자와 그 외 재소자들의 사회적 상황에 대한 에세이』(심보선 옮김), 문학과지성사, 153쪽.

18 미국 인류학자 압델마지드 하눔은 1990년대 알제리내전 당시 알제리 정부가 이슬람주의자들을 척결한다는 명분으로 저지른 양민학살이 프랑스 지배 시절 형성된 식민지 근대성에 그 뿌리를 두고 있다고 주장했다. 그에 따르면 식민지 근대성 자체에 대량 학살이나 인간개조와 같은 폭력적인 요소가 내재되어 있었다. 이에 대해서는 Abdelmajid Hannoum, 2010, *Violent Modernity: France in Algeria*, Harvard University 참조.

19 https://www.joongang.co.kr/article/25064389#home, 2022년 4월 19일 검색.

20 https://www.yna.co.kr/view/AKR20170628137700111, 2022년 6월 30일 검색.

21 아이리스 M. 양, 2013, 『정치적 책임에 관하여』(허라금 외 옮김), 이후.

2장

1 카푸티-다니애나 & 다이애나 E. H. 러셀, 2018, 「페미사이드: 여성을 향한 성차별적 테러리즘」, 다이애나 E. H. 러셀, 질 래드퍼드 엮음, 『페미사이드』(전경훈 옮김), 책세상, 48쪽.

2 https://www.lemonde.fr/international/article/2020/11/18/les-crimes-de-haine-aux-etats-unis-ont-atteint-leur-plus-haut-niveau-depuis-une-decennie_6060238_3210.html, 2022년 6월 13일 검색.

3 FBI, *Hate Crime Statistics 2019*.

4 배정환, 2021, 「코로나 시대, 미국에서의 아시아인에 대한 혐오와 증오범죄: 인종주의담론과 사회통제에 관한 논의」, 『경찰학연구』, vol. 21, no. 3, 통권 67호, 184쪽.

5 『한겨레』, 2021년 4월 11일자.

6 European Network Against Racism. 2014. *Invisible visible minority*. Brussels: ENAR.

7 문종현, 「집시와 국민국가: 프랑스의 차별원리를 중심으로」, 『호모미그란스』 13, 2015. 11: 5-6쪽.

8 엄한진·최영미, 2016, 「한국 인종주의의 성격 규명과 반인종주의 담론 모색」, 한국연구재단 인문학국책사업 결과보고서.

9 『*France Hebdo*』, 2022년 10월 19일자.

10 '근본주의'라는 용어는 19세기 말에서 20세기 초에 미국의 복음주의 기독교인들 가운데서 일어난 종교운동으로, 독자적인 교리와 제도를 갖춘 특정 종교집단을 지칭하는 용어가 아니라 여러 종교나 교파에서 나타나는 초교파적 경향을 가리킨다. 이 종교운동은 초기 캘빈교나 감리교에서처럼 사회의 급격한 변화에 대한 종교적 대응양식이었다. 이에 대해서는 엄한진, 2005, 「근본주의: 이데올로기와 유토피아 사이에서」, 『사회와 이론』, 2005년 1호, 174쪽.

11 이매뉴얼 월러스틴 & 에티엔 발리바르, 2022, 『인종, 국민, 계급: 모호한 정체성들』(김상운 옮김), 두번째테제, 13쪽.

12 제프리 디스티 크로익스 외, 2017, 『계급, 소외, 차별: 마르크스주의는 계급, 소외, 여성·성소수자·인종차별을 어떻게 설명하는가?』(편집부 엮음), 책갈피, 304쪽.

13 크로익스 외, 위의 책, 228쪽.

14 알리 라탄시, 2008, 『인종주의는 본성인가: 인종, 인종주의, 인종주의자에 대한 오랜 역사』(구정은 옮김), 한겨레출판, 59쪽.

15 누구나에게 정치적 권리를 주는 보편선거는 프랑스적인 현상이었다. 영국이나 미국에는 낯선 제도였다. 그러나 프랑스에서도 이 제도가 자리 잡는 과정은 순조롭지 않았다. 1792년 8월 10일 프랑스 혁명이 급진화되면서 남성에 국한된 채 보편적 선거제도가 도입되었지만, 당시 3200만 명의 프랑스인 중 단지 24만 명만이 투표권을 가질 수 있었다. 프랑스 국민은 모두 시민이라고 간주되었지만, 실질적으로는 투표권을 가질 자격이 있는 적극적 시민과 그렇지 못한 소극적 시민으로 구분되었다. 이러한 상황에서 성, 인종, 계급의 측면에서 열등한 지위에 있었던 이들이 정치적 시민권을 행사하지 못한 것이다. 이에 대해서는 Domenico Losurdo, 2007, *Democratie ou bonapartisme*, Le temps des cerises 참조.

16 위의 책, 83-92쪽.

17 강상중, 2002, 『오리엔탈리즘을 넘어서』(이경덕·임성모 옮김), 이산, 90쪽.

18 오리엔탈리즘은 서구 지배 세력이 만든 '오리엔트' 세계에 대한 이론이자 표상이다. 이 서구 담론에서 오리엔트는 서구와 극단적으로 대조되는 사회. 욕망과 감정에 얽매어 있는 오리엔트는 이성, 자유, 진보를 표방하는 남성적인 서구에 의해 인도되어야 하는 여성적인 사회로 간주되었다. 이렇게 오리엔탈리즘은 서구의 지배를 정당화하는 무기로 작용했다.

19 http://www.munhwa.com/news/view.html?no=20220625 MW062608670514, 2022년 7월 1일 검색.

20 유은경, 2020, 「프랑스 동성결혼 논쟁의 행위자와 담론」, 『비교한국학』, 28권 2호.

21 엄한진, 「'나쁜 히잡'에 흔들리는 나쁜 이란 체제」, 『워커스』, 2022년 11월호.

22 『KBS』, 2016년 3월 28일자 보도자료.

23 『지디넷코리아』, 2006년 11월 23일자; 『워커스』, 2018년 8월, 45호에서 재인용.

24 『KBS』, 2016년 3월 28일자 보도자료.

25 『MBC』, 2022년 3월 20일자.

26 『서울신문』, 2022년 1월 28일자.

27 『뉴스 7』, 2022년 5월 2일자.

28 참고로 한국행정연구원의 2013-2018년 「사회통합실태조사」에 따르면, 우리 사회의 일원으로 '받아들일 수 없다'는 의견은 동성애자, 탈북자, 외국인 이민자, 노동자 순으로 높게 나타났다.

29 김철효·신민주·고재훈, 2021, 「결혼이주여성의 수행적 시민권: 익산 시장 이주민 비하 발언 규탄 시위의 경험」, 『문화와정치』 8(1).

30 「국가인권위원회 보도자료」, 2010년 7월 14일자.

31 프랑스에서도 1980년대 초반의 짧은 시간 안에 이주민들에 대한 우호적 관심과 그에 대한 반발이 동전의 양면처럼 등장했다. 실제 관련 연표를 보면, 당시 불과 몇 년 사이에 굵직한 사건들이 동시다발적으로 일어났다. 1983년 5월 프랑스의 대표적 극우정당인 국민전선(Front National, FN; 2018년부터 국민연합(Rassemblement national, RN)으로 개칭)의 지도자 장 마리 르펜의 강령집 『프랑스인 먼저』가 출간되었고, 1985년 10월 26일 피가로 매거진은 「10년 후에도 우리는 프랑스일까?」라는 제목의 인구 리포트를 게재한다. 이러한 반이민주의에 맞서 1984년 10월 반인종주의단체 'SOS-Racisme'이 창설되었고, 1985년 10월에는 반인종주의를 표방한 '권리의 평등을 위한 행진'이 전개된다. 1986년 국민전선의 후보자들이 대거 의회에 진출하고, 1986년에는 당시 내무장관 샤를 파스쿠아가 주도한 반이민적인 파스쿠아법이 도입된다. 이에 대해서는 문종현 외, 2019, 「라운드 테이블: 프랑스의 극우정치」, 『프랑스사 연구』, 40호 중 엄한진 발언 부분 참조.

32 『문화일보』, 2007년 12월 11일자.

33 로즈마리 퍼트넘 통 & 티나 페르난디스 보츠, 2019,『페미니즘 교차하는 관점들』, 학이시습, 216쪽.

34 https://m.yna.co.kr/view/AKR20210728002500109, 2022년 7월 1일 검색.

35 베네딕트 앤더슨, 2018,『상상된 공동체: 민족주의의 기원과 보급에 대한 고찰』(서지원 옮김), 길, 25쪽.

36 카를 도이치, 2016,『민족주의와 그 대안』; 슐로모 산드, 2021,『만들어진 유대인』(김승완 옮김), 사월의책, 19쪽에서 재인용.

37 성균관대학교 동아시아학술원 서베이리서치센터, 2022,『한국종합사회조사: KGSS 2003-2021』, 성균관대학교출판부, 213쪽.

38 노윤선, 2019,『혐한의 계보』, 글항아리, 13-15쪽.

39 https://news.v.daum.net/v/20210714064422103?f=p, 2022년 7월 10일 검색.

40 https://news.nate.com/view/20220609n29585, 2022년 7월 1일 검색.

41 『서울신문』, 2022년 8월 10일자.

42 http://www.ohmynews.com/NWS_Web/View/at_pg.aspx?CNTN_CD=A0000309786, 2022년 7월 1일 검색.

43 『비마이너』, 2016년 8월 26일자;『워커스』2018년 8월 45호에서 재인용.

44 엄한진, 2011,「공공연한 생각, 극단적 표현」,『르몽드 디플로마티크』한국어판, 2011년 8월호.

45 스티그 라르손, 2017,『밀레니엄 1부: 여자를 증오한 남자들』(임호경 옮김), 문학동네, 436쪽.

46 카푸티-다니애나 & 다이애나 E. H. 러셀, 2018,「페미사이드: 여성을 향한 성차별적 테러리즘」, 다이애나 E. H. 러셀, 질 래드퍼드 엮음,『페미사이드』(전경훈 옮김), 책세상, 21쪽.

47 위의 책, 30-31쪽.

48 위의 책, 18-19쪽.

49 위의 책, 41-46쪽.

50 『워커스』, 2018년 9월 46호.

51 『한겨레』, 2021년 8월 31일자.

52 아델라 코르티나. 2021, 『가난포비아』(김유경 옮김), 북하이브, 78쪽.

53 위의 책, 79쪽.

54 모로오카 야스코, 2015, 『증오하는 입: 혐오발언이란 무엇인가』(조승미·이혜진 옮김), 오월의봄, 99쪽.

3장

1 크리스티앙 들라캉파뉴, 2013, 『인종차별의 역사』(하정희 옮김), 예지.

2 아델라 코르티나. 2021, 『가난포비아』(김유경 옮김), 북하이브, 104-105쪽.

3 마사 누스바움, 2016, 『혐오에서 인류애로』(강동혁 옮김), 뿌리와이파리, 24쪽.

4 Michela Marzano(ed.), 2011, *Dictionnaire de la violence*, PUF, pp. 603-607.

5 『조선일보』, 2019년 11월 5일자.

6 르네 지라르, 2007, 『희생양』(김진석 옮김), 민음사, 30쪽.

7 김모세, 2008, 『로네 지라르: 욕망, 폭력, 구원의 인류학』, 살림, 140쪽.

8 르네 지라르, 2007, 『희생양』(김진석 옮김), 민음사, 29-31쪽.

9 베네딕트 앤더슨, 2018, 『상상된 공동체: 민족주의의 기원과 보급에 대한 고찰』(서지원 옮김), 길, 214쪽.

10 피터 버거, 1981, 『이단의 시대』(서광선 역), 문학과지성사, 11-40쪽.

11 사카이 다카시, 2007, 『폭력의 철학』(김은주 옮김), 산눈, 58쪽.

12 에드거 앨런 포, 2018,『모르그가의 살인』(권진아 옮김), 시공사.

13 야마기와 주이치, 2015,『폭력은 어디서 왔나: 인간성의 기원을 탐구하다』(한승동 옮김), 곰출판, 9-10쪽.

14 Michela Marzano(ed.), 2011, *Dictionnaire de la violence*, PUF: "Haine", pp. 603-607.

15 위의 책, 605쪽.

16 위의 책, 606쪽.

17 위의 책, 606쪽.

4장

1 카롤린 엠케, 2017,『혐오사회』(정지인 옮김), 다산초당, 19쪽

2 로익 바캉, 2010,『가난을 엄벌하다』, 시사인북.

3 카롤린 엠케, 2017,『혐오사회』(정지인 옮김), 다산초당, 17쪽.

4 김학준, 2022,『보통 일베들의 시대―'혐오의 자유'는 어디서 시작되는가』, 오월의봄. 149쪽.

5 슬라보예 지젝, 2012,『멈춰라, 생각하라』(주성우 옮김), 와이즈베리, 77쪽.

6 제바스티안 하프너, 2014,「히틀러 그는 누구인가」, 아돌프 히틀러, 『나의 투쟁』(황성모 옮김), 동서문화사, 91-92쪽.

7 예이르 리페스타드, 2018,『나는 왜 테러리스트를 변호했나?』(김희상 옮김), 그러나, 61쪽.

8 제바스티안 하프너, 2014,「히틀러 그는 누구인가」, 아돌프 히틀러, 『나의 투쟁』(황성모 옮김), 동서문화사, 43-45쪽.

9 이하 부분은 엄한진, 2022,「아랍인들의 증오가 향하는 곳」,『워커스』91호에 수록된 내용의 일부임,

10 https://books.openedition.org/pur/136416#tocfrom1n3; John
    Tolan, 2009, "L'Europe latine et le monde arabe au Moyen Âge",
    Presses universitaires de Rennes.: Chapitre VIII. Barrières de
    haine et de mépris : la polémique anti-islamique de Pedro
    Pascual, pp. 127-139.

11 Georges Corm, 2003, *Le Proche-Orient éclaté*: 1956-2003, Folio
    Histoire.

12 여지연, 2007, 『기지촌의 그늘을 넘어』, 삼인.

13 Massad, Joseph A., 2007, *Desiring Arabs*. Chicago: The University
    of Chicago Press.

14 제프리 디스티 크로익스 외, 2017, 『계급, 소외, 차별: 마르크스주의
    는 계급, 소외, 여성·성소수자·인종차별을 어떻게 설명하는가?』(편집
    부 엮음), 책갈피, 209-210쪽.

15 카롤린 엠케, 2017, 『혐오사회』(정지인 옮김), 다산초당.

16 노리나 허츠, 2021, 『고립의 시대』(홍정인 옮김), 웅진지식하우스.

17 Hans-Georg Betz, 1994, *Radical Right-Wing Populism in Western
    Europe*, New York: St-Martin's, p. 17.

18 나카지마 요시미치, 2015, 『차별 감정의 철학』(김희은 옮김), 바다출
    판사, 80-82쪽.

19 카롤린 엠케, 2017, 『혐오사회』(정지인 옮김), 다산초당, 48쪽.

20 슬라보예 지젝, 2012, 『멈춰라, 생각하라』(주성우 옮김), 와이즈베리,
    118쪽.

21 우석훈·박권일, 2007, 『88만원 세대: 절망의 시대에 쓰는 희망의 경
    제학』, 레디앙.

22 오찬호, 2013, 『우리는 차별에 찬성합니다: 괴물이 된 이십대의 자화
    상』, 개마고원.

23 최종렬, 2018, 『복학왕의 사회학: 지방 청년들의 우짖는 소리』, 오월의봄.

24 엄한진, 2014, 『이슬람주의: 아랍세계의 일그러진 자화상』, 한국문화사.

25 엄한진, 2022, 「낯설지 않은 아랍 청년들의 현실」, 『워커스』 86호.

26 에릭 홉스봄, 2003, 『저항과 반역 그리고 재즈』(김동택 외 옮김), 영림카디널.

27 예이르 리페스타드, 2018, 『나는 왜 테러리스트를 변호했나?』(김희상 옮김), 그러나, 31쪽.

28 위의 책, 30-33쪽.

29 브뤼노 라투르, 2012, 『과학인문학 편지』(이세진 옮김), 사월의책, 43쪽.

5장

1 Peter Berger, 1969, *The sacred canopy*, A Doubleday Anchor Book: New York, p. 3.

2 루이스 코저, 2003, 『사회사상사』(신용하·박명규 역), 시그마플러스.

3 에밀 뒤르켐, 2008, 『자살론』(황보종우 옮김), 청아출판사, 67쪽.

4 크리스 실링 & 필립 A. 멜리, 2013, 『사회학적 야망』(박형신 옮김), 한울아카데미, 75쪽.

5 https://news.v.daum.net/v/20200620150228163, 2022년 6월 25일 검색.

6 https://imnews.imbc.com/newszoomin/newsinsight/6351640_29123.html, 2022년 6월 25일 검색.

7 제프리 디스티 크로익스 외, 2017, 『계급, 소외, 차별: 마르크스주의는 계급, 소외, 여성·성소수자·인종차별을 어떻게 설명하는가?』(편집부 엮음), 책갈피, 268-269쪽.

8 데릭 젠슨, 2008, 『거짓된 진실』(이현정 옮김), 아고라, 22쪽.

9 Beverly Crawford, 1998, "The Causes of Uultural Conflict: An Institutional Approach" in Beverly Crawford and Ronnie D. Lipschtz(eds.), *The Myth of "Ethnic Conflict": Politics, Economics, and "Cultural" Violence*, University of California at Berkeley.

10 사카이 다카시, 2007, 『폭력의 철학』(김은주 옮김), 산눈, 30-31쪽.

11 문종현, 「집시와 국민국가: 프랑스의 차별원리를 중심으로」, 『호모미그란스』 13, 2015. 11: 5-29쪽.

12 『한겨레』, 2021년 11월 13일자.

13 벤자민 R. 바버, 2003, 『지하드 대 맥월드』(박의경·이진우 옮김), 문화디자인.

14 Arthur Kleinman, Veena Das, Margaret M. Lock(Eds.), 1997, *Social Suffering*, University of California Press.

15 슐로모 산드, 2021, 『만들어진 유대인』(김승완 옮김), 사월의 책, 171쪽.

16 노윤선, 2019, 『혐한의 계보』, 글항아리, 35-36쪽.

17 엄한진, 2022, 「아랍인들의 증오가 향하는 곳」, 『워커스』 91호.

18 잭 런던, 2011, 『밑바닥 사람들』(정주연 옮김), 궁리, 108쪽.

19 『연합뉴스』, 2022년 5월 16일자.

20 Pierre Tevanian, 2008, *La mécanique raciste*, Editions Dilecta.

21 윤보라·임옥희·정희진·시우·루인·나라, 2015, 『여성혐오가 어쨌다구?』, 현실문화.

22 수잔 브라운밀러, 2018, 『우리의 의지에 반하여: 남성, 여성 그리고 강간의 역사』, 박소영 옮김, 오월의봄, 189쪽.

23 카푸티-다니애나 & 다이애나 E. H. 러셀, 2018, 「페미사이드: 여성을 향한 성차별적 테러리즘」, 다이애나 E. H. 러셀, 질 래드퍼드 엮음, 『페미사이드』(전경훈 옮김), 책세상, 65쪽.

24 법무부, 「출입국·외국인정책 통계월보」, 2022년 7월호.

25 https://www.hankyung.com/economy/article/2022101102641, 2022년 10월 25일 검색.

26 김성윤, 2018, 「역차별 담론의 몇 가지 비밀」, 『워커스』 44호.

27 『한겨레』, 2019년 2월 22일자.

28 카푸티-다니애나 & 다이애나 E. H. 러셀, 2018, 「페미사이드: 여성을 향한 성차별적 테러리즘」, 다이애나 E. H. 러셀, 질 래드퍼드 엮음, 『페미사이드』(전경훈 옮김), 책세상, 41-46쪽.

29 유세프 쿠르바즈 & 에마뉘엘 토드, 2008, 『문명의 충돌이냐 문명의 화해냐』(이양호 옮김), 친디루스연구소, 14쪽.

30 https://www.letemps.ch/opinions/fleaux-sanitaires-aux-prejuges-sociaux, 2022년 9월 1일 검색.

31 신지혜, 2020, 「19세기 미국의 나병과 이민자」, 『한성대학교 이주의 인문학 사업단·이주사학회 공동학술대회 자료집』, 26쪽.

32 1923년 도쿄를 포함한 간토 지방은 지진으로 큰 피해를 입었고 혼란스런 상황이었다. 그런데 이때 일본 내무성이 경찰서에 하달한 내용 중에 "재난을 틈타 이득을 취하려는 무리들이 있다. 조선인들이 방화와 폭탄에 의한 테러, 강도 등을 획책하고 있으니 주의하라"라는 내용이 있었다. 이 내용은 일부 신문에 사실 확인도 없이 보도되었고, 더 과장된 내용의 유언비어들이 아사히신문, 요미우리신문 등 여러 신문에 다시 실림으로써 "조선인과 중국인들이 폭도로 돌변해 우물에 독을 풀고 방화·약탈을 하며 일본인을 습격하고 있다"라는 거짓소문이 나돌기 시작했다. 당시는 지진으로 인해 물 공급이 끊긴 상태였고, 대부분 목조건물에 살고 있던 일본인은 화재를 굉장히 두려워하였으므로, 이러한 소문은 진위 여부를 떠나 일본인들에게 조선인이나 중국인에 대한 강렬한 적개심을 유발하였다. 치안당국은 '조선인 폭동'이 없는 것을 알고 있었지만, 자경단의 만행을 수수방관했다.

33 『워커스』93호, 2022년 8월자.

34 https://egyptianstreets.com/2020/04/15/in-the-wake-of-covid-19-egypts-asians-fall-victim-to-racism, 2020년 8월 20일 검색.

35 수전 손택, 2002, 『은유로서의 질병』(이재원 옮김), 이후.

36 https://journals.openedition.org/extremeorient/327#text, 2020년 3월 19일 검색.

37 『한국일보』, 2020년 3월 19일자.

6장

1 클라이브 폰팅, 2007,『진보와 야만』(김현구 옮김), 돌베개, 615쪽.

2 니얼 퍼거슨, 2010,『증오의 세기: 20세기는 왜 피로 물들었는가』(이현주 옮김), 민음사, 48쪽.

3 알리 라탄시, 2008,『인종주의는 본성인가』(구정은 옮김), 한겨레출판, 60-61쪽.

4 Blanc-Chaléard, 2001, *Histoire de l'immigration*, Paris: La découverte: Repères, p. 6.

5 엄한진, 2011,『다문화사회론』, 소화, 198쪽.

6 나인호, 2019,『증오하는 인간의 탄생: 인종주의는 역사를 어떻게 해석했는가』, 역사비평사, 9-15쪽.

7 알리 라탄시, 2008,『인종주의는 본성인가』(구정은 옮김), 한겨레출판.

8 위의 책, 31쪽.

9 슐로모 산드, 2021,『만들어진 유대인』(김승완 옮김), 사월의 책, 249쪽.

10 위의 책, 254-255쪽.

11 위의 책, 249쪽.

12 베네딕트 앤더슨, 2018,『상상된 공동체: 민족주의의 기원과 보급에 대한 고찰』(서지원 옮김), 길, 230쪽.

13 저명한 흑인 마르크스주의자 C. I. R. 제임스는 인종주의가 대서양 노예무역에서 기인했다고 주장하면서 다음과 같이 썼다. 사도 바울은 "노예들아, 주인들에게 순종하라"고 말했지만, 노예무역은 너무 끔찍해서 종교나 철학이 제시하는 사회상과 전혀 맞지 않았다. 노예무역을 정당화할 수 있는 유일한 방법은 인간을 인종으로 나누고, 아프리카인을 열등한 인종으로 낙인찍는 것뿐이었다. 이에 대해서는 제프리 디스티 크로익스 외, 2017,『계급, 소외, 차별: 마르크스주의는 계급, 소외, 여성·성소수자·인종차별을 어떻게 설명하는가?』(편집부 엮음), 책갈피, 224쪽.

14 위의 책, 227-228쪽.

15 노라 칼린, 콜린 윌슨, 2016, 『동성애혐오의 원인과 해방의 전망: 맑스주의적 관점』(이승민·이진화 옮김), 책갈피, 9-10쪽.

16 미셸 푸코, 1997, 『성의 역사 제1권: 앎의 의지』(이규현 옮김), 나남출판.

17 제프리 디스티 크로익스 외, 2017, 『계급, 소외, 차별: 마르크스주의는 계급, 소외, 여성·성소수자·인종차별을 어떻게 설명하는가?』(편집부 엮음), 책갈피, 202쪽.

18 위의 책, 202-211쪽.

19 Ze'evi, Dror, 2005, "Hiding Sexuality: The Disappearance of Sexual Discourse in the Late Ottoman Middle East", *Social Analysis* 49(2), pp. 44-45.

20 https://voiceofsalam.com/2019/03/12/alouen-shares-the-reality-of-homophobia-across-algeria, 2020년 8월 12일 검색.

21 엄한진, 2020, 「예외주의에 갇힌 중동의 소수자 담론」, 『Homo Migrans』 Vol.23, 77-80쪽.

22 고비노, 『아마디』(1887년), 나인호, 2019, 『증오하는 인간의 탄생: 인종주의는 역사를 어떻게 해석했는가』, 역사비평사, 228-229쪽에서 재인용.

23 Eleanor Stein, "Construction of an Enemy", *Monthly Review* July-August 2003, p. 125.

24 엄한진, 2017, 「대선과 이민문제의 정치화」, 한준 외, 『한국의 대통령 리더십과 국가관리』, 법현, 35-36쪽

25 알랭 드 보통, 2014, 『뉴스의 시대』(최민우 옮김), 문학동네, 11쪽.

26 위의 책, 13쪽.

27 위의 책, 16쪽.

28 『워커스』 94호, 2022년 9월자.

29 로즈마리 퍼트넘 통 & 티나 페르난디스 보츠, 2019, 『페미니즘 교차하는 관점들』(김동진 옮김), 학이시습, 204-205쪽.

7장

1 Alcoff, Linda Martín, 2003, "Identities: Modern and Postmodern"(pp. 1-8), Alcoff, L. M. & E. Mendieta(ed.), *Identities : Race, Class, Gender, and nationality*, Blackwell Publishing, p. 4.

2 『한국일보』, 2018년 3월 3일자.

3 엄한진·최영미, 2016, 「한국 인종주의의 성격 규명과 반인종주의 담론 모색」, 한국연구재단 인문학국책사업 결과보고서.

4 https://news.v.daum.net/v/20190704060503864, 2022년 6월 25일 검색.

5 이매뉴얼 월러슈타인 & 에티엔 발리바르, 2022, 『계급, 민족, 인종: 모호한 정체성들』(김상운 옮김), 두번째테제, 25-26쪽.

6 Jean-Claude Paye, "Guantánamo and the New Legal Order", *Monthly Review*, May 2005, pp. 45-46.

7 노윤선, 2019, 『혐한의 계보』, 글항아리, 24쪽.

8 아델라 코르티나. 2021, 『가난포비아』(김유경 옮김), 북하이브, 80쪽.

9 『교수신문』, 2022년 4월 6일자.

10 https://news.v.daum.net/v/20210422083705461?f=p, 2022년 4월 10일 검색.

11 제프리 디스티 크로익스 외, 2017, 『계급, 소외, 차별: 마르크스주의는 계급, 소외, 여성·성소수자·인종차별을 어떻게 설명하는가?』(편집부 엮음), 책갈피, 294쪽.

12 아델라 코르티나. 2021, 『가난포비아』(김유경 옮김), 북하이브, 11-12쪽.

13 위의 책, 8-10쪽.

14 위의 책, 25-26쪽.

15 위의 책, 12-14쪽.

16 Michela Marzano(ed.), 2011, *Dictionnaire de la violence*, PUF: "Haine", pp. 603-607.

17 '정체성 정치'라는 용어는 1974년 미국의 흑인 페미니스트 단체인 컴바히강 공동체(Combahee River Collective)에 의해 처음 사용되었다. 이 용어는 백인 여성들과는 다른 유색인종 여성들 고유의 경험 그리고 성, 인종, 계급에 따른 억압이 결합되어 나타나는 현실을 강조하기 위해 제안되었다. 이에 대해서는 로즈마리 퍼트넘 통 & 티나 페르난디스 보츠, 2019, 『페미니즘: 교차하는 관점들』, 학이시습, 186-187쪽.

18 볼테르, 2016, 『관용론』(송기형·임미경 옮김), 한길사.

19 엄한진, 2022, 「혐오 속의 계급」, 『대학지성 In & Out』 2022년 4월 17일자.

20 이반 일리치, 2015, 『그림자 노동』(노승영 옮김), 사월의 책, 35-38쪽.

21 스티븐 제이 굴드, 2003, 『인간에 대한 오해』(김동광 옮김), 사회평론, 25-26쪽.

22 베네딕트 앤더슨, 2018, 『상상된 공동체: 민족주의의 기원과 보급에 대한 고찰』(서지원 옮김), 길

23 스티븐 제이 굴드, 2003, 『인간에 대한 오해』(김동광 옮김), 사회평론, 23쪽.

24 Maschino, Maurice T. 2003, "Vers une police black-blanc-beur?", *Le Monde diplomatique* Oct. 2003.

25 Pierre Tevanian, 2008, *La mécanique raciste*, Editions Dilecta, p. 14.

26 『동아일보』, 2019년 1월 4일자.

27 인종계약이란 때에 따라 변하기도 하는 '인종적' 기준들에 의해 '백인'을 규정하고, 나머지 집단을 '비백인', 하등인간으로 분류하기 위해 '백인'들이 맺은 공식적·비공식적 합의나 메타-계약을 말한다. 이에 대해서는 찰스 W. 밀스, 2006, 『인종계약』(정범진 옮김), 아침이슬, 16쪽.

8장

1 발터 벤야민, 2015, 『역사의 개념에 대하여/폭력비판을 위하여/초현실주의 외』(최성만 옮김), 길, 337쪽(원문에서 문구 일부를 수정했음).

2 호르스트 슈투케, 2014, 『코젤렉의 개념사 사전 6: 계몽』(남기호 옮김), 푸른역사, 20쪽.

3 https://www.sisain.co.kr/news/articleView.html?idxno=44360, 2022년 9월 1일 검색.

4 https://news.v.daum.net/v/20210801090010788?f=p, 2022년 4월 15일 검색.

5 잭 런던, 2009, 『강철군화』(곽영미 옮김), 궁리, 36쪽.

6 주유선·김기태·김보미, 2019, 『사회적 소수자에 대한 한국인의 인식 연구』, 한국보건사회연구원 연구보고서(수시) 2019-11.

7 홍서연 엮음, 2019, 『Daddy Book』, 이노버코리아, 18쪽.

8 슐로모 산드, 2021, 『만들어진 유대인』(김승완 옮김), 사월의책.

9 엄한진, 2017, 『프랑스의 이민문제』, 서강대학교출판부, 210-211쪽.

10 Walter Benn Michaels, 2006, *The Trouble with diversity: How we Learned to Love Identity and Ignore Inequality*, New York: Metropolitan Books.

11 Tevanian, Pierre, 2008, *La mécanique raciste*, Editions Dilecta. pp. 102-120.

12 Alana Lentin, 2004, *Racism and Anti-Racism in Europe*, Pluto Press.

13 크리스티앙 들라캉파뉴, 2013, 『인종차별의 역사』(하정희 옮김), 예지.

14 알리 라탄시, 2008, 『인종주의는 본성인가: 인종, 인종주의, 인종주의자에 대한 오랜 역사』(구정은 옮김), 한겨레출판, 107쪽.

15 아마르티아 센, 2009, 『정체성과 폭력: 운명이라는 환영』(이상환·김지현 옮김), 바이북스, 251쪽.

16 Pierre Tevanian, 2008, *La mécanique raciste*, Editions Dilecta.

17 웬디 브라운, 2010, 『관용: 다문화제국의 새로운 통치전략』(이승철 옮김), 갈무리, 294쪽.

18 김민지·박영주·정희경, 2020, 『대구지역 다문화 아동·청소년 진로지원 방안』, 대구여성가족재단, 3쪽.

19 엄한진, 2021, 「이민 2세대 개념을 통해서 본 한국의 이주배경 청소년 문제」, 『지역사회학』 22권 2호, 67쪽.

20 최영미, 2020, 『경기도 이주배경 청년 생활경험 및 정착방안』, 경기도 가족여성연구원 정책보고서 2020-09, 16쪽.

21 남북하나재단, 2020, 『2020 탈북청소년 실태조사』, 27쪽.

22 김영란·전경옥·김현숙·오혜진, 2020, 『서울시 이주배경 어린이·청소년 실태조사 및 지원방안 연구: 중도입국 청소년을 중심으로』, 서울시, 123쪽.

23 Jacobs, D., Rea, A., Hanquinet, L. 2007. *Performances des élèves issus de l'immigration en Belgique selon l'étude PISA: Une comparaison entre la Communauté française et la Communauté flamande*. Fondation Roi Baudouin. 33-50쪽.

24 https://www.la-croix.com/Actualite/France/La-difficile-integration-des-immigres-de-la-deuxieme-generation-2016-01-08-1401825, 2021년 7월 10일 검색.

25 https://www.ritimo.org/La-deuxieme-troisieme-ou-quatrieme-generation-Quelle-integration-Quelle, 2021년 7월 11일 검색.

26 Bader, D. et Fibbi, R. 2012. *Les enfants de migrants: un véritable potentiel*, SFM, 1-64쪽.

27 위의 책, 40-44쪽.

28 Corluy, V., Haemels, J., Marx, I., Verbist, G., 2015. *The labour market position of second-generation immigrants in Belgium*, NBB Working Paper, No.285, National Bank of Belgium. Brussels, 1-55쪽.

9장

1 이매뉴얼 월러슈타인 & 에티엔 발리바르, 2022, 『계급, 민족, 인종: 모호한 정체성들』(김상운 옮김), 두번째테제, 34쪽.

2 이준일, 2007, 『차별금지법』, 고려대학교출판부.

3 이승현, 2019, 「혐오표현, 법적으로 규제해야 할까」, 『인권』 2019년 3월호, 국가인권위원회.

4 https://cpj.org/2018/02/changes-to-jordans-hate-speech-law-could-further-s, 2020년 8월 10일 검색.

5 데릭 젠슨, 2008, 『거짓된 진실』(이현정 옮김), 아고라, 67-69쪽.

6 수잔 브라운밀러, 2018, 『우리의 의지에 반하여: 남성, 여성 그리고 강간의 역사』(박소영 옮김), 오월의 봄, 166쪽.

7 위의 책, 141쪽.

8 빌헬름 라이히, 2006, 『파시즘의 대중심리』(황선길 옮김), 그린비, 9-15쪽.

9 우사미 유리코, 2017, 『미운 감정이 있다』(이소영 옮김), 봄고양이.

10 루이스 코저, 2016, 『사회사상사』(신용하·박명규 옮김), 한길사, 275-279쪽.

11 카렌 암스트롱, 2010, 『축의 시대: 종교의 탄생과 철학의 시작』(정영목 옮김), 교양인, 10쪽.

12 사카이 다카시, 2007, 『폭력의 철학』(김은주 옮김), 산눈, 60쪽.

13 Anttonen, A. & Sipilä, J., 2014, *Varieties of Universalism*, Draft paper prepared for the UNRISD Conference New Directions in Social Policy: Alternatives from and for the Global South, 7-8 April, 2014, Geneva, Switzerland., 3쪽.

14 Joppke, Christian, 2008, "Immigration and the identity of citizenship: the paradox of universalism", *Citizenship Studies*, 12(6): Europeanization and migration: challenging the values of citizenship in Europe?, pp. 533-546,

15 스테펜 캐슬즈는 이주민 통합방식을 차이에 입각한 배제 모델(독일, 남유럽), 동화주의 모델(영국, 프랑스, 네덜란드), 다원주의 모델(미국, 캐나다, 호주 등 비유럽 국가)로 분류한다. 이에 대해서는 엄한진, 2011, 『다문화사회론: 이민과 다문화 현상에 대한 성찰적 입문서』, 소화, 63쪽.

16 Charles Taylor & Amy Gutmann, 1992, *Multiculturalism and 'the Politics of Recognition'*, Princeton University Press.

17 압델말렉 사아드에 따르면, 통합은 다른 목적으로 행해진 정책과 행위들의 축적 결과 나타나는 2차적 산물이다. 때문에 직접적으로 통합을 언급하는 담론의 부상은 통합의 현실적 한계를 반영하며, 당사자인 이주민들과 주류사회에 "통합이 완전히 이루어지는 건 불가능하다"라는 신호로 작용한다. 이것은 '보이지 않는 통합'이라는 보편주의의 또 다른 측면을 지적한 것이다. 이에 대해서는 Abdelmalek Sayad, 1999, *La double absence*, Seuil.

18 제프리 디스티 크로익스 외, 2017, 『계급, 소외, 차별: 마르크스주의는 계급, 소외, 여성·성소수자·인종차별을 어떻게 설명하는가?』(편집부 엮음), 책갈피, 288-289쪽.

19 『한국경제』, 2022년 8월 28일자.

20 나카지마 요시미치, 2015, 『차별 감정의 철학』(김희은 옮김), 바다출판사, 35-36쪽.

21 키스 E. 스타노비치, 2022, 『우리편 편향』(김홍옥 옮김), 바다출판사.

22 마사 누스바움, 2015, 『혐오와 수치심』(조계현 옮김), 민음사.

참고문헌

- 강상중, 2002, 『오리엔탈리즘을 넘어서』(이경덕·임성모 옮김), 이산.

- 고프만, 어빙, 2018, 『수용소: 정신병 환자와 그 외 재소자들의 사회적 상황에 대한 에세이』(심보선 옮김), 문학과지성사.

- 국가인권위원회, 「국가인권위원회 보도자료」, 2010년 7월 14일자.

- 굴드, 스티븐 제이, 2003, 『인간에 대한 오해』(김동광 옮김), 사회평론.

- 김모세, 2008, 『로네 지라르: 욕망, 폭력, 구원의 인류학』, 살림.

- 김민지·박영주·정희경, 2020, 『대구지역 다문화 아동·청소년 진로지원 방안』, 대구여성가족재단.

- 김성윤, 2018, 「역차별 담론의 몇 가지 비밀」, 『워커스』 44호.

- 김영란·전경옥·김현숙·오혜진, 2020, 『서울시 이주배경 어린이·청소년 실태조사 및 지원방안 연구: 중도입국 청소년을 중심으로』, 서울시.

- 김철효·신민주·고재훈, 2021, 「결혼이주여성의 수행적 시민권: 익산시장 이주민 비하 발언 규탄 시위의 경험」, 『문화와정치』 8(1), 125-165쪽.

- 김학준, 2022, 『보통 일베들의 시대─'혐오의 자유'는 어디서 시작되는가』, 오월의봄.

- 나인호, 2019, 『증오하는 인간의 탄생: 인종주의는 역사를 어떻게 해석했는가』, 역사비평사.

- 나카지마 요시미치, 2015, 『차별 감정의 철학』(김희은 옮김), 바다출판사.

- 남북하나재단, 2020, 『2020 탈북청소년 실태조사』.

- 노윤선, 2019, 『혐한의 계보』, 글항아리.

- 누스바움, 마사, 2015, 『혐오와 수치심』(조계현 옮김), 민음사.

- 누스바움, 마사, 2016, 『혐오에서 인류애로』(강동혁 옮김), 뿌리와이 파리.

- 뒤르켐, 에밀, 2001, 『사회학적 방법의 규칙들』(윤병철·박창호 옮김), 새물결.

- 뒤르켐, 에밀, 2008, 『자살론』(황보종우 옮김), 청아출판사.

- 들라캉파뉴, 크리스티앙, 2013, 『인종차별의 역사』(하정희 옮김), 예지.

- 라르손, 스티그, 2017, 『밀레니엄 1부: 여자를 증오한 남자들』(임호경 옮김), 문학동네.

- 라이히, 빌헬름, 2006, 『파시즘의 대중심리』(황선길 옮김), 그린비.

- 라탄시, 알리, 2008, 『인종주의는 본성인가: 인종, 인종주의, 인종주의 자에 대한 오랜 역사』(구정은 옮김), 한겨레출판.

- 라투르, 브뤼노, 2012, 『과학인문학 편지』(이세진 옮김), 사월의책.

- 런던, 잭, 2009, 『강철군화』(곽영미 옮김), 궁리.

- 런던, 잭, 2011, 『밑바닥 사람들』(정주연 옮김), 궁리.

- 리페스타드, 예이르, 2018, 『나는 왜 테러리스트를 변호했나?』(김희 상 옮김), 그러나.

- 맥셰인, 데니스, 2016, 『증오의 세계화』(황승구 옮김), 글항아리.

- 모로오카 야스코, 2015, 『증오하는 입: 혐오발언이란 무엇인가』(조승 미·이혜진 옮김), 오월의봄.

- 문종현, 2015, 「집시와 국민국가: 프랑스의 차별원리를 중심으로」, 『호모미그란스』 13, 5-29쪽.

- 밀스, 찰스 W., 2006, 『인종계약』(정범진 옮김), 아침이슬.

- 바버, 벤자민 R., 2003, 『지하드 대 맥월드』(박의경·이진우 옮김), 문 화디자인.

- 바캉, 로익, 2010, 『가난을 엄벌하다』, 시사인북.

- 배정환, 2021, 「코로나 시대, 미국에서의 아시아인에 대한 혐오와 증오범죄: 인종주의담론과 사회통제에 관한 논의」, 『경찰학연구』, vol. 21, no. 3, 통권 67호, 183-208쪽.

- 버거, 피터, 1981, 『이단의 시대』(서광선 역), 문학과지성사.

- 법무부, 「출입국·외국인정책 통계월보」, 2022년 7월호.

- 벤야민, 발터, 2015, 『역사의 개념에 대하여/폭력비판을 위하여/초현실주의 외』(최성만 옮김), 길.

- 보통, 알랭 드, 2014, 『뉴스의 시대』(최민우 옮김), 문학동네.

- 볼테르, 2016, 『관용론』(송기형·임미경 옮김), 한길사.

- 브라운, 웬디, 2010, 『관용: 다문화제국의 새로운 통치전략』(이승철 옮김), 갈무리.

- 브라운밀러, 수잔, 2018, 『우리의 의지에 반하여: 남성, 여성 그리고 강간의 역사』(박소영 옮김), 오월의봄.

- 사카이 다카시, 2007, 『폭력의 철학』(김은주 옮김), 산눈.

- 산드, 슐로모, 2021, 『만들어진 유대인』(김승완 옮김), 사월의책.

- 성균관대학교 동아시아학술원 서베이리서치센터, 2022, 『한국종합사회조사: KGSS 2003-2021』, 성균관대학교출판부.

- 센, 아마르티아, 2009, 『정체성과 폭력: 운명이라는 환영』(이상환·김지현 옮김), 바이북스.

- 손택, 수전, 2002, 『은유로서의 질병』(이재원 옮김), 이후.

- 슈투케, 호르스트, 2014, 『코젤렉의 개념사 사전 6: 계몽』(남기호 옮김), 푸른역사.

- 스타노비치, 키스 E., 2022, 『우리편 편향』(김홍옥 옮김), 바다출판사.

- 신지혜, 2020, 「19세기 미국의 나병과 이민자」, 『한성대학교 이주의 인문학 사업단·이주사학회 공동학술대회 자료집』.

- 실링, 크리스 & 필립 A. 멜리, 2013, 『사회학적 야망』(박형신 옮김), 한울아카데미.

- 아렌트, 한나, 2006, 『예루살렘의 아이히만: 악의 평범성에 대한 보고서』(김선욱 옮김), 한길사.

- 암스트롱, 카렌, 2010,『축의 시대: 종교의 탄생과 철학의 시작』(정영목 옮김), 교양인.
- 앤더슨, 베네딕트, 2018,『상상된 공동체: 민족주의의 기원과 보급에 대한 고찰』(서지원 옮김), 길.
- 야마기와 주이치, 2015,『폭력은 어디서 왔나: 인간성의 기원을 탐구하다』(한승동 옮김), 곰출판.
- 엄한진,「'나쁜 히잡'에 흔들리는 나쁜 이란 체제」,『워커스』, 2022년 11월호.
- 엄한진, 2005,「근본주의: 이데올로기와 유토피아 사이에서」,『사회와 이론』, 2005년 1호, 169-210쪽.
- 엄한진, 2011,「공공연한 생각, 극단적 표현」,『르몽드 디플로마티크』한국어판, 2011년 8월호.
- 엄한진, 2011,『다문화사회론: 이민과 다문화 현상에 대한 성찰적 입문서』, 소화.
- 엄한진, 2014,『이슬람주의: 현대 아랍세계의 일그러진 자화상』, 한국문화사.
- 엄한진, 2015,「시리아 난민사태와 국민국가체제의 상대화」, 모심과 살림연구소 웹진.
- 엄한진, 2017,「대선과 이민문제의 정치화」, 한준 외,『한국의 대통령 리더십과 국가관리』, 법현.
- 엄한진, 2017,『프랑스의 이민문제』, 서강대학교출판부.
- 엄한진, 2020,「예외주의에 갇힌 중동의 소수자 담론」,『Homo Migrans』Vol.23, 72-99쪽.
- 엄한진, 2021,「이민 2세대 개념을 통해서 본 한국의 이주배경 청소년 문제」,『지역사회학』22권 2호, 47-74쪽.
- 엄한진, 2022,「낯설지 않은 아랍 청년들의 현실」,『워커스』86호.
- 엄한진, 2022,「아랍인들의 증오가 향하는 곳」,『워커스』91호.
- 엄한진, 2022,「혐오 속의 계급」,『대학지성 In & Out』2022년 4월 17일자.
- 에셀, 스테판, 2011,『분노하라』(임희근 옮김), 돌베개.

- 엠케, 카롤린, 2017, 『혐오사회』(정지인 옮김), 다산초당.

- 여지연, 2007, 『기지촌의 그늘을 넘어』, 삼인.

- 영, 아이리스 M., 2013, 『정치적 책임에 관하여』(허라금 외 옮김), 이후.

- 오찬호, 2013, 『우리는 차별에 찬성합니다: 과물이 된 이십대의 자화상』, 개마고원.

- 우사미 유리코, 2017, 『미운 감정이 있다』(이소영 옮김), 봄고양이.

- 우석훈·박권일, 2007, 『88만원 세대: 절망의 시대에 쓰는 희망의 경제학』, 레디앙.

- 우에노 치즈코, 2012, 『여성 혐오를 혐오한다』(나일등 옮김), 은행나무.

- 월드론, 제러미, 2017, 『혐오표현, 자유는 어떻게 해악이 되는가?』(홍성수·이소영 옮김), 이후.

- 월러스틴, 이매뉴얼 & 발리바르, 에티엔, 2022, 『인종, 국민, 계급: 모호한 정체성들』(김상운 옮김), 두 번째테제.

- 유은경, 2020, 「프랑스 동성결혼 논쟁의 행위자와 담론」, 『비교한국학』, 28권 2호, 259-295쪽.

- 윤보라·임옥희·정희진·시우·루인·나라, 2015, 『여성혐오가 어쨌다구?』, 현실문화.

- 이준일, 2007, 『차별금지법』, 고려대학교출판부.

- 젠슨, 데릭, 2008, 『거짓된 진실』(이현정 옮김), 아고라.

- 주유선·김기태·김보미, 2019, 『사회적 소수자에 대한 한국인의 인식 연구』, 한국보건사회연구원 연구보고서(수시) 2019-11.

- 지라르, 르네, 2007, 『희생양』(김진석 옮김), 민음사.

- 지젝, 슬라보예, 2012, 『멈춰라, 생각하라』(주성우 옮김), 와이즈베리.

- 천선영, 2022, 『어쩌다 서로에게 괴물이 되었을까』, 정한책방.

- 최영미, 2020, 『경기도 이주배경 청년 생활경험 및 정착방안』, 경기도가족여성연구원 정책보고서 2020-09.

- 최종렬, 2018, 『복학왕의 사회학: 지방 청년들의 우짖는 소리』, 오월의봄.

- 카푸티-다니애나 & 다이애나 E. H. 러셀, 2018, 「페미사이드: 여성을 향한 성차별적 테러리즘」, 다이애나 E. H. 러셀, 질 래드퍼드 엮음, 『페미사이드』(전경훈 옮김), 책세상.

- 칼린, 노라 & 윌슨, 콜린, 2016, 『동성애혐오의 원인과 해방의 전망: 맑스주의적 관점』(이승민·이진화 옮김), 책갈피.

- 코르티나, 아델라, 2021, 『가난포비아』(김유경 옮김), 북하이브.

- 코저, 루이스, 2016, 『사회사상사』(신용하·박명규 옮김), 한길사.

- 쿠르바즈, 유세프 & 토드, 에마뉴엘, 2008, 『문명의 충돌이냐 문명의 화해냐』(이양호 옮김), 친디루스연구소.

- 크로익스, 제프리 디스티 외, 2017, 『계급, 소외, 차별: 마르크스주의는 계급, 소외, 여성·성소수자·인종차별을 어떻게 설명하는가?』(편집부 엮음), 책갈피.

- 통, 로즈마리 퍼트넘 & 티나 페르난디스 보츠, 2019, 『페미니즘: 교차하는 관점들』, 학이시습.

- 퍼거슨, 니얼, 2010, 『증오의 세기: 20세기는 왜 피로 물들었는가』(이현주 옮김), 민음사.

- 포, 에드거 앨런, 2018, 『모르그가의 살인』(권진아 옮김), 시공사.

- 폰팅, 클라이브, 2007, 『진보와 야만』(김현구 옮김), 돌베개.

- 푸코, 미셸, 1997, 『성의 역사 제1권: 앎의 의지』(이규현 옮김), 나남출판.

- 하프너, 제바스티안, 2014, 「히틀러 그는 누구인가」, 아돌프 히틀러, 『나의 투쟁』(황성모 옮김), 동서문화사.

- 허츠, 노리나, 2021, 『고립의 시대』(홍정인 역), 웅진지식하우스.

- 홉스봄, 에릭, 2003, 『저항과 반역 그리고 재즈』(김동택 외 옮김), 영림카디널.

- 홍서연 엮음, 2019, 『Daddy Book』, 이노버코리아.

- Abdelmalek Sayad, 1999, *La double absence*, Seuil.

- Alcoff, Linda Martín, 2003, "Identities: Modern and Postmodern"(pp. 1-8), Alcoff, L. M. & E. Mendieta(ed.), *Identities: Race, Class, Gender, and nationality*, Blackwell Publishing.

- Anttonen, A. & Sipilä, J., 2014, *"Varieties of Universalism"*, Draft paper prepared for the UNRISD Conference New Directions in Social Policy: Alternatives from and for the Global South, 7-8 April, 2014, Geneva, Switzerland.

- Bader, D. et Fibbi, R. 2012. *Les enfants de migrants: un véritable potentiel*, SFM.

- Berger, Peter, 1969, *The sacred canopy*, New York: A Doubleday Anchor Book.

- Betz, Hans-Georg, 1994, *Radical Right-Wing Populism in Western Europe*, New York: St-Martin's.

- Blanc-Chaléard, 2001, *Histoire de l'immigration*, Paris: La découverte: Repères.

- Cherles Taylor & Amy Gutmann, 1992, *Multiculturalism and 'the Politics of Recognition*, Princeton University Press.

- Corluy, V., Haemels, J., Marx, I., Verbist, G., 2015. *The labour market position of second-generation immigrants in Belgium*, NBB Working Paper, No.285, National Bank of Belgium. Brussels.

- Corm, Georges, 2003, *Le Proche-Orient éclaté*: 1956-2003, Folio Histoire.

- European Network Against Racism. 2014. *Invisible visible minority*. Brussels: ENAR.

- Hannoum, Abdelmajid, 2010, *Violent Modernity: France in Algeria*, Harvard University.

- Jacobs, D., Rea, A., Hanquinet, L. 2007. *Performances des élèves issus de l'immigration en Belgique selon l'étude PISA: Une comparaison entre la Communauté française et la Communauté flamande.* Fondation Roi Baudouin.

- Joppke, Christian, 2008, "Immigration and the identity of citizenship: the paradox of universalism", *Citizenship Studies*, 12(6): Europeanization and migration: challenging the values of citizenship in Europe?, pp. 533-546.

- Kleinman, A., Das, V., Lock, M. M.(Eds.), 1997, *Social Suffering*, University of California Press.

- Lentin, Alana, 2004, Racism and *Anti-Racism in Europe*, Pluto Press.

- Losurdo, Domenico, 2007, *Démocratie ou bonapartisme*, Le temps des cerises.

- Marzano, Michela(ed.), 2011, *Dictionnaire de la violence*, PUF: "Haine."

- Maschino, Maurice T. 2003, "Vers une police black-blancbeur?", *Le Monde diplomatique* Oct.

- Massad, Joseph A., 2007, *Desiring Arabs*. Chicago: The University of Chicago Press.

- Michaels, Walter Benn, 2006, *The Trouble with diversity: How we Learned to Love Identity and Ignore Inequality*, New York: Metropolitan Books.

- Paye, Jean-Claude, "Guantánamo and the New Legal Order", *Monthly Review*, May 2005.

- Steenkamp, Christina, 2009. 'Xenophobia in South Africa: What Does It say about Trust?', *The Round Table* 98(403), 439-447.

- Stein, Eleanor, "Construction of an Enemy", *Monthly Review*, July-August 2003.

- Tevanian, Pierre, 2008, *La mécanique raciste*, Editions Dilecta.

- Ze'evi, Dror, 2005, "Hiding Sexuality: The Disappearance of Sexual Discourse in the Late Ottoman Middle East", *Social Analysis* 49(2).

찾아보기

기타

총서 知의회랑 을 기획하며

arcade of knowledge

대학은 지식 생산의 보고입니다. 세상에 바로 쓰이지 않더라도 언젠가는 반드시 인류에 필요할 지식을 생산하고 축적하며 발전시키는 일을 끊임없이 해나갑니다. 오랫동안 대학에서 생산한 지식은 책이란 매체에 담겨 세상의 지성을 이끌어왔습니다. 그 책들은 콘텐츠를 저장하고 유통시키며 활용하게 만드는 매체의 차원을 넘어, 인간의 비판적 사유 능력과 풍부한 감수성을 자극하는 촉매의 역할을 충실히 해왔습니다.

이와 같은 '책을 읽는다'는 것은 단순히 지식과 정보를 습득하는 데 멈추지 않고, 시대와 현실을 응시하고 성찰하면서 다시 그 너머를 사유하고 상상함을 의미합니다. 그러므로 '세상의 밑그림'을 그리는 책무를 지닌 대학에서 책을 펴내는 것은 결코 가벼이 여겨선 안 될 일입니다.

이제 우리는 다양한 방식으로 존재하는 지식과 정보, 그리고 사유와 전망을 담은 책을 엮어 현존하는 삶의 질서와 가치를 새롭게 디자인하고자 합니다. 과거를 풍요롭게 재구성하고 미래를 창의적으로 기획하는 작업이 다채롭게 펼쳐질 것입니다.

대학의 심장부에 해당하는 도서관이 예부터 우주의 축소판이라 여겨져 왔듯이, 그곳에 체계적으로 배치된 다양한 책들이야말로 이른바 학문의 우주를 구성하는 성좌와 다름없습니다. 우리는 그 빛이 의미 없이 사그라들지 않기를, 여전히 어둡고 빈 서가를 차곡차곡 채워가기를 기대합니다.

앎을 쉽게 소비하는 시대를 살고 있지만, 다양한 앎을 되새김함으로써 학문의 회랑에서 거듭나는 지식의 필요성에 우리는 공감합니다. 정보의 홍수와 유행 속에서도 퇴색하지 않을 참된 지식이야말로 인간이 가야 할 길에 불을 밝혀줄 수 있기 때문입니다. 앞으로 대학이란 무엇을 하는 곳이며, 왜 세상에 남아 있어야 하는 곳인지 끊임없이 되물으며, 새로운 지의 총화를 위한 백년 사업을 시작하겠습니다.

총서 '知의회랑' 기획위원

안대회 · 김성돈 · 변혁 · 윤비 · 오제연 · 원병묵

지은이 엄한진

서울대학교 사회학과를 졸업하고 프랑스 파리8대학에서 정치사회학 박사학위를 받았다. 서울대학교 사회발전연구소 선임연구원, 성균관대학교 서베이리서치센터 연구교수, 춘천시민연대 공동대표 등을 역임했다. 현재 한림대학교 사회학과 교수로 있다. 중동 및 북아프리카 지역의 정치사회학과 전 지구에 만연해져버린 '증오현상'에 대한 사회학적 연구에 매진하고 있다.

주요 논문으로 「이민 2세대 개념을 통해서 본 한국의 이주배경 청소년 문제」, 「예외주의에 갇힌 중동의 소수자담론」, 「'아랍의 봄' 이후 중동의 혁명과 반혁명」, 「한국과 아랍의 정체성 논의 비교」, 「한국사회 인종주의의 주요 양상과 특징」, 「동질화에 대한 반발로서의 극단주의 현상:IS와 유럽 극우의 사례를 중심으로」, 「서구가 바라본 오리엔트, 오리엔트가 바라본 서구」 등이 있으며, 주요 저서로『프랑스의 이민문제』, 『이슬람주의』, 『다문화사회론』, 『아랍의 봄, 그후 10년의 흐름』(공저), 『아랍의 봄:인문학과 사회의 교차적 진화』(공저), 『사회적 가치와 사회혁신』(공저) 등이 있다.

🏛 知의회랑
arcade of knowledge
034

증오를 품은 이를 위한 변명
증오의 사회학, 그 첫 번째

1판 1쇄 발행 2023년 2월 28일
1판 2쇄 발행 2023년 10월 30일

지 은 이　　엄한진
펴 낸 이　　유지범
책임편집　　현상철
편　　　집　　신철호·구남희
마 케 팅　　박정수·김지현
펴 낸 곳　　성균관대학교출판부
등　　　록　　1975년 5월 21일 제1975-9호
주　　　소　　03063 서울특별시 종로구 성균관로 25-2
전　　　화　　02)760-1254 팩스 02)762-7452
홈페이지　　http://press.skku.edu

ISBN 979-11-5550-588-5 93330

값 26,000원

⊙ 잘못된 책은 구입한 곳에서 교환해 드립니다.
⊙ 이 저서는 2020년 대한민국 교육부와 한국연구재단의 지원을 받아 수행된 연구임
　(NRF-2020S1A6A4044775).